町工場からアジアのグローバル企業へ

中小企業の海外進出戦略と支援策

大野 泉 編著

中央経済社

はじめに

ものづくり新時代の到来

　2008年のリーマンショック以降，ものづくり中小企業が活路を求めて独力で海外進出するケースが急増している。これは，過去にみられた大企業による海外進出，あるいはこれら大企業に部品を供給する系列企業の追随進出などとは異なる，国際化の新たな波ということができる。内需の頭打ち，高齢化・後継者不足，新興国との競争激化といった構造的試練を契機として，これまで海外進出など考えたことがなかった，多数のものづくり中小企業が動き出したのだ。進出先として彼らの関心地域はアセアンで，とりわけタイ，ベトナム，インドネシアの3国に集中している。ただし，日本の中小企業は世界に冠たる高い技術をもつが，一般的に，海外ビジネスのノウハウや販路開拓力は弱い。ものづくり新時代を開拓していくうえで，彼らはさまざまな困難に直面している。

　この動きを受け，日本政府も『中小企業白書2010年版』によって，これまでの空洞化懸念にもとづく中小企業の海外進出支援への慎重姿勢を転換し，積極支援へと大きく舵を切った。平成不況のもとで，政府は2000年代の初めごろまでは中小企業の海外進出に消極的だった。しかし，内外をとりまく情勢の大きな変化により，『中小企業白書2010年版』は，中小企業のさらなる発展の方策として，「世界経済の発展を自らの成長に取り込み」「厳しい現実をも念頭に置きつつ，積極的に国際化を行っていく」必要性を謳い，大きな転換点となった。

　この新方針は，2012年末に発足した自民党政権でも一層推進されている。2013年6月に決定された成長戦略，「日本再興戦略」は，3本柱の1つとして国際展開戦略を掲げ，潜在力ある中堅企業・中小企業の海外市場獲得に対する重点的支援を唱えている。そして，「点から線，線から面へと支援を拡大することで，海外展開支援の広がりと深化を図り，今後5年間で新たに1万社の海外展開を支援する」といった，具体的な数値目標を設定している。

　ものづくり中小企業の海外展開が重要課題となった今，さまざまな実施機関

が活動を始めた。経済産業省や中小企業庁，中小企業基盤整備機構，日本貿易振興機構，海外産業人材育成協会といった従来から企業支援に携わってきた組織に加えて，2011年頃からは，外務省や国際協力機構といった経済協力や政府開発援助（Official Development Assistance: ODA）に携わる組織，さらには各地の自治体や支援組織，経済団体，商工会議所，地方銀行・信用金庫なども，矢継ぎ早に支援策を導入し始めた。かくして，民間で始まった新たな海外進出の波は，わが国の政府や支援機関を動かして新たな成長政策を形成しつつある。

本書の目的と特徴

こうした背景のもと，本書は次の3点を目的としている。第一に，ここ数年のものづくり中小企業の海外展開を紹介かつ分析すること。第二に，新しい国際化をふまえ，わが国のものづくりの将来ビジョンと具体的政策を提起すること。そして第三に，その実現のための中小企業支援のあり方を，国内の地方自治体や支援機関による事例，およびアジア現地での注目される取り組みを紹介しながら考察し，提言することである。

技術オンリーの町工場でさえも海外進出を考えざるを得なくなったこと——これこそがリーマンショック以降に顕在化した国際化の新たな波を象徴している。海外新展開の時代，ものづくり中小企業が大企業に頼らずに海外進出する場合には，彼らに不足するリソースを現地の人材・組織などで補完し，町工場がグローバル企業に発展していく方策を考えねばならない。これには今までの大企業を中心とした海外進出より，はるかに広くて深い，現地の人材・組織との関係構築を必要とする。それゆえ新しい政策ビジョンと支援策が求められるのだ。

アジア諸国のビジネス環境を紹介したり，中小企業に海外進出のノウハウを説いたり，困難を乗り越えて海外事業に成功した優良企業を紹介する書物はすでに多く出版されている。また，日本にとって中小企業の海外進出が新たな成長をもたらすか，それとも空洞化を引き起こすかといった論争もある。本書の視点は，こうした既存の書物とは幾つかの重要な点で異なっている。

まず，中小企業海外進出の是非あるいはその支援の是非を，新たな環境のもとでの日本のものづくりの将来という大きなビジョンから議論する。雇用や技

術の空洞化，あるいは海外に行ったほうが発展するのかといった問題は，個々の企業あるいは自治体にとっては重要な論点だし，研究者にも分析しやすいテーマだが，政策を考えるためには，歴史や世界の動きといったより広角の視点が必要である。はじめから「海外進出ありき」でもなく，進出が善か悪かの二分論でもない，明確な目的をもった戦略的な思考が必要である。残念なことに，今のアベノミクスの成長戦略には，こうした視点が十分に反映されているとは言いがたい。

　次に，きわめて実践的であること。わが国で実際に提供されている支援策とその成果をレビューし，企業がもつべきマインドセットや選択肢，さらには支援機関が提供すべき情報，サービス，ネットワーキングなどを提言する。本書では，製造業の集積を抱える日本各地の自治体や経済団体が試行錯誤しながら取り組んできたベストプラクティス，あるいはODA事業や経済協力を通じてベトナムやタイで培ってきた現地の人材・組織ネットワークを動員する取組みなどを紹介し評価している。このような書物はこれまでなかった。中小企業海外進出の支援メニューや支援組織が拡大した現在，支援の「量」より「質」の充実が叫ばれている。販路拡大を支援せよ，現地人材を紹介せよというだけでなく，それは具体的にどうすればよいのかを成功・失敗の実例を引きながら提言することは，企業にとっても支援組織にとっても有益であると信ずる。

　ものづくり中小企業の海外進出を論じるにあたって，分析の範囲と意図について述べておきたい。本書において，ものづくり（製造業）とは，製品，部品，原材料，それらの加工処理のいずれかは問わないが，業種的にはわが国がこれまで競争力を持つとされてきた機械系産業に属する分野（金属，その他素材，一般機械，産業機械，輸送機械，精密機械，電子・家電など）を中心に考える。また，それらを支える素形材・裾野産業，あるいは高い加工技術・通信技術・環境技術などを持つ企業も含まれる。一方，資源エネルギー開発，農林水産などの資源系産業，あるいは金融，商社，運輸，医療，コンサルタント，ソフトやコンテンツなどのサービス産業の場合は，以下の議論が必ずしも適用されない部分があるかもしれない。

　企業の海外進出あるいは海外展開にはさまざまなタイプが存在する。商社を

介した輸出，直接輸出，代理店契約，販売網構築，委託生産，工場ライン借り，ライセンス供与，提携企業への技術支援・人材派遣，企業買収（M&A），既存工場の買収，現地企業との合弁，複数企業共同進出，貸し工場入居，工業団地入居，工業団地外の新工場建設などである。これらには直接投資に分類されるものも，そうでないものもある。本書でとりあげるのは，このうち何らかの形で日系中小企業の生産拠点が海外に構築されるケースである。ゆえにメイド・イン・ジャパン製品の海外販売促進（輸出や販売網の構築）は，それが生産拠点の構築につながるのでない限り，検討対象からは除外しておく。

　このように対象を絞るのは，できるだけ具体的で実践的な政策支援を検討し助言するためであり，時間とリソースの制約を前提にした戦術的なものである。しかしながら，本書の関心は必ずしも狭い領域にとどまるわけではない。地理的・業種的・機能的に限られた範囲を論じながらも，より広い視野から，日本のものづくりのあるべき姿，日系企業の海外展開のあるべき姿といった上位議論にも言及したい。このことは，本書の総論（第1部）を読んでいただければ明らかになるであろう。また，研究対象の絞り方がなぜこうなったかについても理解していただけるのではないかと思う。

本書の構成

　本書は3部から構成される。**第1部**は総論で，日本型ものづくりのアジア展開のための政策ビジョンと支援策を提言する。このうち**第1章**は政策論で，中小企業の海外進出支援の現状分析と論点整理を行い，ものづくり新時代を切り開くための指針を提示する（大野健一）。**第2章**は実践論で，新段階に入った海外展開支援策のあり方を論じ，国と地域・地方自治体レベルの連携，相手国や現地キーパーソンとのネットワークづくりを含む，新しい「つながり」構築の必要性を指摘する（大野　泉）。

　第2部では，地域に根ざした海外進出支援のあり方を考える。**第3章**は，地元中小企業に近い存在で，つながりの核となる地方自治体や地域の支援機関が果たす役割に焦点をあてる（領家　誠）。**第4章**は，国内各地の産業集積の特徴をふまえた，各地域に固有な海外進出支援のあり方について，具体的な事例を交えて検討する（村嶋美穂）。

第3部は，進出先として中小企業の関心が高いタイとベトナムを事例に，現地とものづくりパートナーシップを深める重要性を提起する。第5章は，ものづくり中小企業のタイ進出を持続的にする観点から，現地コミュニティとの深いつながり形成や，同国の制度変換をふまえたビジネスモデルづくりの必要性を指摘する（関　智宏）。第6章は，ハノイ工業大学における産学連携の取組みにもとづき，ベトナムで現地教育訓練機関と日系中小企業の連携を強化する意義を論じる（森　純一）。第7章では，進出後の現地ベースの支援のあり方を工業用地，人材，販路開拓・調達先の確保に着目して論じるとともに，長期の視点から進出先国の産業開発能力を高めていく重要性を指摘する（大野　泉）。

　執筆者の多様性および現場との近さは，本書のユニークな特色である。われわれは途上国の産業開発や経済協力の研究者，地方自治体で中小企業支援に長く携わっている実務者，中小企業経営を専門とし日系企業とタイ企業のビジネスマッチングに奔走している研究者，産業人材育成の専門家としてベトナム在住経験をもつ専門家である。

　本書は「つながり」をキーワードとして展開する。つながりには，国内と海外，企業経営と途上国開発，国内の支援機関同士，海外の支援者同士，進出企業間の連携，途上国諸機関との協力などの多くのパターンがある。われわれは，支援機関が中小企業を助けるという単線的なつながりだけではなく，こうした多面的なつながりを構築することこそが，企業進出の成功にとっても，日本のものづくりの新展開にとってもきわめて重要だと考える。われわれ執筆陣は，そうしたつながりに実際に携わっている実践者なのである。

　日本は，人口減少や相対的な経済力低下に直面している。また，新たな国際化の波をうけて，ものづくり中小企業をとりまく環境は大きく変化している。一方，多くのアジア諸国は自国の産業高度化のために，日本のものづくり中小企業の進出に強い関心と期待を寄せている。この歴史的機会を日本とアジアの双方にとって有益な，「ものづくり新時代」にするために，日本のものづくりや日本が築いてきたアジアの製造業ネットワークの将来ビジョンをしっかり形成する必要がある。

　昨今，推進されている中小企業の海外進出支援の中長期的目標は何か。もの

づくりに関し，日本は何を国内で創造ないし継承し，何を海外展開し，どのようなタイプの企業進出や進出形態を支援するのか。そして，どのような支援をすべきか。本書は，こうした視点をもって，国内と海外の現場で今起こっていることを紹介しながら，考えていく。われわれの取組みが，日本とアジアのものづくりパートナーシップの具体化に向けた，ささやかな一歩になれば幸いである。

2015年1月

執筆者を代表して

編著者　大野　泉

目　次

はじめに／i

第1部　日本型ものづくりのアジア展開
政策ビジョンと支援策の提言

第1章／ものづくり中小企業の海外進出
——政策論　3

1．現況の概観・3
2．不可逆的変化の可能性・8
3．ものづくりの新時代を切り開くための指針・11
4．進出支援における論点・19
5．行政支援のあり方・25
6．空洞化論・28

第2章／新段階を迎えた中小企業の海外展開支援
——「つながり力」を高めるための支援策と事例　35

1．海外展開支援の新段階・35
2．国レベルの中小企業の海外展開支援策・37
3．国内各地域・地方自治体等における特徴的な取組み
　　——新しい「つながり」構築の試み・46
4．相手国との互恵的な協力（相手国とのつながり方）
　　——タイとベトナムの比較から・59
5．国内外で「つながり力」を高める支援を・62

第2部　地域に根ざした海外進出支援
「つながり」を生むリーダーたち

第3章／ものづくり中小企業の海外進出と地方自治体の役割 … 71

1. 海外展開の類型について・71
2. 大阪のものづくり中小企業の現状・72
3. 自治体における海外進出支援の基本的な枠組み・75
4. 新しい形態の支援事例・88
5. ものづくり中小企業への海外展開支援における自治体の役割・98

第4章／各産業集積地における中小企業の現状と海外展開の取組み … 103

1. 各地の産業集積の状況と中小企業の海外展開・103
2. 諏訪・岡谷地域・104
3. 中部地域──愛知県を例に・108
4. 九州地域──北九州市を中心に・112
5. 神戸市・尼崎市における特徴的な海外展開支援・120
6. 各地域の海外展開支援に係る着目点・126

目　次　III

第3部　相手国との共創プロセス
進出先との「つながり」を高める

第5章／ものづくり中小企業のタイ進出の実態と課題
　　　　──ネットワーキングとビジネスの深耕 ……………………… 137

1. 中小企業の海外事業展開と
   進出先国・地域としてのタイ・137
2. タイにおけるものづくり中小企業の事業活動・140
3. 日系中小企業によるタイ・コミュニティとのつながり・147
4. タイビジネス実践の留意点・154
5. 新しいタイビジネスのモデルを求めて・161

第6章／ベトナムにおける工業人材育成の現状
　　　　──日系中小企業と教育訓練機関の連携の可能性 ……… 169

1. 日系中小企業のベトナム進出と現地人材の獲得と育成・169
2. 人材の需要と供給の現状・170
3. ベトナムにおける産学連携の概要・175
4. ハノイ工業大学技能者育成支援プロジェクトの試み・178
5. 日系中小企業と教育訓練機関の連携拡大への施策・188

第7章／アジアとの「ものづくりパートナーシップ」に向けて
　　　　──進出後の支援と現地とのつながり構築 ……………………… 201

1. なぜ，現地とのつながりが重要か・201
2. 現地ベースの支援──3つのエントリーポイント・203

3．アジアとの「ものづくりパートナーシップ」構築に向けて・223
4．日本型ものづくりのアジア展開・227

あとがき　233
索　引　236

◆ 第1部 ◆

日本型ものづくりのアジア展開
政策ビジョンと支援策の提言

第1章 ものづくり中小企業の海外進出
——政策論

POINTS

- ◆ リーマンショック以降，わが国では企業系列や下請け関係がかなり解消され，これまで海外事業を考えたことのない製造業中小企業でさえ，生き残りのために海外投資を検討せざるを得ないという状況が生じた。
- ◆ 政府や自治体による中小企業の海外展開支援は，日本型ものづくりの将来ビジョンと目標を明確にしたうえで，選択的かつネットワーク型で実施せねばならない。
- ◆ 町工場をグローバル企業に育てる支援，わが国に新産業を興す成長戦略，日本型ものづくりの核心部分を東南アジアに伝える努力は同時並行的に進めるべきである。
- ◆ 現在の中小企業の海外展開支援がわが国に空洞化をもたらすか否かを判定しうるデータ分析は，いまのところ存在しない。

1．現況の概観

　日本のものづくり中小企業は近年厳しい状況に置かれている。とりわけ製造業にとって，リーマンショック（2008年秋）以降の内需・外需双方の落ち込みはきわめて大きかった。これは通常の景気循環の一局面というより，新時代を画する経営環境の変化が世界的規模で起こったとさえいえるものであった。それに加え，近年のわが国に固有な負の要因として，1990年代以来の不況，デフレ（値引き圧力），円高，人口減少，高い法人税率，日本の得意分野での新興国の追い上げ，中小企業のオーナーの高齢化と後継者不足，震災以降の電力問題，労働契約上の制約，自由貿易協定参加の遅れなどが指摘されている。ただ

し，2012年末に発足した第2次安倍政権のもとで，日本経済には心理的好転と景気回復の兆候があらわれ，上記のうち不況，デフレ，円高などのマクロ経済状況についてはいくらか改善がみられた。だが，構造的側面についてはあまり事態は変わっていない。

　図表1-1，1-2，1-3に，わが国の製造業中小企業（従業員300人未満）の事業所数，従業員数，生産指数の趨勢を掲げる。いずれの数字もほぼ同じ動きを示しており，バブル期を境に大幅な減少をみせている。すなわち，1990年前後のピーク時に比較して，最新の観察値（2012年ないし2013年）は事業所数で44％減，従業員数で36％減，生産指数で23％減の落ち込みを示している。全体数の減少のなかで，とりわけ個人企業や従業員数5人以下の零細企業の顕著な淘汰がみられる。逆にいえば，比較的規模の大きな中小企業の廃業は零細企業ほど多くない[1]。景気の先行きは不透明であるが，以下で指摘するような不可逆的変化が起こっているとすれば，景気回復のみによってはものづくり中小企業が以前と同じ受注量や生産リンクを取り戻せない可能性が高い。

　生き残りをかけて，あるいは新たな事業展開のために，この数年多くのもの

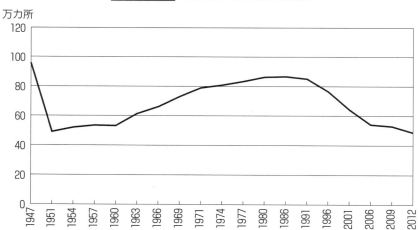

図表1-1　製造業中小企業事業所数

出所：総務省統計局統計調査部事業所・企業統計室企画係「事業所・企業統計調査報告」。2009年，2012年は経済センサス。調査の実施年は必ずしも等間隔ではない。なお，事業所・企業統計調査は2006年を最後とし，2009年から経済センサスに統合されたため，前後の定義・調査範囲の整合性は保証されない。

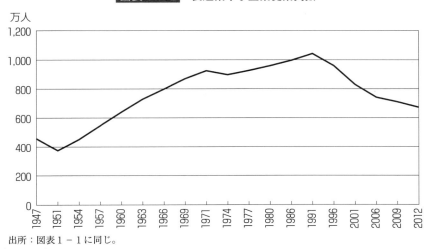

図表1-2　製造業中小企業従業員数

出所：図表1-1に同じ。

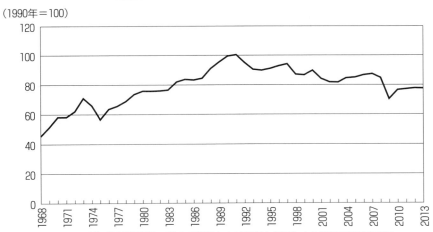

図表1-3　製造業中小企業生産指数

出所：中小企業庁試算「規模別製造工業生産指数」を1990年を基準とする指数に引用者変換。

づくり中小企業が海外進出を検討しあるいは実行してきた。東南アジア諸国連合（Association of Southeast Asian Nations: ASEAN）においては，リーマンショック，欧州危機，新興国の成長鈍化などをうけて，2011～12年には欧米・新興国からの直接投資流入が減速したが，日系製造業による東南アジア向け直接投資はむしろ加速し，現地における日本の直接投資のシェアが急速に高まった。これは日本経済の力強い回復の証左というよりは，むしろ国内経済の困難を克服するために外に活路を求めざるをえなかったという性格が強い。

日本の対ベトナム直接投資額（認可ベース）をみると，2008年に急増し[2]，翌2009年には落ち込んだが，その後4年間増加している（**図表1－4**）。しかも製造業および中小企業による投資関心が高い。2012年の対ベトナム直接投資総額（新規・拡張投資の合計，130.1億ドル）に占める日系企業の割合は39％と他国を大きく引き離すトップの位置を占めた。2013年も，日系企業は受入れ総額（同，216.3億ドル）の27％と引き続き1位の座を保ったが，新規よりも拡張投資が顕著であり，新規については中小企業による小規模投資が急増している。

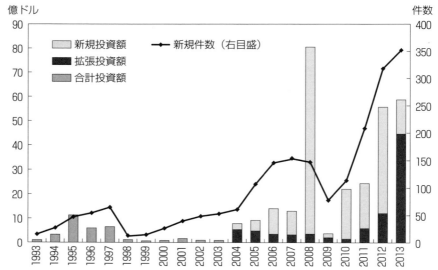

図表1－4 日本の対ベトナム直接投資額（認可ベース）

出所：ジェトロ「2014年ベトナム一般概況」計画投資省外国投資庁。新規投資と拡張投資の区別が得られない年は合計で示した。

図表1-5 日本企業のベトナム進出（累積件数の内訳，多い順）

業種別	社数	構成(%)	業種細分類	社数	構成(%)	都道府県別	社数	構成(%)
製造	725	47.0%	ソフトウェア業	71	4.6%	東京都	627	40.7%
卸売	319	20.7%	その他の投資業	45	2.9%	大阪府	222	14.4%
サービス	236	15.3%	産業用電気機器卸	37	2.4%	愛知県	91	5.9%
運輸・通信	76	4.9%	各種商品卸	31	2.0%	神奈川県	70	4.5%
建設	63	4.1%	工業用プラスチック製品製造	30	1.9%	静岡県	60	3.9%
小売	27	1.8%	他の事業サービス	29	1.9%	兵庫県	51	3.3%
不動産	15	1.0%	経営コンサルタント	24	1.6%	京都府	50	3.2%
その他	81	5.3%	一般土木建設工事	21	1.4%	岐阜県	33	2.1%
合計	1542	100.0%	自動車部品製造	21	1.4%	広島県	31	2.0%
			一般貨物自動車運送	19	1.2%	埼玉県	30	1.9%
			(他省略)			長野県	27	1.8%
						福岡県	23	1.5%
						群馬県	20	1.3%
						千葉県	17	1.1%
						三重県	17	1.1%
						(他省略)		

出所：帝国データバンク「ベトナム進出企業の実態調査」2012年2月。

この事実は，日系1社当たりの新規投資額の平均が，2012年の1,484万ドル（同年の平均レートで換算して約11.8億円）から2013年の445万ドル（同，約4.3億円）と，この1年間にも急速に小粒化していることから確認できる。以上の日系の動きとまったく異なるのが韓国からの投資である。これまで対ベトナム投資に出遅れ感のあった韓国財閥が，ウォン高の影響もあり，2013年頃より大型案件を積極的に展開しつつある。

2．不可逆的変化の可能性

　日系企業の海外直接投資は今に始まった現象ではない。歴史を振り返れば，その進出のあり方は時とともに拡大深化してきた。1980年代半ばには，日系企業は欧米や東南アジアに生産拠点を作りはじめていたが，その数はそれほど多くはなかった。1985年のプラザ合意以降の円高により，コスト減のための新生産拠点を求めて，とくに東南アジア向けの直接投資が急増した。一方で，1960年代以来長く続いた米欧との貿易摩擦は，輸出に代替する現地生産を促進した（とくに自動車）。また，1990年代以降の中国における改革開放の進展は，世界中から同国への進出ラッシュを引き起こした。さらには，二国間あるいは地域の貿易自由化の進展が，各企業にグローバルあるいはリージョナルな観点からの生産拠点や輸出拠点の再編を促しつつある。これらの流れの上に最近の動きがあるわけだが，近年のものづくり企業の対東南アジア直接投資には過去とは異なる特徴がみられる。

　これまでは，欧米・中国などの大市場へのアクセスを確保するための貿易障壁回避型現地生産，あるいは国内で採算がとれなくなった労働集約的工程を外に出すという低コスト追求型輸出拠点構築がさかんに行われ，いずれの場合も主役は製造業大企業であったが，彼らのサプライヤである中小企業も，大企業の要請によりあるいは自らの経営判断で，追随して海外進出するというケースがみられた。そこに形成されたのは，海外における日系企業による日系企業のための部材生産網であって，日本国内の顧客関係や生産協力をそのまま外に持ち出すものであった。現地の事業環境や従業員への対応を除けば，ものづくりモデルの根幹は何ら変更する必要はなく，時には日本語で仕事を続けることさえできた。また現地企業を裾野産業として日本型生産モデルに組み込む努力もなされた。なお，大企業との長期関係を持たずに世界に打って出るものづくり中小企業もちろん存在したが，その数は少なかった。

　現在崩れつつあるのは，こうした日本式生産モデルのフルセット型海外移転である。自動車や家電分野の大手日系企業は，冒頭で述べたさまざまな圧力によって海外生産，コスト削減およびグローバル調達のさらなる加速を余儀なく

されており，国内における企業城下町や系列関係，長期下請け関係は維持不可能になりつつある。その結果，送られてきた設計図どおりに加工しQCD（Quality（品質），Cost（コスト），Delivery（納期））を守りさえすれば大企業からまとまった注文がとれるという「町工場モデル」の存続が危機に瀕している。そうした中小企業にとっては，国内あるいは企業城下町に残っても注文をとることが難しくなったし，さりとて海外に追随進出しても旧来の顧客から受注が約束されるわけではない。企業を存続させるには，なにより販路を確保する必要に迫られている。そのためには，現場叩き上げの，外国経験も英語力もマーケティングの知識もほとんどない中小企業のオーナーが，海外進出の可能性も含めて，あらゆる手段を検討しなければならないという事態に追い込まれている。

　このように理解すれば，近年のものづくり中小企業の海外関心は，内需追求型でもコスト追求型でもない，工業中間財の「販路追求型」が主であることがわかる。販路追求には，従来の下請関係を海外で維持するというやり方もありうるが，より重要な戦略は，新天地において新たな顧客企業（日系か非日系か，系列か非系列かを問わず）を開拓することであろう。技術しか持たない町工場でさえも海外進出を考えざるをえなくなったという点において，これは新時代の幕開けを意味するのである。

　日本政府の政策も変容をみせている。以前は空洞化の懸念から，中央政府や地方自治体は中小企業による海外直接投資の支援には慎重であったが，2010年頃からはむしろ積極的に彼らの海外展開を推進するようになった。これは，上述したような，ものづくり中小企業を国内にとどめる守りの姿勢だけでは仕事も雇用も確保されないという，リーマンショック以降の厳しい状況を認識し，政策スタンスを修正したものと解釈することができよう。いったん政策の転換が起これば，いまは堰をきったように，行政や支援組織，民間団体による中小企業の海外進出支援があらゆるレベルで全国的に活発化している。

　経済産業大臣が主宰する「中小企業海外展開支援会議」が2010年10月に発足し，年2回程度の頻度で開催された。同会議は，2011年6月に「中小企業海外展開支援大綱」を決定し，2012年3月にはさらに改定が加えられた[3]。こうした中央の動きに合わせて，地方組織や関連機関による制度枠組と実施計画がつ

くられている。たとえば国際協力機構（Japan International Cooperation Agency: JICA）では，政府開発援助（Official Development Assistance: ODA）の対象国である途上国・新興国に対して，2012年度より中小企業の海外ニーズ調査，案件化調査，提案型普及・実証事業に対して公募による補助金が提供されている。また日本貿易振興機構（Japan External Trade Organization: JETRO）では，2012年度の補正予算（1,000社分の支援枠，のちに1,500社に拡大）を用いて，一定条件を満たす中堅・中小企業に対しハンズオン支援を提供し海外展開を後押ししている。また関西においては，「近畿地域中小企業海外展開支援会議」が2010年10月に設置され，「近畿地域中小企業海外展開支援行動計画」が策定・改定された。このような動きは関西にとどまらず，地方・県レベルで日本各地にみられる。

　危機はチャレンジではあるが，それは同時に新たな飛躍のためのチャンスでもある。第2次大戦後の日本経済史を振り返れば，焼け野原からの復興，貿易自由化と通商摩擦，石油危機，急激な円高，対外金融開放，バブル崩壊，新興国の台頭といったいくつかの困難が発生した。その中には，やがて日本経済を筋肉質にし競争力を高めた危機もあったし，不安定や衰退をもたらしただけの危機もあった。日本のものづくりに突きつけられた現在の困難な状況も，官民の協力のありかたによっては新たな発展の基盤となり，逆に対応を間違えばわが国の製造業の衰退を加速するという岐路に立つ性格のものではないか。官民いずれの場合も，組織や制度は長年の安定の継続によって硬直化し活力を失うのが常であるから，むしろ10〜20年ごとに「適度な危機」があり，経営や政策，制度のイノベーションを強制されることが，経済ダイナミズムを長期的に持続する鍵とさえいえるかもしれない。

　このような観点から，中小企業の海外進出を支援するにあたって政策企画者が答えなければならない基本的な問いは，次のようなものである。
・ものづくり中小企業海外進出支援の中長期的な目標は何か。
・日本のものづくりや日本が築いてきたアジアの製造業ネットワークは，これからどのような姿になるべきか。
・ものづくりに関し日本は何を国内で創造ないし継承し，何を海外展開し，どのようなタイプの企業進出や進出形態を支援するのか。

・空洞化懸念についてどう考えるか。

　これらを一言でいえば，日本型ものづくりの将来ビジョンは如何ということになる。本章の残りでは，これらの問いへの回答を準備するための材料をいくつか検討する。

3．ものづくりの新時代を切り開くための指針

　ここでは，日本型ものづくりの長期ビジョンを形成するにあたり，互いに関連をもつ5つの指針を提示したい。

3.1　指針1──新産業の創造

　市場経済においては産業盛衰のサイクルは避けがたく，むしろそれは望ましいとさえいえる。幕末維新期の研究によれば，当時のわが国のリーディング企業（豪商，政商）の入れ替わりは激しく，たとえばペリー来航以前の1849年における長者番付記載の231企業のうち，幕末動乱期の1864年に同様のリストに残った企業は102社（44％）にすぎず，明治初期の1875年には89社（39％），明治後期の1902年には20社（9％）という低いサバイバル率であった（宮本[1999] 53頁）。それでは明治日本の産業は開国後の国際競争に負けて崩壊したかといえば，まったくそうではない。よく知られるように，全国に沸きあがった民間ダイナミズムと政府の「富国強兵」「殖産興業」政策は，松方財政によるインフレ抑制と金融制度整備をへて，1880年代後半以降に紡績業や鉄道を中心とする産業革命として花開き，やがてわが国の繊維産業はイギリスを凌駕するまでに成長した。この約半世紀に及ぶ経済発展は新分野を切り開く企業参入によって支えられたのであり，同一企業による同一業種の量的拡大によってもたらされたものではない。

　戦後日本においても，繊維，石炭といった花形産業の衰退ないし消滅，それにかわる家電，造船，自動車などの機械系産業の勃興が見られたが，いまやその花形産業も新興国からの激しい追い上げにさらされている。世界的な産業動態の中で，国内の生産と雇用を確保し経済ダイナミズムを維持するには，旧産

業の防衛ではなく新産業の創出しかないことは明らかである（旧産業から新産業への労働移動に伴うコストを下げるための一時的な支援は別）。アジアの高所得経済であるシンガポールや台湾の産業戦略をみれば，新産業の創設と旧産業の強化が併記されている。ただし旧産業の強化とは，すべての旧産業を守って残すという意味ではなく，国際競争に勝ち抜く意志と能力を持つ企業のイノベーションを選択的条件的に支援するという意味である。これは，日本の自動車・家電などについても適用されるべき原理であろう。

中小企業の海外展開の目的は，彼らが経営戦略や生産拠点において新機軸を打ち出すことにより自らのダイナミズムを活性化することでなければならないし，そのような海外展開によって，たとえ国内の生産や雇用が減少するとしても（以下で見るように，実証研究はこの点について明快な結論を出せていない），その活力補給は新産業・新企業の勃興によってなされなければならない。換言すれば，中小企業の海外展開が国内空洞化をもたらすか否かの事実上の問題と，その解決策として新産業を興すという政策上の問題は分離して議論されなければならない。空洞化を根拠に中小企業の海外展開を阻止するのでは，未来を開くことができない。

3.2　指針2──日本型ものづくりの国外での継承と発展

日本型ビジネスは他国にはない特徴を多くもつ。とくにその海外展開においては，以下のような特徴が見出される。

① 製造業中心：海外進出を行う日系企業には製造業および製造業支援型サービスが相対的に多く，いっぽう商業，金融，コンサルティング，不動産開発などの海外進出は中韓米シンガポールなどに比べるとそれほど活発でない。この傾向は，ベトナムにおける各国の分野別直接投資データを見ても明らかである。

② ものづくり精神：製造現場のムダ削減やカイゼンに誇りをもち，品質や顧客満足に強い使命感がある。ものづくりは単なる金儲けの手段ではなく，経営者や職人のきわめるべき道であり哲学である。他国企業によくある，短期利益追求，自社都合の契約不履行，ライセンス取得後の不投資，コンプライアンスの欠如といった行動は日系企業にはあまりみられない。

③ 進出・撤退の慎重さ：新フロンティア地域への進出決断は中韓企業などに比べてはるかに遅く，準備も長くかかるが，いったん進出して事業が立ち上がれば多少の困難があってもその国から退出しない。他国企業にみられるような，リスクをとって先駆者利益を狙い，だめならばさっさと撤退するといった性向はみられない。かつては中国，ベトナムなどがフロンティアであり，現在はミャンマーやアフリカであろう。

④ 民間支援の提供：日系企業の生産システムはパートナー企業の強さおよび彼らとの安定的関係の上に築かれており，ゆえに（ジョブホッピングのリスクにもかかわらず）現地の企業・人材の教育訓練に注力する企業が多い。日系企業にとって裾野産業育成が重要な理由もそこにある。官と共同で，ホスト国の政策・制度の改善協議に参加する企業も多い。他国企業は，操業に必要なワーカー訓練や自社に関わる問題への抗議・交渉は行うが，その国の政策能力や人材は所与とみなしており，政策や人材の質を長期的かつ全般的に高めたいという意識や努力は比較的希薄である[4]。

状況変化への迅速な反応や短期利益の追求，柔軟なパートナーの組換えなどを基本とする世界の常識からすれば，動きが遅い日本のやり方は稀有なビジネスモデルといわざるをえない。しかしながら，眼前の利害を度外視してでも，信頼できるヒトと企業をさがし，あるいは育て，すぐれた製品をつくり消費者に喜んでもらいたいという，ナイーブだが誠実な技術屋的DNAは，それゆえに工業化をめざす途上国から歓迎され，長期的な信頼関係を築きやすいという側面があることも否定できない。直接投資を受けいれはじめたばかりの国はまだ気づかないかもしれないが，それが長年続くと自国に貢献してくれる企業とそうでない企業の区別がしだいに明瞭となってくる。ベトナムの中央・地方政府は，20年来の投資受入れ経験にもとづき，日系企業を最優先対象とする外資誘致政策を打ち出すに至っている。

ここでの問いは，日本型ものづくりの精神と技術を将来にわたって継承・発展させるのは誰かということだ。もちろん，日本国内で日本人の若者に伝えていくのが本筋であり，実際これまではそうであったし，これからもそれを絶やしてはならない。だが少子化，若者気質の変化，中小企業の後継者不足といっ

た状況の中では，それだけでは質的量的に十分な継承が行われない可能性があり，従来とは異なる方法も同時並行的に模索されるべきである。上に挙げたものづくりの精神や態度とそれを支える技術・技能が受け継がれていくのであれば，日本型ものづくりの継承・発展は日本国内あるいは日本人にこだわる必要はない。より前向きに述べれば，ものづくりの精神と技術が日本国内や日本人にとどまらず，異なる文化の人々や土地に根づくことこそが，日本型ものづくりの真の普遍化・国際化ではなかろうか。こうした動きは民間企業によりすでに始まっているが，それを国策として打ち出すことが重要である。

3.3　指針3──町工場をグローバル企業に育てる

　町工場はものづくり日本の誇りである。よく知られるように，世界に評価の高い日本製品を生み出す究極の源泉は，最終組立をするメーカーではなく，町工場が供給する高品質の部品である。しかしながら，国際比較の観点からは，日本の町工場は技術のみが突出して他の企業能力が低いきわめてユニークな事業体である。たとえばドイツを中心とする欧州の優良中堅企業（「隠れたチャンピオン企業」）は，リーダーシップ，経営戦略，顧客へのアピール，グローバル化，イノベーションなどのさまざまな能力を駆使して国際的なビジネスを展開している（サイモン[2009]）。また中国・香港・台湾・東南アジアなどの中華系企業は，強い同郷ネットワークを武器に，世界のあらゆる場所に出かけて先駆的な事業をリスクをとって遂行する。こうした各国のダイナミックな中小企業からみると，東大阪市や大田区の町工場は，レーダーグラフでいえば，技術だけが100点満点で他のポイントがゼロに近い，バランスを欠いた特異な企業ということになる。

　それでも町工場が活躍できたのは，他の経営資源を補完してくれる企業ネットワーク（大企業系列，企業城下町，下請制度など）に属し，その1つの歯車として機能していたからであり，ゆえに高技術への特化が可能だったからである。だがその企業ネットワークが変容し消滅しつつあるいま，そこから放り出された町工場が単体として生存が困難になるのは当然である。この対策としては，高い技術を経営資源として最大に活用できるような他の諸能力──経営戦略，提案型ビジネス，技術の見える化，戦略的マーケティング，財務・税務，

語学力,国際人材戦略,IT・ネットの活用,知財管理,国内外の企業との連携等々——を身につけることである。あるいは,これらすべてを内部化することが難しければ,アウトソーシングしたり政府支援を活用することである。すなわち,技術だけの町工場を,オールラウンドな企業機能を備えたグローバル企業に発展させることである。これは,送られてきた設計図をみて製作し品質と納期を守るだけのビジネスから,自分で製品を開発し,顧客にアピールし,新市場を開拓するビジネスへと発展する道である。

海外展開を検討している中小企業から行政に寄せられる要望に,進出先での販路開拓を助けてほしいというものがある。ドイツ企業や中華系企業からみれば笑止のリクエストだが,わが国のものづくり中小企業の性格からすれば,この要望の切実さは理解できよう。行政は,そうした要望に時限的かつ側面支援的にこたえるべきである。

政府の役割は,町工場がグローバル企業へと成長する過程において,必要な情報やサービスを選択的かつ条件付で提供することである。換言すれば,この上位目標が達成できるならば,中小企業が現在の地にとどまるか,国内の他地域へ移転するか,海外へ展開するかはさほど重要ではない。むろん各自治体にとっては大問題だが,ここで論じている日本型ものづくりの将来像という大きな観点からは,重要でないのである。中小企業の海外展開は飛躍のための一手段であり,政策目的そのものではない。

もうひとつ忘れてならないことは,すでに述べたように,産業構造の転換過程においては企業の新陳代謝が激しく,すべての既存企業が生き残ることはありえないという事実である。町工場のうち,海外進出をして成功する企業あるいはグローバル企業へと進化できる企業は一握りであろう。既存の殻を破る新興企業が古い企業を駆逐することもあるであろう。しかし,たとえ10社あるいは100社が消滅しても,残った1社が大躍進を遂げて中堅企業,大企業へと育てば経済ダイナミズムは十分維持できる。大手企業の多くも,創業時は小工場ではなかったか。ものづくり中小企業の数は全国的に激減しているが,もしかしたら,新時代を切り開くにはこれまでほど多くの企業数はいらないのかもしれない。これを積極的に述べれば,将来の日本にとって,長期に固定された従来のピラミッド型企業集積よりも,(他国では普通の)1社内に多くの機能を

取り込んだ独立型企業による柔軟な連携形成のほうがふさわしいのではないか。もしそうならば，単工程に特化する無数の町工場の防衛ではなく，世界を相手に経営と技術を展開できる中堅企業の育成が重要になる。そのためには，製造業企業の数の減少，平均規模の拡大および総合的経営力の強化という政策目標さえ掲げられてもよいかもしれない。

　以上は淘汰される町工場にとっては厳しい話だが，これが市場経済のルールでありシュンペーター的革新の世界である。このときに発生する雇用問題は，前述したように，生き残れない企業の永続的保護ではなく，新産業の創出，およびそれへの人材・資金・資源のスムーズな移動によって解決されるべきである。

3.4　指針4──後発国との対等なパートナー関係の構築

　ものづくり中小企業の海外進出を，東南アジア諸国の観点からみるとどうなるか。彼らにとって，製造業外資の積極誘致はこれまでも有力な工業化手段であったし，これからもそうあり続けるであろう。しかしながら，タイ，マレーシア，インドネシア，フィリピンなどの過去何十年かの経験を振り返れば，日系ないし他国からの製造業を大量に受け入れてきたにもかかわらず，自国の工業力向上が期待されるほど進んでいないという問題が指摘できる。ベトナムは，対外開放と投資誘致において彼らよりさらに数十年後発であるが，すでに同様の懸念が指摘されている。ベトナムでしばしば議論される「成長の質の低さ」「中所得のわな」「新成長モデルの模索」「第2のドイモイの必要」といった一連の問題は，産業的に自立できない途上国の悩みを表現するものである。

　長年日本は生産拠点をアジアの近隣諸国に移転してきたが，技術の継承については2つの国の型があったように思われる。1つは，日本の技術を短期間で習得し内部化して，数年後には日本人なしに操業から研究開発までできるようになる，優等生タイプの国である。このパターンは，スタート時点で潜在能力がかなり高かった韓国，台湾，シンガポールなどにみられる。いまや彼らは日本のライバル国となった。この場合，日本が生み出した技術は大いに利用（ときには盗用）されたが，その背後にあるものづくりの精神まで継承されたかどうかは定かではない。もう1つは，半永久的に日本が先生，途上国が生徒とな

るタイプの国である。経営と技術のコア部分は日本側が握り、途上国は安価な労働と工業用地を提供し、日本人の指導のもとで生産を行う。現地人材や裾野産業は徐々に育っているものの、自国だけで国際競争に勝ち抜く能力が不足している。このタイプの２国間関係は、ホスト国の賃金が上昇すれば解消される運命にある。日系企業はより安価な労働力を求めて他国に移転するからである。スタート時点でそれほど産業能力の高くなかったASEAN４（マレーシア、タイ、インドネシア、フィリピン）やベトナムがこのパターンである。巨大な中国は、両タイプの混合であろう。

　両者の差は、工業化開始のタイミングの早い遅いではなく（韓台シンガポールもASEAN４も工業化着手は1960年代であった）、工業の発展速度の違いによって生じたものである。優等生国あるいは永遠の生徒国のいずれの場合も、日本のものづくりが十分に伝わったとはいえず、継承は不完全である。日本の製造業からみれば、将来にわたって生産連携しうる真のパートナー国を得ることに成功しておらず、下手をすると強力な競争相手を育ててしまう。あるいは逆に、永遠に教え続けなければならない。日本にとって理想的なものづくりのパートナーは、両者の中間の学習能力を備えた国であろう。すなわち、すぐ卒業し独立できる優等生でもなく、補助作業しか任せられない生徒でもない国——先生からしっかり学び、その恩を忘れず裏切らず、永遠にウィンウィンの協力関係を築ける努力型学生である。

　これは具体的には、第２のタイプ（ASEAN４およびベトナム）の国の産業能力を、わが国の集中的追加支援によって引き上げることを意味している。それは、単純工程や５Ｓ（整理・整頓・清掃・清潔・しつけ）、機械設備の操作・メンテをこえて、日本型ものづくりの精神と技術のコア部分をその国に段階的に伝えていくことである。つまり、先生と生徒の関係からより対等なものづくりパートナーとなることである。民間にはすでにこれに着手した企業が散見され、部分的・局所的に成果をあげているが、日本の官民がビジョンを掲げ国を挙げて取り組んでいる対外経済戦略とはまだいえない。なお、技術の核心部分を海外移転させるには、他方で日本国内で新たな価値や産業が生み出され続けなければならないことはいうまでもない。このようなウィンウィン型の技術移転の提案が、相手国に歓迎されるであろうことは間違いない。

3.5 指針5──ものづくりパートナー国の選定と集中的支援

アジアを日本型ものづくりの真のホームグラウンドにするために，ものづくりパートナーとして1～2カ国を選び，官民による協力を通じて，その国の産業能力全般をわが国に特有なやり方で徹底強化すべきである。選抜のための基準としては，その国のこれまでの産業化経験，国民のものづくり適性，日本からの学習意欲，ビジネス環境や産業政策の質，および日本の官民の関心や進出意欲などが重要となろう。

貿易，投資，援助，人材交流を通じて長年日本を師と仰ぎ，とりわけ自動車産業において日本型ものづくりを積極的に学習してきたタイはその候補の筆頭である。タイはすでに，日本の対等なパートナーになるための道を歩みはじめているといってよい。産業人材や裾野産業の育成に対するタイ工業省のコミットメント，日本語学習や「ものづくり」「カイゼン」「診断士」といった日本語の普及，民間によるものづくり推進のための団体，講座，大学の設置などは他国に例をみないものである。

後発国ベトナムは，東南アジアの中では労働者の根気，まじめさ，手先の器用さの評価が高い国である。日本語ブームも盛り上がっている。ただし，ベトナム人を非熟練労働として雇用している企業の満足度は高いが，経営者・技術者としては能動性，問題解決力，チームワークなどに難がある点も指摘されている。ベトナム政府の政策・制度はかなり悪い。その意味で，ものづくりのコア部分はまだほとんど伝えられていないが，国民性からすれば日本とのフィットはよいはずである。ベトナムのビジネスモデルはまだ発展途上であり可塑性がある。タイより道は長いが，日本側の働きかけ如何では，ものづくりパートナーとして育つ可能性は十分ある。

さらに後発の国はミャンマーである。現在は民主化の進展により各国企業の関心が急激に高まっているが，ベトナムと比べても，事業環境や投資実績の点ではるかに出遅れている。ただし，日本とミャンマーの文化的親和性はきわめて高く，ものづくりの適性も優れているといわれる。英語の普及もプラスである。この点で，ミャンマーは現在は到底無理だが，10年20年先を見通したときに有力な候補国となることは十分にありうる。

まとめると，タイが現在進行中の，ベトナムが近い将来の，ミャンマーが遠

い将来の，日本のものづくりパートナーとなりうる国の候補としてあげられる。このリストは暫定的なものであり，ここに含まれない国でも上記基準を満たすことが確認されれば入れ替えてもよい。ただし日本の官民の関心や協力は無限ではないから，あまり多数の国をパートナーとして育てることはできない。また能力があっても，すでにライバルとなった国，自立性が強く独自のビジネスモデルを持つ国，欧米モデルに追随する国は除外すべきであろう。東南アジアでは，かつて低成長に苦しんだインドネシアやフィリピンが近年好調であり，またインドに対する投資家関心も高まっているが，これらの国と日本型ものづくりとの相性を判断するにはもう少し時間がかかるように思われる。

4．進出支援における論点

以上の考察を踏まえて，わが国の中小企業支援機関がどのような海外展開支援をすべきかの問題に移ろう。なお本節で議論するのは原則論であって，具体論は次章以下で検討することとする。まずいえることは，行政に要請されているのは，政策目的を達成するための選択的かつ条件付の進出支援であって，「ねこもしゃくしも海外へ」の一過性ブームに乗じて，経営戦略があいまいなまま中小企業を海外に送り出すことではないことは明らかである。日本型ものづくりの新展開のためには，すべてのものづくり中小企業の海外展開が不可欠なわけではない。支援対象となる企業や活動は明確な基準によってスクリーニングされなければならない。

4.1　支援対象

いかなる条件を備えた企業の海外進出を支援すべきか。これについては，以下の4つの視点を提起しておきたい。

① 経営トップのやる気とビジョン——これはいわずもがなであるが，中小企業のオーナー社長あるいはそれに相当する人物が，自社の発展のための明確なビジョンと強い意志を持ち，そのビジョンの中に海外事業をしっかりと位置づけ，指導力と責任をもって企画を遂行することが肝要である。あらゆる組織にとってリーダーシップの質は決定的であり，中小企業に

とってもこのことの重要性はいくら強調しても強調しすぎることはない。まずこれが最初に確認されることが，海外進出支援を検討する前提条件である。

② しっかりした経営戦略——はじめは，ビジョンと戦略は社長の頭の中にある夢にすぎないかもしれない。走りながら考えるということも，中小企業にとってはあながち否定されるべきではなかろう。だが投資決断を下す前のある時点で，社長の夢は文章と数字に変換され，誰もが理解しうる形に仕立てあげられなければならない。銀行融資や現地パートナーを求めているならば，なおさらそうである。しっかりした経営計画とは，十分な情報にもとづき，長期目標，投資計画，資金調達，需要予測，販路開拓，人材計画，初年度のコスト計算，事業が立ち上がるまでの複数シナリオ，課題やリスクの発見と克服，万一のための撤退戦略などを含むものである。はじめてこの作成に取り組む町工場はかなり苦労するかもしれない。大部で立派な冊子はいらないが，以上をスライドでプレゼンできるくらいの準備は必要だ。それも難しいというならば，行政，中小企業診断士，フィーベースのコンサルタントなどの応援を求めればよい。経営戦略を数字で表現することによって，事業の採算性や問題点の把握が容易になり，多方面からの評価やアドバイスを得ることが可能になるであろう。もちろん，しっかりした経営計画が必要なのは，海外に投資するときだけではない。企業全体の発展戦略の1つの重要コンポーネントとして海外拠点建設を位置づけることが大切である。

③ 製品の性格——製品の技術的，物理的あるいは納品・サービス上の性格は，生産拠点の立地を決める客観的要因である。第一に，途上国への進出が生産コスト面でのアドバンテージをもたらすか否か。たとえば，日本では入手しにくいあるいは高価なインプット（非熟練労働者，若手エンジニア，電力・水・土地，原材料など）を使うかそれとも進出先のほうが条件が悪いか，法律・税制上の優遇が受けられるかそれともむしろ追加負担があるかなどである。一般的にいって，労働集約的で優遇策も受けられる製品をつくるならば，進出するのが得策であろう。第二に，製品が大量注文，重厚長大，あるいは小ロットでの頻繁な納品（カンバン方式）や頻繁なス

ペック変更やすりあわせを要求される性格のものか，それとも飛行機で運べるほど小さく高価であり，少量注文生産でリードタイムもそれほど重要でないか。これは納品のコストと時間に関わる問題である。前者の場合は顧客企業の近くでの生産が有利だが，後者の場合はどこに立地しても大差はないのであえて海外に出る必要はない。第三に，充実したアフターサービスが要求される耐久消費財の販売や設備の建設・設置か，それとも売り切りの製品か。前者の場合は現地での顧客対応が重要になる。第四に，その企業が持つ技術が競争者不在のオンリーワンか，高度な技術で少量多品種生産型だが一定の競争相手がいるか，それとも多数の企業と競争している汎用部品のサプライヤか。一般にオンリーワンの場合には，立地は問題にならないから海外進出の必要性は低いであろう[5]。

④ 人材の確保——事業を成功させる鍵はヒトである。能力的あるいは人員余裕的に本社から海外に派遣できる人間がいるのか，それは駐在か出張ベースかといったことがまず検討されねばならない。さらに重要なことは，信頼できる現地人パートナーの確保である。ものづくりや日本人の考え方を理解し，人物的にも技術的にも信頼できるローカル人材を見つけることができるか否かが，海外進出の成否を決める。日本語でコミュニケーションできればなおよい。ものづくり中小企業は，外国人技能実習制度を通じて自社工場に外国人の若者を招き，3年を上限として学び働いてもらいながら将来のパートナーとなりうる人物を見つけることが多いようである。あるいは，日本の大学を卒業した留学生を採用する，海外での取引先や生産協力を行っている企業から発掘する，見本市で知り合った企業に試験的に発注してみる，官民の専門組織を通じて紹介してもらうといったルートもある。

一言だけ補足しておきたい。グローバル企業を志向する町工場にとって，求められる追加能力——提案型ビジネス，技術の見える化，マーケティング，ITの活用，国際人材の採用など——は，理屈の上では，日本にいても獲得できるはずである。だがおそらく現実の問題として，住み慣れた日本の工場でいままでどおり操業しながら思案するよりも，まったく異なる環境に飛び込み，背水

の陣を敷き，苦労を重ね，新たな出会いや課題に直面したほうが，リスクも高いが企業革新は容易になるであろう。

4.2 出すべきものと残すべきもの

中小企業が海外に生産拠点を作ることを決定したとしても，何を海外に出し何を国内に残すべきかという問題が残る。2つの観点から議論したい。

まず，進出形態に関する問題がある。委託生産，工場ライン借り，あるいは提携企業への技術支援・人材派遣といった形態においては，日本側の追加的設備投資はほとんど発生せず，現地スタッフを雇う必要もあまりないから，資金とリスクの負担は小さい。せいぜい不足する機械を貸与し，技術指導のために人を時々派遣する程度であろう。これは初期の試験的進出に向いたやり方である。次に，すでに進出している別の日系企業の余った工場スペースあるいは工業団地が提供する貸し工場を借りて操業を開始することが考えられる。機械の導入は必要だが，用地や建屋は借り物なので，万一失敗したときの撤収は比較的容易である。さらには，本格的に工場を自前で建設することも考えられる。これは何年かすれば工場レンタルを続けるよりも割安になるが，初期費用が大きくなるので失敗したときのリスクも増大する。あるいは，リスクを分散するために，複数企業が集まって共同投資することもありうる。これは，日系企業同士で集まる場合と，現地ないし外資と合弁などを組む場合がある。これらにより進出に伴う資金的リスクは分散できるが，そのかわり企業間の交渉や契約の取引費用が発生してくる。相手の裏切り・契約不履行，経営方針の相違，協力解消などの別のリスクの可能性が出てくる。

次に，本社と海外拠点の関係がある。日本の本社とベトナムの工場の間で，企画，販売，投資計画，資金調達，財務税理，採用，異動昇進，教育訓練，製品開発，生産管理，価格決定，原材料調達，ロジスティックス，知財管理等々のさまざまな機能をどのように割り振るのか。教科書的に答えれば，効率性と取引費用のバランスを最適にするように配分すべしということになろう。だがより重要なことは，将来の企業発展を促すための，ダイナミックで戦略的な権限や機能の配分である。おそらく進出当初は，経営に関わる重要な決定はすべて日本側で下し，現地工場は，日々の操業や労務への対応を除けば，与えられ

た生産目標を遂行するだけかもしれない。だがそれでは旧来の経営を継続しているだけであり，グローバル企業にはなりえない。海外進出を通じた企業発展のためには，販売，人事，価格，調達といったところからはじめて，製品開発，投資計画，グローバルマーケティングなどの権限を徐々に現地側に分与していくことが肝要であろう。とりわけ重要なのは，日本の特性と現地の特性をそれぞれ活かした社内の戦略的補完関係の構築であり，本社がこれまでもたなかった新能力の獲得である。

このように考えると，海外進出は支援するが，「本社は関西に残してください」あるいは「工場は県内・市内に残してください」という行政からの要請は，進出当初はよいかもしれないが，海外事業が拡大するにつれ，企業発展の制約となりうる可能性がある。本社機能の地元キープを条件に海外進出を支援する自治体は多いが，市場経済のビジネスにおいて，そうした条件が満たされるかどうかは実際にやってみなければわからない。旺盛な需要と新顧客を獲得して海外工場が大きくなり，日本の町工場の生産を凌駕するケースは決して例外ではない。ほとんどの生産と利益が海外活動に移り，やがて日本で創業者が引退すれば，本社は形骸化する。大企業ならば，マザー工場と研究開発は日本に残すというオプションもあるかもしれないが，ごく少数の人間しかいない中小企業の場合，最もダイナミックな人間がどこにいるかによって企業活動の中心は大きくシフトするであろう。

4.3 オンリーワン以外の企業

2012年から2014年にかけて，我々は国内のものづくりクラスターをいくつか訪問した。東大阪市，尼崎市，神戸市，岡谷市，諏訪市，名古屋市とその周辺，大垣市，岐阜市，東京都大田区，北九州市などである。各自治体にはそれぞれ固有の特色が見られたが，多くの支援機関からかなり共通に聞いた話として，「わが市の中小企業は至極元気で，国内事業が行き詰まったから海外はどうだろうかというような企業はほとんどなく，しっかりした事業拡大計画を立て人材も場所も確保したうえで海外に出る企業がほとんどです」というものがある。企業見学を依頼すると，どこの機関も，立派な賞を受賞した優良企業を紹介してくれるのが常であった。

ここには勝者バイアス（後述）が存在する。研究者にとって優良企業の訪問も有意義だが，そうでない企業の状況も知りたいものである。行政に接触してくる企業は能力や規模においてすでにふるいがかけられており，何をしたいか，いかなる支援が欲しいかをすでに把握している企業が多い。一方で，ほとんどすべての自治体でものづくり中小企業の数は激減しているのだから，そうではない多くの企業が人目に触れないまま消滅していることも否定しがたい事実である。ここで提起したい問題は以下のとおりである。

中小企業を大まかに分ければ，ダイナミックな社長のもとで経営力，技術力，販売力などが充実した優良企業が一方に必ず存在する。そうした企業は，順境逆境にかかわらずビジネスを拡大していく勢いにあふれている。行政が彼らを支援することは，産業ダイナミズムを加速するという意味では有効だが，何もしなくても彼らは発展していくであろう。他方で，顧客喪失や為替変動，産業衰退に打ち勝つことができず，生産性向上やイノベーションの能力を欠き，あるいは零細で後継者が期待できないような企業も必ず存在する。行政が彼らを支援して再生させることは至難の業であり，政策的に費用対効果が得られない。また，市場経済における企業の参入退出は自然な現象であり，その抑制はむしろ経済活力の喪失につながる。こう考えると，明らかな勝ち組も明らかな負け組も，政策の支援対象には必ずしもなりえない。

問題は，これらの中間にどれだけの企業が存在するかである。指導力，経営力，技術力，販売力などをある程度備えているがオールラウンドに優秀なわけではなく，あるいは現在危機に直面しており，ゆえに外部支援が得られれば大きく伸びる可能性を秘めている。しかし眼前の問題を乗り越えることができなければ縮小あるいは破綻の運命をたどるしかない。そのような企業を発見し，適切な介入をすることが，効果的な産業政策の要諦だと思われる。すなわち，指導しなくても優秀な学生や救いようのない落第生ではなく，ピラミッドの真ん中あたりに存在する多くの平均的な学生をどれだけ優秀にできるかが鍵なのである。

たとえば，わが国ではオンリーワンどころかごく普通の企業で，これまで大手の指示どおりに部品を納め，QCDを達成し，企業城下町を構成してきた裾野企業群——金型，プレス，鋳造，鍛造，金属加工，熱処理，めっき，精密プ

ラスティック，ねじ・ナット・ばね類など——は，いまや既存販路の消滅によりその多くが苦境に陥っている。あるいは，工場・建物設備の製作・設置・メンテに携わる企業は，コスト圧力や顧客企業の海外移転に直面し，やはり外に出なければ競争力と販路を失う状況に追い込まれている。彼らの中には有能な社長や社員に恵まれており，放っておいても海外雄飛が可能な企業もあろうが，そうでない企業も多いはずである。彼らの技術や品質は国内では標準的かもしれないが，途上国基準では「優良」であり，外に出れば事業を拡大することも現地企業を指導することもできよう。各自治体は，このような企業の数と実態を把握できているのであろうか。そして，政策はこのような企業の発展を主たる目的とすべきであろうか，それとも市場淘汰に任せて消えゆくのを放置すべきか。将来この種の企業は，これまでと同じ数は必要ないのであろうか。

これらの問いへの答えは，日本型ものづくりの将来ビジョンが確定しない限り定まらないはずである。また行政が，自分たちに見えるあるいはコンタクトしてくる企業のみを対象に支援をしていても，やはり解は得られない。長期ビジョンを作り，もし支援対象企業がビジブルでないならそれを探し出したうえで，政策を打ち出すことも肝要となってくる。

5．行政支援のあり方

これまでの議論を踏まえ，わが国のさまざまな支援組織が中小企業海外展開に対してどのような支援をすべきかを整理したものを，**図表1－6**に示す。以下，各項目を説明する。

第一に，中小企業に対するサービスの提供。行政の重要な役割は，中小企業が持たない情報・機能を補完し，海外進出のコストやリスクを軽減することである。ただしこれにはいくつかの条件がある（**図表1－6**下部の「支援にあたってのいくつかの原則」参照）。まず，結果の成功・失敗にかかわらず，支援は時限的に提供され，一定期間がすぎれば行政はフェードアウトすべきである。またすでに論じたとおり，対象となる企業や活動は政策目的や企業のやる気・準備状況・製品の特性等に基づいて選別しなければならない。さらに，官民のボーダーラインを超えて過剰な介入・支援をすることがないようにする。情報

図表1-6　中小企業海外展開における行政の役割（提言）

1．中小企業に対するサービスの提供（資料，セミナー，相談など）
①現地に関する基礎情報の提供
②用地確保に関する情報の収集と提供
③人材確保に関する情報の収集と提供
④販路開拓に関する情報の収集と提供
⑤ハンドホールディング（目標達成のための特定企業の短期間包括支援）
⑥上記サービス提供に関する関連機関の紹介・連携
2．政策レベルでの関連機関との連携・交渉
①進出先の中央政府・地方政府との関係づくり，要望の交渉，問題解決
②現地の日本関連機関，先方の業界団体・訓練教育機関などとの連携
③わが国における中央政府，地方自治体，経済組織，業界団体などとの連携
3．実務レベルでの支援のワンストップ化・ネットワーク化
①自分たちの市・県・地域における支援機関のネットワーク
②現地の実施機関・支援組織とのリンク
③わが国における中央政府，地方自治体，経済組織，業界団体などとの連携
支援にあたってのいくつかの原則
1/中小企業が持たない情報や機能を補完し，海外進出のコスト・リスクを軽減する。支援は時限的とし，中長期的には企業自身の努力あるいは民間提供者に移管する。
2/政策目的，企業側の十分なビジョンと準備の有無などを基準に，支援すべき企業や活動を選定する。
3/官民の守備範囲を意識し，支援のしすぎや政策依存を回避する。情報提供，相談，産業サービスの紹介はするが，行政自身が現地のワンストップサービスや工業団地・貸し工場などの提供に直接関わることはしない。
4/理想的には国内外の支援がワンストップとして統合されることが望ましいが，実現が難しいので，関連機関との情報交換を密にし，必要に応じて速やかな情報・機能の提供依頼をおこなう（迅速なたらい回し）。

提供，関係者紹介，政策の立案・実施の調整などは有意義だが，民間の企業やサービスプロバイダ（専門家）が提供できる支援やサービスに立ち入る必要はない。また理想的には，日本側の各種支援と途上国側の各種支援が統合されることが望ましいが，実現は困難なので，各機関は定期的情報交換を通じて互い

の活動や最近の動向・課題を理解しあい，企業からの問合せや要請に対しては，関連機関を速やかに紹介しあうことが現実的である（「迅速なたらい回し」）。以上を踏まえたうえで，各自治体や支援機関がどのような支援を提供するかは，政策目的，企業ニーズ，支援側能力などに照らして各組織が決めればよい。

なお表中（項目1－⑤）のハンドホールディングとは，行政が個別企業に対し，ある企業目標（ここでは海外進出）を達成するために2〜3年にわたって経営指導，販売促進，金融，人材確保などさまざまな角度から総合的に支援を行うプログラムである[6]。対象企業は，何らかの事前スクリーニングによって意志と能力が確認されなければならない。設定した目標は高い確率で達成されることが期待されるが，ただし成否にかかわらず，支援は1回限りで，期限がくれば終了する。成功企業は，後続企業の指導，模範企業・優良企業としてのデータベース化などを通じて次段階の政策に活用するのが理想的である。

第二に，政策レベルでの先方機関との連携・交渉が重要である。これは行政にふさわしい機能であり，民間に委譲することはできない。とりわけ重要なのは，途上国の中央政府ないしは進出先の省（地方政府）の法令，政策，規則，優遇措置，政策実施要領などに対して，日本の投資家の意見にもとづき，現地のビジネス環境を改善し，問題に対しては要請や解決提案を行うことである。政策的に連携すべき関連機関としては，先方政府以外にも，日本政府関係（大使館，JICA，JETRO，HIDAなど），日本商工会，途上国の商工会，業界団体，教育訓練機関，企業などがある。もちろん日系企業全体の問題については，日本を代表する大使館や経済産業省，現地の日本商工会などが交渉すべきだが，地方自治体も政策提言，支援のベストプラクティスの採用，地元企業へのフィードバックなどを通じて日本全体の対途上国経済政策を補完することができよう。

第三に，実務レベルでの支援のワンストップ化およびネットワーク化。これは，政策レベルとは別に，実際に進出支援を行っている実施機関の協力により，中小企業に対するサービスの質・速度向上（迅速なたらい回し）をめざすものである。また，途上国にある日本大使館や先方機関をはじめとする諸組織とも密に連携をとり，必要に応じて相互訪問するとともに，メール等でいつでも連絡し合える関係を築くことが肝要である。政策レベルと実務レベルの協力機関

ネットワークは，かなりの程度オーバーラップすることが予想される。

6．空洞化論

最後に，近年の中小企業海外展開支援の観点から空洞化論を，既存の実証研究を総括しながら検討する。

2010年以降，中小企業の海外展開支援政策が中央レベルで打ち出され，同時に地方自治体や支援機関のレベルでも政策や支援策が決定されたことは，第2節で述べたとおりである。しかしながら，ものづくり中小企業が海外に生産拠点をつくることは，わが国の産業空洞化——主に雇用と所得の減少，さらには技術，後継者，生産性，国際収支，他産業への連関などへの悪影響——につながるのではないかという懸念も根強い。事実の問題として，ものづくり中小企業の「海外展開」（その定義も正確に定めなければならないが，ここでは直接投資としておく）が国内のそのような困難の原因となっているという証拠はあるのだろうか。この数年打ち出されつつあるさまざまな中小企業の海外展開支援策が，わが国の空洞化を加速する可能性はあるのだろうか。それとも海外進出の流れは政策の有無にかかわらず進行するものなのだろうか。既存の実証研究のレビューにもとづく結論を端的に述べれば，この問いに答えを出すことができるデータ分析を我々はまだ持っていないということになる。

産業空洞化については研究者がさまざまな観点から論じているが，共通するのは，空洞化を，企業の海外進出や海外事業活動の活発化を原因とし，その結果として国内の雇用，所得，技術水準などに悪影響を及ぼす現象ととらえている点である[7]。既存の実証研究の多くは，企業の海外進出にかかわらず日本経済は産業空洞化していないと結論づけている。しかしながら，その中でものづくり中小企業に焦点をあてた研究はきわめて少ないのも事実である。

たとえば松島［2012］の『空洞化のウソ』では，空洞化懸念への反論として，①海外に進出する企業のほうが国内雇用が拡大する可能性が高い（Hijzen, Inui & Todo［2007］，内閣府［2011］），②国際化により国内の技術水準が向上する（Kimura & Kiyota［2006］，中小機構［2008］，中小企業庁・三菱UFJ総研［2009］），③海外で稼いだ所得は日本国内に還流している（経済産業省［2011a，2011b］）

といった研究結果を引用している。しかし，①は企業規模を限定しない製造業が対象で，②は中小企業が対象であるがリーマンショック後の状況は捕捉できていない，または非製造業を含む中小企業全般を対象としている，③は企業規模を限定せずしかも非製造業を含んでいることなど，分析対象とする企業サンプルや時期（リーマンショック後の変化）という点で，我々の問題意識に応える情報になっていない。

『中小企業白書2012年度版』は，直接投資を開始した企業はそうでない企業に比べて国内従業者数が増加しているとの調査結果を示しているが，対象は2002年度から海外展開し2009年度まで継続している企業であり，途中で撤退ないし消滅した企業は含まれていないから，勝者バイアス（後述）の可能性を否定できない。戸堂［2012］は2006年と2009年のデータを比較した実証分析において，中小企業の企業外海外生産委託には生産性を向上させる効果がみられるが，直接投資（企業内海外生産委託）には有意な効果は検出されないという結論を導いている。これは解釈がむずかしく，この理由を説明するには追加情報が必要であろう。

尼崎地域産業活性化機構［2014］による海外進出している中小企業17社への聞き取り調査では，彼らの海外活動が同市の空洞化にはつながっていないという結論が出ている。ただし，対象投資のうちリーマンショック以降に行われた案件は4割程度であり，最終的影響をみるには時期尚早であろう。また，ここでも勝者バイアスの問題が指摘される。

最も興味深いのは，東京都労働経済局が1994年に実施した中小製造業企業調査をもとに，そのうち85社について，加藤［2011］が2010年に行った追跡調査である。そこでは，海外展開後に撤退を余儀なくされた中小企業は少なくなく，また海外事業を継続している企業でも3割は従業員規模を縮小していることが報告されている[8]。

本書における我々の関心は，「リーマンショック以降の製造業中小企業による海外生産拠点構築（および行政によるその支援）が日本経済の空洞化の原因となりうるか」であり，それは過去数十年の状況でもなく，大企業の直接投資でもなく，非製造業の海外展開でもない。このように問題を限定したときに，既存の実証研究には多くの技術的限界があり，我々の問いに答える情報はほと

んど含まれていないことを知るのである。技術的限界は，以下の4点に分類できる。

① 集計問題——ものづくり中小企業のみを対象としている研究は少なく，日系企業全般の海外展開を扱う研究には大企業や非製造業も含まれているから，ものづくり中小企業に関する我々の疑問に直接答えることはできない。

② 時期問題——第2節で提起したように，リーマンショック前後で日本の製造業をめぐる状況は不可逆的変化を生じた可能性が大きい。すなわち，大企業による海外生産，コスト圧力およびグローバル調達の加速などにより，従来の長期系列・下請関係は解体され，ものづくり中小企業は大企業との安定的な契約・関係を失って新販路を開拓せねばならない時代に突入した。本書執筆時点ではリーマンショックから6年しか経過しておらず，観測できるデータは数年分しかないので，この変化を統計的に確認できる状況にない。当面は，実務者の見解，企業アンケート，聞き取りなどを通じた質的な現状把握に依存せざるをえない。

③ 因果関係——統計学の基本問題として，真の因果方向を抽出する困難がある。輸出，海外生産委託ないし直接投資をしている企業のほうが，（他の条件をコントロールした上で）そうでない企業よりも国内の雇用創出が大きいという実証結果が出たとしても，解釈はそう簡単ではない。もともと元気な企業（有能で行動力のある社長と従業員の存在）だから国内でも海外でも事業が発展するのか，それとも海外に進出したから経営，技術，マーケティングなどが磨かれたのか。前者ならば，弱小企業を海外に展開させても成功しないという結論になるが，後者ならば，海外展開が彼らの活性化につながるという逆の結論になってしまう。この問題を正面から問える統計手法は今のところ存在しないし，将来も存在しないであろう。操作変数や時間差（グレンジャー因果関係など）を利用することは形式的に可能だし，実際のところ研究者はこれらを常用しているが，それだけでは真の因果関係の検出は不可能である[9]。

④ 勝者バイアス——研究対象となる企業は，調査時点で存在していた企業

に限られる。海外展開したが，失敗し撤退ないし消滅してしまった中小企業はサンプルに含まれていないから，成功企業だけを集めた研究は海外展開のプラス面を強調しすぎることになる。また，海外展開に関するアンケートによろこんで回答する企業は，おそらく成功企業が多い。新薬の動物実験において，副作用で死んだマウスを除外して結果を集計しても，それは薬の真の効果をあらわすものではない。この問題を回避するには，撤退ないし破綻した企業も含めて，海外進出したすべての企業を進出前時点に戻って把握することが必要だが，とりわけ中小企業を対象とする実証研究がそのようなサンプリングになっているかには疑問がある。上で引用した加藤［2011］は小サンプルながら，この条件を満たす数少ない研究であるが，そこではかなりの数の失敗企業が検出されている。

　以上の理由から，既存研究からは，我々が検討対象とする，リーマンショック以後のものづくり中小企業海外進出の新たな波が，国内の雇用・所得・技術などの空洞化を発生ないし加速させているかどうかを判断することは困難である。『中小企業白書2012年度版』に掲げられた，「企業が海外進出しても国内雇用はむしろ増える」という議論を頼りに海外進出支援を正当化している自治体も多々見受けられるが，それは彼らが実施している最近の中小企業海外進出支援政策とは直接関係のない，別の時代の別の現象にかかわる数字にすぎないのである。

　最後に再び付言すれば，第3節で強調したように，グローバルな産業動態の中での旧産業の死守防衛は長期衰退への確実な道であるから，たとえ近年のものづくり中小企業の海外進出が国内空洞化の1つの原因であると実証的に確認されたとしても，それは「ものづくり中小企業の海外進出を止めるべきである」という政策的結論に必ずしも結びつかない。すなわち，空洞化の事実確認とそれへの政策対応は分離されるべき問題である。町工場のグローバル企業化を支援しながら，日本国内に新たな成長産業を創出するという2つの政策課題は，同時並行して進められるべきものである。

注

1 2011年度末時点での製造業中小企業の規模別分布は以下のとおり。個人企業が142,459社（全体の35.6％），法人企業のうち従業員数5人以下が134,194社（同，33.6％），6〜20人が72,762社（同，18.2％），21〜50人が27,787社（同，7.0％），51〜299人が22,523社（同，5.6％）。このうち海外に子会社，関連会社または事業所を持つ企業の比率は，個人企業（0.02％），5人以下（0.14％），6〜20人（1.52％），21〜50人（4.99％），51〜299人（15.12％）である。以上は，中小企業庁「平成24年中小企業実態基本調査」（2012年8月実施）による。

2 2008年の急増は，出光興産と三井化学がペトロベトナムおよびクウェート国際石油と組んで建設する予定のギソン製油・石化プラントの大規模投資の認可（発表時点で約58億ドル）が主な理由である。

3 主たる改正点は，①日本弁護士連合会，JICA，海外貿易開発協会，海外技術者研修協会（後2者は2012年4月に海外産業人材育成協会（The Overseas Human Resources and Industrial Development Association: HIDA）に統合）などを含むオールジャパン支援体制の構築，②クールジャパンの活用，③海外展開に要する資金調達の多様化・資金の充実，④わが国若手人材をはじめとする海外展開人材の育成強化，⑤ハード・ソフト両面におけるODA活用も含めた現地事業環境の整備である。

4 ベトナムで操業する某日系大手企業の社長は，他社に引き抜かれるリスクがあるにもかかわらず従業員教育を充実させるのはなぜかという問いに対して，無論わが社に残ってほしいが，他社に移ってもベトナムにいるかぎりはこの国の人材強化になるからかまわないと答えたのが印象的であった。他方で，中小企業にとっては，後継者として訓練した従業員の他社による引き抜かれは大打撃であることも事実である。

5 細谷［2013］は，グローバル・ニッチトップ（Global Niche Top: GNT）企業の注目すべき特徴として，海外販売拠点や生産拠点の設置に慎重な姿勢を指摘している。その理由として，保有する製品の非価格競争力が高く，企業として戦略的に意思決定した結果である可能性が高いと述べている。

6 ハンドホールディングの例としては，JETROによる中小企業の輸出支援や海外進出支援，大韓貿易投資振興公社（Korea Trade-Investment Promotion Agency: KOTRA）の海外事務所による韓国中小企業の販促・市場調査・パートナー探しの支援，台湾中小企業処による国内の産業クラスター創造，マレーシア貿易開発公社（Malaysia External Trade Development Corporation: MATRADE）による中小企業の輸出市場開拓を徹底的にサポートするプログラムなどがあげられる。

7 たとえば，中村・渋谷［1994］や松浦［2011］は，空洞化を一国の生産拠点が海外へ移転すること(海外直接投資およびそれに伴う逆輸入)によって，国内の雇用が減少したり，国内産業の技術水準が停滞あるいは低下する現象と定義している。松島［2012］は，①国内雇用の減少，②国内産業の技術水準の停滞，③日本に還流すべき資金が海外に向かってしまうこと，の3つの観点から空洞化を論じている。

8 加藤［2011］の追跡調査によれば，海外工場を複数展開している中小企業は，3割弱が撤退したものの7割強が海外生産を継続している。一方，海外展開先が1工場のみの企業の継続は4割弱と格段に少ない。また，たとえ海外事業を継続している企業においても，その3割は従業員規模を縮小している。

9 日系企業海外展開研究の第一人者である戸堂康之氏も，既存の実証研究は統計学的に可能な手法を駆使しているという意味で因果関係は考慮されているが，それが真の因果関係を発見できているとは必ずしも言えないとした（2014年2月21日，GRIPS開発フォーラム主催「中小企業の海外展開」勉強会にて）。

❖参考文献

尼崎地域産業活性化機構［2014］「尼崎中小製造企業の海外進出に関する実態調査報告書」3月。
大野健一［2013］「ベトナム工業化戦略の再編と強化：日本の産業協力の視点から」ベトナム開発フォーラム共催シンポジウム「ベトナムの産業能力強化のための戦略的日越協力」のための草稿，ハノイ，3月（日本語，英語，ベトナム語）。
加藤秀雄［2011］『日本産業と中小企業——海外生産と国内生産の行方』新評論。
経済産業省［2011a］『2011年度通商白書』。
経済産業省［2011b］「海外事業活動基本調査」2011年7月調査。
サイモン，ハーマン［2009］『グローバルビジネスの隠れたチャンピオン企業』上田隆穂監訳，渡部典子訳，中央経済社。
中小企業基盤整備機構［2008］「平成20年度中小企業製造業の技術経営に関する調査研究アンケート調査」。
中小企業庁［2012］「平成23年中小企業実態基本調査」。
中小企業庁・三菱UFJ総合研究所［2009］「国際化と企業活動に関するアンケート調査」中小企業庁委託調査。
戸堂康之［2012］「日本の中小企業の海外生産委託」経済産業研究所，RIETI Discussion Paper Series 12-J-004。
内閣府［2011］『平成23年度経済財政白書——日本経済の本質的な力を高める』。

中村吉明・渋谷稔［1994］「空洞化現象とは何か」通商産業省，通商産業研究所研究シリーズ，Vol.23。

細谷祐二［2013］「グローバル・ニッチトップ企業に代表される優れたものづくり中小・中堅企業の研究——日本のものづくりニッチトップ企業に関するアンケート調査結果を中心に」経済産業研究所，RIETI Discussion Paper Series 13-J-007。

松浦寿幸［2011］「空洞化——海外直接投資で『空洞化』は進んだか？」『日本労働研究雑誌』，No.609，18-21頁。

松島大輔［2012］『空洞化のウソ——日本企業の「現地化」戦略』講談社現代新書。

宮本又郎［1999］『日本の近代11——企業家たちの挑戦』中央公論新社。

Hijzen, A., T. Inui & Y. Todo [2007] "The Effects of Multinational Production on Domestic Performance: Evidence from Japanese Firms," RIETI Discussion Paper Series 07-E-006.

Kimura, F. & K. Kiyota [2006] "Exports, FDI, and Productivity: Dynamic Evidence from Japanese Firms," *Review of World Economics*, Vol.142, Issue 4, pp.695-719.

（大野健一）

第2章 新段階を迎えた中小企業の海外展開支援
――「つながり力」を高めるための支援策と事例

POINTS

◆ 中小企業の海外展開支援は新段階に入り，今後は支援策の「量」の拡大より「質」の充実が一層求められている。
◆ 国の新施策が中小企業に届くためには，地域に根ざした国内ビジネス支援機能と海外展開支援機能および現地支援機能を連携させて，「つながり力」を高める必要がある。
◆ 国内各地で，内外の多様な関係者やリソースを束ね，新しい「つながり」を構築するリーダー（組織，人材）が生まれてきている。
◆ 特に海外進出では，相手国との共創プロセスを通じた現地とのパートナーシップ構築が重要になる。進出先の産業開発のニーズや都市づくりなどの社会的課題の解決に貢献する，互恵的な進出支援に取り組むべきである。

1．海外展開支援の新段階

　国際化の新たな波のなかで，大手製造業の系列に入っていない中小の製造業が，海外に活路を求めて独力で海外進出する事例が増えている。こうした現実をふまえ，国の方針は2010年頃から，中小企業の海外展開の積極支援へと大きく舵を切った。2012年12月末に発足した安倍政権はこの方針を一層推進し，緊急経済対策（2013年1月策定）および新たな成長戦略である「日本再興戦略」（2013年6月14日閣議決定）において，数々の施策を打ち出している。「日本再興戦略」の3本柱のひとつである国際展開戦略は，海外市場獲得のための戦略的取り組みとして，潜在力ある中堅・中小企業等に対する重点的支援を謳って

いる。そして、「中小企業・小規模事業者の海外展開をさらに進めるため、点から線、線から面へと支援を拡大することで、海外展開支援の広がりと深化を図り、今後5年間で新たに1万社の海外展開を実現する」といった具体的な数値目標を設定している。

　国の方針転換をうけて、2010年後半～11年にかけて地方自治体や公的支援機関、経済協力機関による中小企業の海外展開支援が始動した。そして2012～13年は、初期の経験をもとに地域レベル、地方自治体、関係機関でさまざまな工夫が試みられ、支援メニューの拡充期となった。とりわけ注目される取組みは、①中小企業に対するハンズオン支援体制の拡充・強化、②多様な支援機関が連携した実務レベルのプラットフォーム構築、③政府開発援助（Official Development Assistance: ODA）や経済協力の一層の戦略的活用、④海外展開している中小企業の資金調達の円滑化（金融面の規制緩和）である。ハンズオン支援は、寄り添いながら、各企業のニーズや能力を見極めて適切な助言をすることをめざすものである。また、実務レベルの支援プラットフォーム構築は、中小企業からの相談事項を関係機関の間で「効率的なたらい回し」をすることで、国内と海外のキーパーソンを迅速につなぐ機能を強化するねらいがある。ODAとの連携強化は、産業発展や都市問題など相手国が抱える開発課題の解決に貢献し、進出先との互恵的な関係構築をめざしている。これらは、われわれが2012年以来、アジア太平洋研究所との共同研究を通じて提言してきた方向とも合致しており、評価できる。

　ただし、留意すべき点もある。第一に、海外展開の数値目標が設定され予算措置がなされたことにより、特に公的支援機関において数字が一人歩きしてしまい、進出する準備や体力が十分でない中小企業までをも海外進出に駆り立ててしまう危険性が生じかねない。これを防ぐためには、日頃から当該企業をよく知る支援者・機関が、海外進出ありきでなく、進出すべき企業とその必要がない企業をスクリーニングして、各企業の事情に応じた助言をする必要がある[1]。第二に、海外進出後は現地との関係構築が決定的に重要になる。日本と異なる社会文化の国、しかも往々にして途上国において、人材育成・確保、販路開拓、資材材調達、会計・税務手続きなど日々の業務で生じるさまざまな課題を中小企業が克服していくには、信頼のおける現地キーパーソンの助けが不

可欠になる。

　要するに，こうした国レベルの新施策が適切な内容で中小企業にしっかり届くためには，中小企業に近い存在である各地域・自治体の相談窓口や支援機関が，国レベルおよび相手国の政府や現地キーパーソンと深くつながることがきわめて重要になる。すなわち，国内を中心とした既存のネットワークを超えた，新しい「つながり」を構築する——「つながり力」を高める——必要があるのだ。

　われわれは，過去2年にわたり国内の主要な産業集積地を訪問し，さまざまな支援組織や中小企業から集中的にヒアリングを行った。そこで見たのは，各地の行政・支援組織，経済団体・非営利団体（Nonprofit Organization: NPO），企業関係者が既存の活動領域を超えてつながり，地元中小企業のために情熱的，献身的に取り組んでいる姿だった。さらにタイとベトナムで行った現地調査を通じて，産業発展段階が異なる両国では，日系中小企業の進出に対して異なる期待や要望があることを学んだ。タイには日本のものづくり技術を熟知した組織・人材ネットワークの蓄積があること，ベトナムではODA事業や経済協力を通じて，今まさに，現地とのネットワークが広がっていることも理解した。

　本章ではまず，2012年以降，政府や経済協力機関等，国レベルで導入された主な支援策をレビューする。次に，過去2年間，ヒアリング調査を行った国内各地域（関西・大阪，諏訪・岡谷，中京，北九州，神戸・尼崎，横浜など）における海外展開支援のなかで，「つながり力」を高める取組みとして注目される事例を紹介する。そして最後に，タイとベトナムを比較し，相手国の産業開発ニーズに合致した，互恵的な中小企業の海外進出のあり方を考察する。

2．国レベルの中小企業の海外展開支援策

2.1　支援体制の立ち上げ期から支援拡充期へ

　国レベルでは，2010年10月に経済産業大臣を議長とする「中小企業海外展開支援会議」が設置され（中小企業庁が事務局），経済産業省の全国9ブロックでも地域会議が開催され，オールジャパン体制で地域のニーズに対応した支援が推進されるようになった。**図表2－1**は，全国レベルの中小企業海外展開支援会議の体制を示す。2010～11年度は全国・地域レベルによる中小企業海外展

図表2－1　中小企業の海外展開支援会議の体制（全国レベル）

中小企業海外展開支援会議

関係省庁	政府系機関	中小企業団体	金融機関	その他
経済産業省 金融庁 外務省 農水省	ジェトロ 中小機構 日本貿易保険 JICA	日本商工会議所 全国商工会連合会 全国中小企業団体中央会	全国銀行協会 全国地方銀行協会 第二地方銀行協会 全国信用金庫協会 全国信用組合中央協会 全国信用保証協会連合 日本政策金融公庫 商工組合中央金庫	日本弁護士連合会 海外産業人材育成協会

中小企業海外展開支援大綱（平成23年6月，24年3月改定）

〈重点課題（5つの柱）〉
1. 情報収集・提供
2. マーケティング
3. 人材の育成・確保
4. 資金調達
5. 貿易投資環境の改善

⇒ 各支援期間・各地域が行動計画を策定し，具体的な取組を実施

〈これまでの開催実績〉

第1回会議（H.22.10）	会議の立ち上げ
第2回会議（H.23.2）	支援ニーズの取りまとめ
第3回会議（H.23.6）	大綱・行動計画の策定
第4回会議（H.24.3）	構成員増加，大綱の改定
以降，連絡会議を開催	

出所：近畿経済産業局［2014b］。

開支援の体制立ち上げ期で，参加組織の長・幹部が出席する支援会議が年2回開催され，「中小企業海外展開支援大綱」が策定された。平行して，中小企業の海外展開支援策についての情報提供や，中小企業との相談体制の強化が図られた。

具体的には，中小企業基盤整備機構（以下，中小機構）は「中小企業支援のための海外展開支援ハンドブック」を作成した（2012年8月）[2]。これは中小企業を支援しているさまざまな組織の担当者を対象としたコンパクトな冊子で，海外展開支援情報（「情報収集・提供」，「マーケティング」，「人材の育成・確

保」,「資金調達」,「貿易投資環境の整備」の5つの重点課題ごとに分類),海外展開データ集(自社分析のチェックリストを含む),各支援機関の連絡先等を掲載している。そして,中小機構本部・国際化支援センターを中心に「ワンストップ・サービス」[3]による相談支援が設けられ,北海道から沖縄まで1つの電話番号で全国10カ所の最寄りの相談窓口につながる体制を整えた。

続いて,中小企業庁も「中小企業海外展開支援施策集」を刊行した(2012年11月作成,2013年1月,2014年3月に改訂)[4]。各支援機関が実施している施策を「計画策定段階」「事業準備段階」「事業開始・拡大段階」といった3つの事業段階に沿って整理・紹介したもので,より詳しい情報を知りたい場合は,施策ごとにホームページ上のリンク先(URL)から照会できる。施策一覧から受けたい支援内容と事業段階をマッチさせて,適切な支援策の検索を行うこともできる。また,海外展開に関する総合情報メールマガジンの発行も始まった。中小企業関連施策の動向,海外展開に成功した中小企業の例,支援機関が各地で開催するセミナーや展示会情報等をタイムリーに提供することを目的としている(**図表2-2**)。

こうした情報提供・相談体制の確立に加えて,2012年度以降,政府・国レベルの経済協力機関等により,さまざまな海外展開支援策が導入されている。これに伴い,支援会議は実務レベルの連絡会議が中心になり,各種支援策の実施を通じた経験・情報の共有に焦点が移った。すなわち,中小企業の海外展開支援は実施段階に入ったといえる。

図表2-2 中小企業の海外展開支援 施策集(例示)

出所:中小機構[2012],中小企業庁[2012],近畿地域中小企業海外展開支援会議[2012]。

地域レベルでも同様に，支援の立ち上げ段階から実施段階に移った。たとえば，近畿地域では「近畿地域中小企業海外展開支援会議（以下，近畿地域支援会議）」（2010年10月設置）が2010年度に2回，2011年度と2012年度に各1回，計4回開催され，2013年度は実務者会議のみの開催（1回）であった。2012～13年度は，むしろ「近畿地域海外展開支援行動計画」にもとづいて[5]，関西中小企業の強みや地域の優位性を活かした取組みの推進，中小企業が直面する課題への対応など，具体的な支援の実施に力点が移った。
　次項からは，2012年以降に導入された中小企業の海外展開支援策で特に重要と思われる4つの施策を説明する。中小企業の海外展開支援そのものは民主党政権が積極化したが，安倍政権はそれをさらに発展させている。現政権発足後すぐに組まれた2012年度の大型補正予算，そしてそれ以降の予算を充当して支援策の拡充が図られている。

2.2　ハンズオン支援体制の拡充・強化
2.2.1　事業化可能性調査（F/S調査）を通じた中小機構とJETROの連携
　中小企業の海外展開支援において，中小機構は経営支援の観点から，日本貿易振興機構（Japan External Trade Organization: JETRO）は海外展開の観点から，それぞれ相談窓口になっている。
　中小機構は1981年から，国際化支援アドバイスとして専門家による窓口相談を行っている。海外投資，輸出入や海外企業への委託生産など，海外展開の可能性を検討している中小企業からの相談に対して，国別・分野別の専門家が相談者の経営状況などをふまえて，海外展開の可否，対象国の選定，海外向け製品の開発・改良の必要性等，海外展開の初期段階から実現段階まで，経営支援の観点から必要な情報提供，個別アドバイスを行う。2012年度に事業化可能性調査（Feasibility Study: F/S）を新たに導入し，各企業固有の製品・技術・サービス等をもとに海外生産拠点の設立や販売先の開拓等を行う市場調査の支援を開始した。現地に精通した専門家が同行して，情報収集や調査をサポートする（補助率は調査費の2/3で上限120万円）。これを補完して，JETROは主に中小機構のF/S支援事業を通じて事業化計画を策定した企業等が，実際に海外ビジネスに着手する際に，追加的に現地で必要な調査を行うための支援を導入

した（補助率は調査費の2/3で上限50万円程度）。

2.2.2　専門家による新興国進出個別支援サービス[6]

　JETROは従来から地域間交流支援（Regional Industrial Tie-up: RIT）事業や輸出有望案件支援サービス等，中小企業に対して目的別のハンズオン支援を行っているが，2013年3月に新興国進出に取り組もうとする中堅・中小企業に対する支援を新たに導入した。これは海外ビジネス経験が豊富なシニア人材（大企業OB等）を専門家として派遣し，現地での拠点設立等までハンズオンで支援するものである。支援先企業の海外進出段階に応じて，JETRO職員，担当専門家，企業の3者で支援内容や支援期間等に合意したうえで，専門家が定期的に訪問・電話等によりアドバイスする。2013年4月〜2015年3月の期間に中堅・中小企業1,500社の海外展開支援を目標とし，235名の専門家が支援にあたっている（2014年11月末時点で，目標を超える1,575社を支援）[7]。JETROは専門家の人件費および内外出張旅費，専門家によるコンサルタント経費全額を負担するほか，企業担当者の海外渡航航空賃の一部補助も行う。

2.3　海外現地プラットフォームの整備
2.3.1　中小企業海外展開現地支援プラットフォーム[8]

　進出後のサポート体制を強化するために，JETROは2013年9月より現地にある官民支援機関（大使館，JETRO，国際協力機構（Japan International Cooperation Agency: JICA），日本商工会議所，法律・会計事務所，コンサルタント等）をネットワーク化し，中小企業を支援するプラットフォーム構築を開始した（図表2−3）。現地のワンストップ相談窓口をJETRO海外事務所に設け，プラットフォーム参加メンバーの支援メニューを紹介するとともに，必要に応じて，プラットフォーム参加メンバーにつなぐ。2013年に8カ国10拠点が設置され，2014年に7拠点が新設された[9]。現地プラットフォームには専属コーディネーターが配置され，個別相談を一元的にうけ，必要なサービスの提供や紹介，各種専門家への取次ぎ等を無料で行う（法務・会計・労務，資金調達，人材確保，パートナー発掘，拠点設立や移転・撤退に関する諸手続など専門的な相談にも対応するが，紹介先の各種専門家等によるサービスは別料金）。

図表2−3 中小企業海外展開現地支援プラットフォーム（イメージ）

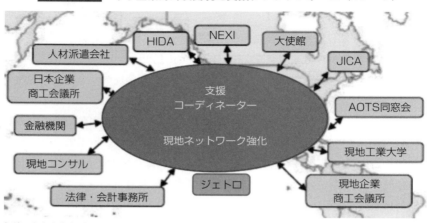

出所：中小企業庁［2013］。

2.3.2 現地の中核人材育成・確保への支援

　海外産業人材育成協会（Overseas Human Resources and Industry Development Association: HIDA）はその前身の時代から，国のODA予算と民間企業の資金を組み合わせた官民連携事業として，研修や専門家派遣等を通じた開発途上国の産業人材育成を行っている。これには，①現地工場で中堅技術者となる人材を日本に受け入れる技術研修（日本語や日本社会・文化の講義を中心とした導入研修と，自社工場等での実地研修から成る）や，②日本人専門家の派遣による現地工場や関連団体等での技術指導の実施，が含まれる。申請ベースで，採択された企業にはHIDAが経費の一部を補助するが，特に中小企業に手厚い補助率になっている。中小企業にとっては，工場を立ち上げたり生産管理体制を強化する際に，中核となる現地人材を育てるうえで有用な制度である。HIDAは2012年度〜2014年度において，これを新興国市場開拓人材育成支援事業として実施している（経済産業省からの委託事業）。

　さらにHIDAは，中小企業による優秀な現地人材の確保を支援するために，海外の大学・高等専門学校（以下，高専）等と連携して現地でジョブフェア，企業文化講座を2013年度に実施した（経済産業省からの委託事業）。タイ，ベトナム，インドネシアを対象として，現地高等教育機関の学生と日系中小企業

とのマッチングの機会を提供した。これには、日系企業で働くうえで必要な日本企業文化等の理解・促進を行うことで、現地で将来の管理職候補となる高度人材を育成確保するねらいもある。

2.4 国内から現地まで一貫した円滑な支援の提供
2.4.1 海外展開一貫支援ファストパス制度

ファストパス制度は、海外展開の潜在力や意欲をもつ中堅・中小企業に対して、国内から海外までシームレスな支援の提供をめざすもので、2014年2月25日から運用が始まった（**図表2－4**）。JETROが事務局業務を担い、地域の金融機関や商工会議所などの企業支援機関（紹介元支援機関）が、海外展開を考えている顧客企業に対して、外務省（在外公館を含む）、JETRO等海外展開支援に知見がある機関（紹介先機関）の協力も得ながら、支援機関が一丸となって、一貫した支援を提供する。国内の支援機関が海外に有する拠点を含めて連携して支援する仕組みである。発足時点で321の政府・政府関係機関、自治体、地方経済団体、金融機関等がこの制度に参加しており、2014年8月には354機関に増えている。このうち地方銀行と信用金庫が200機関を超えており、顧客である地元の中小企業の強いニーズを示唆している。

図表2－4　海外展開一貫支援ファストパス制度　相談スキーム

具体的な制度内容

・支援機関は、経営支援・融資等の実績のある中堅・中小企業等から海外展開について相談を受けた場合等、当該企業をほかの支援機関に対して紹介する。
・外務省（在外公館）・JETRO・国際協力銀行・日本政策投資銀行など、海外展開支援に実績のある支援機関が、当該企業の訪問を受ける場合、紹介元の支援機関に照会し、支援担当者同士の情報共有を行い、効果的な支援を行う。

出所：経済産業省ホームページ。

2.5　ODAを活用した中小企業の海外展開支援

　JICAはHIDAとともに，2012年3月の中小企業海外展開支援大綱の改定以降，同支援会議に参加している。これをうけて2012年度から，途上国における中小企業の製品の販路拡大あるいは現地進出を通じて途上国の経済社会開発に貢献することを目的として，外務省・JICAによるODA予算を活用した中小企業の海外展開支援を開始した。具体的には，①中小企業等の製品・技術等の開発援助案件化を念頭においた「ニーズ調査」，中小企業等からの提案にもとづくODA事業への展開のための「案件化調査」，および途上国政府関係機関における「普及・実証事業」[10]，②JICAの「中小企業連携促進基礎調査」による現地進出に向けた基礎情報収集や事業計画の作成への支援，③外務省の「中小企業を活用したノン・プロジェクト型無償資金協力」等，である。現政権の「日本再興戦略」の一環として，これら事業の予算は拡大している。

　さらに，JICAは既存の草の根技術協力事業の「地域経済活性化特別枠」として，ODAを活用して，地域主導の技術協力を実施することで，地方自治体の国際展開等を積極的に後押しする取組みを2012年度から開始した。地方自治体，地域経済団体，大学および企業等がもつ技術・経験の活用および人的交流を通じて，途上国のさまざまなニーズと日本各地のリソースを積極的に結びつけて途上国を支援し，あわせて日本の地域経済の活性化や国際化を促進することをめざすものである[11]。これらのほかにもJICAは近年，民間連携事業を次々と導入しており，中小企業も利用することができる（**図表2－5**を参照）。

2.6　金融面の規制緩和

　金融面においても，海外進出支援に関する2つの制度変更があった。第一は，緊急経済対策における「信用金庫・信用組合による会員・組合員の海外子会社への融資等の解禁」である（2013年3月に関連政令，内閣府令，監督指針等を改正）。この規制緩和により，信用金庫および信用組合が，会員や組合員である中小企業の海外子会社に直接融資ができるようになった。中小企業は地域の信用金庫・信用組合から資金調達をすることが多い。今まで信用金庫・信用組合は，会員・組合員の海外子会社に対して直接資金の貸付等を行うことはできなかった。中小企業がアジア諸国等に設置した海外子会社に製造工程の一部や

図表2−5　ODAを活用した民間連携支援メニュー

中小企業のみ対象		
情報収集・調査	ニーズ調査（外務省委託事業，2012年度〜）案件化調査（同上，2014年度よりJICA移管）	自社製品・技術のニーズを検証
	中小企業連携促進基礎調査（2012年度〜，JICA）	現地進出にむけた基礎情報収集や事業計画の作成を支援
普及活動	普及・実証事業（2012年度〜，JICA）	自社製品・技術の有効性の実証・普及を支援
中小企業を対象とした無償資金協力	外務省ノンプロジェクト型無償資金協力（2012年度〜）	国内中小企業の製品の中から，途上国の要望をふまえ，被援助国の経済社会開発に資する品目を供与
地方自治体を対象		
草の根技術協力	地域（経済）活性化特別枠（2012年度補正予算〜，JICA）	地方自治体の発意による国際協力を通じた我が国の地域の活性化を図る。途上国のニーズを日本各地のリソースと積極的に結びつける（技術・経験の活用，人的交流）。
民間企業全般（中小企業も対象）		
情報収集・調査	PPPインフラ事業協力準備調査（2009年度〜，JICA）	円借款や海外投融資の支援を想定したPPPインフラ事業の形成を支援
	BOPビジネス連携促進協力準備調査（2010年度〜，JICA）	貧困層ビジネスの開発・展開を支援
普及活動	開発途上国の社会・経済開発のための民間技術普及促進事業（2013年度〜，JICA）	自社製品・技術・システムの導入，普及を支援
資金協力	海外投融資（2012年度に本格再開，2010年度からパイロットアプローチ，JICA）	途上国の開発に資する民間企業等が行う事業に対して，実現可能性を高めるための融資・出資
人材育成	民間連携ボランティア（2012年度〜，JICA）：中小企業対象には人件費補填制度あり。	民間企業の人材をボランティアとして派遣，グローバル人材育成を支援
	JICA日本センター（海外6カ国に所在）	現地ビジネス人材の育成

出所：外務省とJICAのホームページ情報をもとに筆者作成。ほかにも研修事業，途上国現地でのさまざまな連携活動があり，すべてを網羅しているわけではない。

販路の維持・開拓を請け負わせるといった取組みが増えているなか，この制度変更は中小企業の事業展開の円滑化を助けると考えられる。

第二は，「海外における出資関係のない外国銀行の代理または媒介業務の解禁」の決定である（2013年6月に関連法律を改正）。これにより，海外において国内銀行が外国銀行の金融サービスなどの代理・媒介を行えるようになり，海外展開している中小企業等がより円滑な資金調達や多様なサービスを受けられるようになった。

3．国内各地域・地方自治体等における特徴的な取組み
──新しい「つながり」構築の試み

中小企業の海外展開支援が実施段階に移り，国レベルで新施策が次々と導入された今，これからは支援策の質の充実が重要になる。すなわち，新施策が地元に根ざした形で中小企業に届き活用されるように，地元企業との接点となっている地方自治体や地域の支援機関と，国レベルや現地のさまざまな組織・キーパーソンとのつながりを強化することが求められよう。こうした観点から，本節では，われわれが研究拠点とした関西地域を中心としつつ，関西以外でも幾つかの先進的な地域や地方自治体，企業等の取組みを紹介する。まず，国と自治体をつなぐ地域レベルの取組みとして，関西で進んでいる，特定国（ベトナム）をターゲットして官民一体となった中小企業の進出支援について述べる。次に，中小企業にとって身近な地方自治体，経済団体，NPO等が，内外の多様な関係者やリソースを束ねて，つながりのハブとなっている事例を紹介する。

3.1 近畿地域の取組み

近畿地域では，政府の方針をうけて近畿地域支援会議を2010年10月に設置し，近畿経済産業局，JETRO大阪本部，中小機構近畿本部を核として関係機関が連携して地域レベルで中小企業の海外展開支援に積極的に取り組んでいる。中でも，「関西ベトナム経済交流会議」（2012年4月設置）は，関西におけるベトナムの戦略的位置づけをふまえ，ベトナムとの持続的な経済交流関係の構築をめざした取組みである。近畿地域支援会議の特別部会という位置づけで11機関

図表2-6　関西ベトナム経済交流会議の取組み

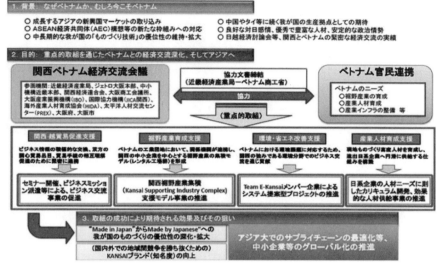

出所：近畿経済産業局［2014a］。

が参加している[12]（**図表2-6**）。この背景には，ベトナムに進出する関西企業が増加傾向にあること，また関西のものづくり中小企業にとって，ベトナムはタイと並んで，将来の直接投資先として最も関心が高い国であることがある[13]。

　関西ベトナム経済交流会議の取組みは，次の5点で注目される。大きな特徴は，進出前から進出後まで一貫した支援，国内と現地の官民のキーパーソンをつなぐサポート・ネットワーク構築，相手国の政策・実務レベルでの窓口の設定等を組み合わせて，重層的な支援体制を作っていることである。

① 関西中小企業のベトナム展開に焦点をあてた支援組織のネットワーク化。
② 政策レベルにおける相手国中央政府・地方政府との協議チャネルの設定：近畿経済産業局がベトナム商工省，南部のドンナイ省人民委員会およびホーチミン市人民委員会と協力文書を締結，政策レベルで協議・交渉する体制を構築。

③ 実務レベルにおける課題解決窓口の設定：ベトナム計画投資省に「関西ビジネスデスク」を設置，関西企業の現地での要望・問い合わせに対応。ドンナイ省人民委員会に「ドンナイ省関西デスク」を設置，ワンストップ・サービス体制を強化。関西経済連合会による年1回の「関西ベトナム・ビジネスラウンドテーブル」を通じて，関西の官民がベトナム政府機関と実務的かつ実践的な協議をする機会を設置。

④ 中小企業の共同進出モデル事業の実施：官民一体の「関西裾野産業集積支援モデル事業」として，ベトナム南部ドンナイ省とホーチミン市の工業団地を対象に，関係機関が連携して関西の中小企業を中心とするレンタル工場群の形成を支援。

⑤ 産業人材育成：ドンナイ省の職業訓練校に対して，JICAの草の根技術協力を通じて，日系企業の人材ニーズに即したカリキュラム開発，効果的な人材供給事業を推進。

こうした取組みの契機になったのが，大阪の中小企業（富士インパルス株式会社）が呼びかけた，ベトナム南部へものづくり中小企業の共同進出を推進する民間イニシアティブである。これに近畿経済産業局をはじめとする官が呼応し，「関西裾野産業集積支援モデル事業」の原型ができた。ドンナイ省ロンドウック工業団地の中小企業専用レンタル工場への共同進出の推進が第1号案件となり，関西ベトナム経済交流会議のもとで，ドンナイ省人民委員会との政策・実務レベルでの協力体制，同省の職業訓練校におけるものづくり人材育成支援といった官ベースの支援が実施されている。

第2号案件は，ホーチミン市最大の工業団地，ヒェップフオック工業団地内に建設中の日系中小企業専用レンタル工場（ビーパン・テクノパーク）への共同進出の推進である。東京の中小企業（ユニカ・ホールディングス株式会社）が長年行っている中小企業専用のレンタル工場にホーチミン市人民委員会が注目し，ビーパン・テクノパークと名付けて，日越共同プロジェクトとしてスケールアップすることになった。近畿経済産業局は同テクノパークの一角においても関西の中小企業の集積づくりを推進することとし，ホーチミン市人民委員会と協力体制を構築している（第7章）。

このほか，近畿経済産業局は関西の支援機関および金融機関と連携し，100の施策からなる「関西中小企業等向けベトナム展開支援策パッケージ『ベトナム展開サポート100』をとりまとめ，2013年9月に公表した。これまで支援策が手薄だった進出後の段階までをカバーする施策を，特定国を対象にパッケージ化して提供するもので，地域レベルでは全国初めての試みである。

3.2 地方自治体，経済団体，NPO等における取組み

ものづくり中小企業の海外展開支援は，各地域の産業集積の特徴と密接に関係している。したがって，海外進出支援においては，地域に根ざした国内ビジネス支援機能と海外展開支援機能，および現地支援機能を連携させる仕組みをつくることが重要になる。以下では，次の4つの観点から「つながり」をとらえ，地方自治体，経済団体，NPO，金融機関等による注目すべき取組みを紹介する。多様な事例があるが，共通して浮かび上がってくるのは，地元の中小企業に寄り添いながら，既存の組織・領域・関係を超えて，「つながり力」を高め，地域や業種のために元気にリーダーシップを発揮する人物や組織の存在である。

① 国内のものづくり支援拠点で，海外展開に関する情報ネットワークとつながる。
② 海外展開支援の拠点で「寄り添い型支援」を実施，企業とつながる。
③ 海外展開支援の拠点をつないで，ネットワーク化とワンストップ化を進める。
④ ビジネス手法で進出先国の開発ニーズに取り組み，相互互恵で相手国とつながる。また，現地に蓄積されたものづくりネットワークやリソースを動員し，現地リソースとつながる。

3.2.1 国内ものづくり支援を拠点に，海外展開に関する情報ネットワークとつながる

(1) ものづくりビジネスセンター大阪

ものづくりビジネスセンター大阪（Monozukuri Business Information-center

Osaka: MOBIO）は，東大阪市にある大阪府全域のものづくり中小企業のための総合支援拠点である。2010年4月に大阪府ものづくり支援課が本庁機能を移転し，従来からあった機能を充実させて[14]，国内最大級の200ブースからなる常設展示場，大学・高専のリエゾンオフィスが入居する産学連携オフィス等をもち，専門のコーディネーターによるワンストップ相談，特許相談などのソフトサービスの提供を行っている。施設内には公益財団法人の大阪産業振興機構，展示場を運営する民間スタッフも同居している。

MOBIOではものづくり支援に関する大阪府の施策・事業を実施しているが，海外展開ニーズの高まりをうけて，従来から開催していたセミナー＆交流会「MOBIO-Cafe」の枠組みのなかで，方面別・課題別の「海外研究会」を設置し，2012年度から実施している。MOBIO-Cafe海外研究会は，参加企業にとって，現地でのビジネス経験の豊富なキーマンやすでに進出している先行企業の経験談などを聞き，また交流会で情報交換する機会を提供している。また，国内外の民間支援人材で，大阪府の提供する支援の場において，セミナー講師や交流会での相談などの協力可能な人材を登録する「大阪府中小企業海外展開支援サポート・ネットワーク」を2012年6月に創設した。MOBIOの取組みは，今まで国内ビジネス支援を中心とし地元の中小企業とのネットワークをもつ組織が海外展開を考えている中小企業と国内外でキーマンとして活躍する多様な支援者を結びつける試みである。

(2) NPO諏訪圏ものづくり推進機構

諏訪圏ものづくり推進機構（以下，スワモ）は，多様で高度な技術をもつ中小企業が集積する諏訪地域（6市町村）で広域的・横断的に産業活性化支援を行う拠点として，2005年に設立された。行政と協働して，地元企業に対して人材育成，企業体質強化，ビジネスサポート，情報提供などの支援を行っている。スワモの設立や「諏訪圏工業メッセ」の開催は，1990年代に顕著になった同地域の大手企業のアジアへの生産拠点シフトによる，ものづくりを取り巻く環境の激変に対する危機感のあらわれで，1社だけでは解決できない課題に産・官・学が一体となって取り組もうという地域発のイニシアティブである。スワモの活動を支えているのが，同地域で事業展開していた大手企業のOB人材で

ある。

　スワモは基本的には諏訪地域のものづくり支援団体だが，同地域で2002年から開催している諏訪圏工業メッセ（スワモは2005年から運営主管）は，地元企業にとって，国内の販路拡大はもちろん，特に近年は海外との経済交流の機会にもなっている。諏訪圏工業メッセは，中小企業が集まるメッセとしては日本一の規模を誇り，近年は海外からもミッションが訪れている。地元企業は出展にあたって，「わが社のひとわざ（一技）」シートの記載が義務づけられており（1社1頁，各企業の強みを分かりやすく紹介），企業のPR力を高める機会になっている。スワモはメッセでのPR用に和文・英文の冊子を作成している。

　2012年11月頃から，スワモ，長野県テクノ財団諏訪レイクサイド地域センター，JETRO諏訪支所，長野県中小企業振興センター，工業技術総合センターが集まり，各組織の強みを活かして中小企業の海外展開を支援するネットワークづくりが始まっている。スワモが全体の窓口を務める。海外展開支援の課題として，①進出済の企業のフォロー，②アフターサービス拠点，③完成品・ユニット・部品という形をそれぞれどう売っていくか，④特許関連，⑤日本での窓口等，が認識されている[15]。

(3) 尼崎国際ビジネス交流会

　よりインフォーマルなネットワーク型の取組みとして，兵庫県の尼崎信用金庫が事務局を務める「尼崎国際ビジネス交流会」がある。尼崎市経済環境局，尼崎商工会議所，尼崎地域産業活性化機構，尼崎工業会，尼崎経営者協会，そして尼崎信用金庫（発案者，事務局）の6団体がメンバーとなり，尼崎市内の関心ある企業が参加する情報交流の場を作っている。3カ月に1回の頻度で集まり，尼崎信用金庫の取引先で海外進出済の企業からの経験談（失敗談を含む）や各団体からの情報提供等を行い，会合後は懇親会をする。参加費は無料で，メーリングリストを使った情報共有も行われている。2012年1月に8社が参加して初会合が開かれたが，2014年4月現在の会員企業は24社に増えた。同交流会からすでに5社が海外進出を果している（2014年6月時点）。尼崎国際ビジネス交流会は，地元の中小企業にとって身近な金融機関，尼崎信用金庫の発案により，「オール尼崎」で情報提供や助言をする仕組みとして興味深い。

3.2.2　海外展開支援の拠点で「寄り添い型支援」を実施，企業とつながる

(1)　神戸市アジア進出支援センター

　神戸市アジア進出支援センターは，神戸市産業振興局の直属の組織として，市内中小製造業の海外展開支援を目的として2012年7月に設置された。支援対象国は東南アジア諸国連合（Association of Southeast Asian Nations: ASEAN）加盟10カ国[16]，インド，中国，韓国を中心とするアジア諸国である。同センターは，熾烈な国際競争とグローバル経済のダイナミックな変化を意識して，神戸市の地域経済活性化という目標を掲げている。支援範囲は，駐在員事務所設置，現地法人設立，製造拠点設置等，海外事業展開全般である。JETRO神戸貿易情報センターの隣に事務所を設け，さらに内部専用通用口でつながり，また2014年5月，ひょうご海外ビジネスセンターの移転により，国，兵庫県，神戸市の機関が同じフロアに集まり，ひょうご・神戸国際ビジネススクエアとしてワンストップ・サービスを提供するなど，企業にとって利用しやすい存在となっている。

　本センターの特徴は，中小企業への「寄り添い型」支援を念頭に活動していることである。具体的な支援内容は，①中小企業のリスク軽減のために，中小企業の海外展開ニーズに合った適切な登録アドバイザーの派遣，②各種機関との連携支援，③市内中小企業のニーズをふまえた海外現地ミッションの派遣，④情報発信（海外展開支援セミナーや個別相談会，施設内の「アジアのお役立ち情報コーナー」等），等である。①のアドバイザー派遣にはセンター職員も原則同行し，職員がアドバイザーと共に中小企業の海外展開の実務最前線に直接関わることで，組織内にその実態や支援の実務ノウハウを蓄積するよう努めている。同センターは寄り添い型支援を実施する際に，海外進出ありきではなく，神戸市の地域経済活性化に資するため，市内の中小企業の成長，発展，生き残りへつなげるための支援を心がけている。場合によっては海外展開を慎重に再検討するよう中小企業に強く促すことも，その業務の1つとしている。

(2)　あいち国際ビジネス支援センター

　あいち国際ビジネス支援センターは，2014年2月に愛知県の産業立地通商課，および公益財団法人あいち産業振興機構の国際ビジネスグループが移転・入居

して設置された，国際ビジネスに関する県内中小企業のためのワンストップ・サービス拠点である。同一施設の同じフロア（真向かい）にJETRO名古屋貿易情報センターが入居しており，両組織は資料室を共有している。国際ビジネス支援においては，同センターの設置前から，あいち産業振興機構の国際ビジネスグループが相談，海外ビジネスハンズオン支援，セミナー・講座開催，各種情報の発信を行っていた。

特徴的な取組みの1つは，国際事業展開をめざす中小企業等を対象とした海外ビジネスハンズオン支援である。公募ベースで対象企業を選定し，担当アドバイザーを決めて，海外取引・展開に必要な実務的な支援を1年にわたり継続的にアドバイスをする制度（月1回程度の頻度）で，2012年度に始まった。相談受付時に経営指導アドバイザーも同席して，企業経営という大きな視点で経営と国際ビジネスの双方からアドバイスを行っている。進出は慎重にすべきと助言する場合もあり，海外進出ありきではなく，企業ニーズや体力に応じた支援をする努力が払われている。一方で，この支援をうけた後，JETROの新興国進出個別支援サービスでフォローアップされる例も出てきている。

もうひとつの特徴は，同センターは県内中小企業の公的なワンストップ支援機関のあいち産業振興機構と同じ施設内にあるので，企業は経営の総合支援，取引先開拓，新事業支援，情報化支援等を含めた包括的な助言をうけやすい点である。さらに，あいち産業振興機構は2014年度から県のよろず支援拠点として窓口相談を強化しており，2014年10月には県内の地方銀行・信用金庫を中心とする27金融機関と業務提携を交わしている[17]。

3.2.3 海外展開支援の拠点をつなぎネットワーク化およびワンストップ化

(1) 北九州貿易・投資ワンストップサービスセンター

北九州貿易・投資ワンストップサービスセンター（Kitakyusu Trade and Investment One-stop service Center: KTI）は，北九州市産業経済局国際ビジネス政策課，JETRO北九州貿易情報センター（以下，JETRO北九州），北九州貿易協会の3機関がそれぞれの持ち味を生かしながら，相互連携して地元企業の国際ビジネスを支援する拠点である。北九州市は長年，国際化に積極的に取り組んでおり，これら3機関は2004年から同じ施設・フロアのオフィスで業務を

している。北九州市国際ビジネス政策課は地元企業や海外支援機関とのネットワーク，JETRO北九州は海外情報，北九州貿易協会は貿易実務に強みがある。対象業種は当初は製造業中心だったが，小売・飲食分野の海外進出への関心をうけて，最近は対象を広げている。

具体的な支援メニューとしては，海外展開支援助成金，国際ビジネスアドバイザー，海外ネットワークを活用した貿易・投資相談，貿易振興資金融資，貿易実務講座等があり，これらに加えて，JETRO北九州が提供するさまざまな海外ビジネス支援を利用できる。海外展開支援助成金については，海外見本市出展や市場調査に加えて，最近は海外展開拠点助成（複数企業が共同利用する海外事務所の設置，または貸し工場賃貸料，設備等の移設輸送・設置費）も行われている。海外ネットワークを活用した相談については，中国の上海と大連に北九州市経済事務所を設置して，中国ビジネスを支援している。中国以外は市の現地サポート体制はないが，ハイフォン市（ベトナム：友好協力協定都市），大連市（中国），仁川市（韓国）と姉妹都市提携をして，水ビジネスやインフラビジネス，留学生等で交流を推進している。また，2004年に発足した日中韓の東アジア経済交流推進機構[18]のネットワークを活用して，下関市や福岡市の姉妹都市とも連携し，貿易・投資に関する相談に対応している。

3.2.4 ビジネス手法で進出先国の開発課題の解決に貢献し，互恵的に相手国とつながる

(1) 横浜市の公民連携による国際技術協力および横浜ウォーター株式会社

横浜市は人口急増に伴う都市化を経験，その克服過程で培った都市づくりのノウハウ（都市開発，ごみ・リサイクル，水環境等）と市内企業がもつ環境技術等を活用して，国際協力とビジネス手法を組み合わせて，アジア等の新興国が直面する都市問題の解決を支援している。特徴的な取組みの1つが，「横浜の資源・技術を活用した公民連携による国際技術協力（Yokohama Partnership for Resources and Technologies: Y-PORT）事業」で，その推進役が政策局共創推進室の国際技術協力課（2011年1月に設置）である。Y-PORT事業は，都市間ネットワークを基盤に国・政府関係機関の支援とも連携して新興国の都市問題解決に貢献し，これにより国際都市横浜のブランド価値を高め，市内企業を

活性化することを目的としている。具体的には，横浜のシティプロモーション（アジア・スマートシティ会議等），企業の海外展開支援のためのビジネスマッチング，都市づくりのアドバイザリー業務（海外都市への協力，市内企業との連携を含む）等を行っている。このうちアドバイザリー業務では，自治体で初めてJICAと包括的連携協定（2011年10月）を締結したほか，フィリピンのセブ市（2013年3月），ベトナムのダナン市（2013年4月），タイのバンコク都（2013年10月）の海外3都市と都市づくりに関する技術協力の覚書を交わし，JICA等のF/Sを活用して，市内企業と連携してさまざまな事業を提案している。

もう1つは，横浜市水道局が2010年7月に100％出資で設立した，横浜ウォーター株式会社である。市水道局は，上下水道分野で約40年の国際協力の実績をもつ。横浜ウォーターは，今まで蓄積した技術・ノウハウをビジネスに活用して国内外の水道事業が直面する課題解決に貢献し，かつ水道局の財政基盤の強化をめざしている。また，市の環境創造局・水道局は，途上国で水ビジネス展開をめざす市内企業を中心に横浜水ビジネス協議会を設置し，海外からの上下水道関係者の視察・研修受け入れの機会をとらえて会員企業とのビジネスマッチングを行っている。このように横浜市は，自治体のイニシアティブで，二国間に続く都市間や企業間連携等の重層的関係をつくり，それに企業が連なっていく仕組みを構築している点で特記される。

(2) 北九州市アジア低炭素化センター

北九州市アジア低炭素化センターは，公害克服やものづくりの過程で生まれてきた環境技術やこれまで国際協力で構築してきた途上国との都市間ネットワークを活用し，北九州市や日本の環境技術を集約し，環境ビジネスの手法でアジアの低炭素化を推進するために2010年6月に設立された。北九州市環境局環境国際戦略室と北九州国際技術協力協会（Kitakyusu International Technocooperative Association: KITA），地球環境戦略研究機関（Institute for Global Environmental Strategies: IGES）が一体となって，同センターを構成している。

アジア低炭素化センターの取組みは，「北九州モデル」を通じた支援ツールの発信，同モデルを活用した都市のシステム輸出，民間連携を通じた事業実施

支援（マスタープラン，F/S）といった包括的なアプローチを通じて，アジア途上国のニーズに応え，北九州市も地元企業を中心に海外での環境ビジネス展開により地域の活性化を図るという，互恵関係の構築をめざすものである。具体的には，①公害克服から環境都市にいたる北九州市の技術・ノウハウを体系的に整理した「北九州モデル」の構築・発信[19]，②技術輸出にとどまらず，環境配慮型の社会システムなどの都市輸出の推進を行い，さらに③公的機関の補助金事業に応募する企業に助言したり，センター自身の個別事業（JICA，JETRO，環境省の事業等）に参加するなど，民間連携に積極的に取り組んでいる。アジア低炭素化センターが関わることで，環境配慮型の都市といった社会システムの構築を上流から支援することが可能になる。これはリサイクル・廃棄物管理，エネルギー管理等といった個々の事業形成の前提となり，企業単独では難しい領域である。特に環境や都市インフラは相手国政府や行政との関わりが大きいので，北九州市が関与する方が進みやすくなる場合が多い。

(3) 北九州国際技術協力協会

北九州国際技術協力協会（KITA）は1980年の創設以来，北九州市の工業化や公害克服過程で獲得した環境技術・産業技術を国際協力・技術協力などを通じて途上国に移転することで，産業発展と環境保全の調和のとれた持続可能な発展を推進し，北九州市地域の国際化と発展にも貢献することをめざしている。業務の2本柱は，①国際研修（主にJICAの研修員受入）と②技術協力（専門家派遣等，海外での協力事業）である。KITAの活動を支えるのが，新日鐵住金株式会社やTOTO株式会社をはじめとする地元に根ざす大手企業OBである。JICA九州国際センター（以下，JICA九州）は同じ八幡東区の敷地に隣接するが，KITAの実績を基盤にして，市をあげた誘致活動が実り，1989年に設立された。

現在，KITAは長年の国際協力で構築した途上国とのネットワークを財産として，上述したKTIやアジア低炭素化センターと連携して，北九州地域企業の海外ビジネスの推進にも取り組んでいる。たとえば，海外ビジネスでは，JETROのRIT事業[20]として北九州市が発案した「北九州・ベトナムビジネス交流事業」（2011〜2013年度）を実施しており，ハノイ・ハイフォン地域の現地

図表2−7　「つながり力」を高める特徴ある取組み

特定国への進出支援をターゲットし，官民一体となった協力を重層的に展開	
関西ベトナム経済交流会議（事務局：近畿経済産業局）	・近畿地域支援会議の特別部会，関西中小企業のベトナム展開の支援プラットフォーム ・ベトナム商工省，南部ドンナイ省およびホーチミン市人民委員会と協力文書を締結，政策レベルで協議・交渉する体制を構築 ・ベトナム計画投資省に「関西ビジネスデスク」を設置，関西企業の現地での要望・問い合わせに対応。ドンナイ省に「ドンナイ省関西デスク」を設置，ワンストップサービス体制を強化 ・中小企業の共同進出を支援する「関西裾野産業集積支援モデル事業」を実施
国内ものづくり支援の拠点で，海外展開に関する情報ネットワークとつながる	
MOBIO／ものづくりビジネスセンター大阪（大阪府）	・ものづくり支援総合拠点であるMOBIO，MOBIO-Café海外研究会を開催 ・国内外のキーパーソンが登録する海外展開支援サポートネットワーク構築
スワモ／諏訪圏ものづくり推進機構（NPO）	・諏訪地域（広域6市町村）のものづくり支援団体。大手企業OBが担い手 ・諏訪圏工業メッセの開催（年1回）により，地域内外および海外の企業マッチングを実施 ・他機関と連携して，スワモを窓口に，諏訪地域の中小企業海外展開支援ネットワークを構築中
尼崎国際ビジネス交流会（事務局：尼崎信用金庫）	・オール尼崎で企業への海外展開に関する情報共有，定期的な会合と交流会（尼崎市，尼崎地域産業活性化機構，商工会議所，尼崎経営者協会，尼崎工業会，尼崎信用金庫）
海外展開支援の拠点で「寄り添い型支援」を実施，企業とつながる	
神戸市アジア進出支援センター（神戸市）	・中小企業に対する「寄り添い型支援」（登録アドバイザーとセンター職員），地域経済活性化という目標に照らして「海外進出のチェック項目」を念頭において相談・助言 ・海外進出に関する情報発信，海外ミッション等 ・JETRO神戸と同じフロア，内部専用通用口でつながる
あいち国際ビジネス支援センター（愛知県＋あいち産業振興機構）	・海外ビジネスハンズオン支援（国際ビジネス＋経営指導アドバイザーが同席） ・あいち産業振興機構の中小企業のワンストップ支援機能，地域金融機関とのネットワークとつながる

	・ベトナム計画投資省に「愛知サポートデスク」を設置，県内企業の要望・問い合わせに対応 ・JETRO名古屋と同じフロア
海外展開支援の拠点をつなぎネットワーク化，およびワンストップ化	
KTI／北九州貿易・投資ワンストップ・サービスセンター（北九州市）	・市の国際ビジネス振興課，JETRO北九州，北九州貿易協会の連携によるシームレスな国際ビジネス支援拠点（同じフロア） ・アジアの姉妹都市提携を積極活用して，ビジネス交流を推進
ビジネス手法で進出先国の開発ニーズに対応，相互互恵で相手国とつながる	
横浜市／Y-PORT事業，横浜ウォーター㈱，等	・市の政策局が公民連携のハブとなり，「Y-PORT事業」を推進。新興国・途上国の持続可能な都市づくり＋市内企業のビジネス展開を支援 ・市とJICA，アジア開発銀行との連携協定／覚書の締結 ・水ビジネス展開のための体制づくり（水道局が100％出資する横浜ウォーター㈱，横浜水ビジネス協議会，環境創造局との連携，等）
アジア低炭素化センター（北九州市）	・市の環境局直轄でKITA，IGESと一体化して運営 ・「北九州モデル」の構築・発信 ・技術輸出，および環境配慮型の都市輸出 ・補助金事業に応募する企業への支援，センター自身の個別事業への参加等
KITA／北九州国際技術協力協会	・国際協力を通じて環境・産業技術の海外展開を推進，JICA北九州と連携（研修員受入，専門家派遣や協力事業） ・最近は，JETROとも連携（RIT事業等），現地企業とのビジネスマッチング支援も実施 ・大手企業OBが担い手

出所：国内各地で行ったヒアリング結果をもとに，筆者作成。

企業と北九州企業とのビジネスマッチングに取り組んでいる。同時に，RIT事業を通じてベトナム企業のレベルアップの必要性が明らかになり，これを補完・フォローアップするために，北九州市の発案で，KITAを実施機関としてJICA草の根技術協力事業に申請，採択された。現在，「ハイフォン市製造業の工場管理力向上プログラム」（第一期：2011～2013年度，第二期：2013～2015年度）として，5S（整理・整頓・清掃・清潔・しつけ）研修や企業診断等の協力を実施している。すでに草の根事業で指導・育成したハイフォン市企業数社

と北九州企業との商談が実現するなど、JICA事業とJETROのRIT事業のシナジー効果が現れている。これは北九州市の強いイニシアティブがあってこそ、できることである。さらにKITAという専門技術組織が国際協力と海外ビジネスの両方に関わることで、国際貢献と北九州地域の産業発展に調和がとれた形で寄与している。

　図表2－7に、本節で紹介した取組みを整理して示した。

4．相手国との互恵的な協力(相手国とのつながり方)
——タイとベトナムの比較から

　日系中小企業の海外展開における新しい「つながり」は、日本国内だけでなく、相手国との関係という視点からも考える必要がある。海外進出を持続的にするためには、長期的な観点から相手国と互恵的な協力関係を築くことが重要になる。その際、進出先の国ごとに産業発展段階や開発ニーズは異なるので、相手国の側が、進出する日本企業に対してもつ期待にも違いがでてくる。本節ではタイとベトナムを比較し、相手国と互恵的な協力関係による中小企業の海外進出や支援のあり方を考える。

　タイとベトナムの工業化には共通点と相違点がある。共通点としては、①外国直接投資（Foreign Direct Investment: FDI）を活用した工業化戦略の採用、②ある程度の国内市場と人口規模、③日系企業の関心や存在感の大きさ、が挙げられる。一方、主な相違点として、FDI集積や裾野産業発展の度合いがある。1970年代から外資主導型で工業化を進めてきたタイと、90年代以降の約20年の経験しかないベトナムとでは、工業化の成熟度に違いがある。

　図表2－8が示すように、タイは高位中所得国（2013年の1人当たりGDP 5,779米ドル、世銀データ）であるのに対し、ベトナムは低位中所得国（同1,911米ドル）であり、外資誘致政策、民間ダイナミズム、人材育成、インフラ整備等において、タイはベトナムより相対的に高い発展段階にある。これは、ベトナムの政策や事業環境は日系中小企業にとって全般的に厳しいことを意味する。一方、タイでは受注競争や採用難がより深刻である。タイは裾野産業の発展やFDI集積がベトナムより進んでいるだけに、地場企業や進出済の日系企業との

図表2－8　タイとベトナムの基礎経済指標の比較

	タイ	ベトナム
人口*1	6,701万人	8,970万人
実質GDP成長率*2	1.8%	5.4%
1人当たりGDP（名目）*3	5,779米ドル	1,911米ドル
失業率*4	0.7%	3.6%
製造業作業員の月額賃金*5	366米ドル	162米ドル
日系企業進出数*6	3,924社	1,542社
在留邦人数*7	59,270人	12,254人
日系企業の現地調達率*8	52.7%	32.2%

注：＊1，2，3は世界銀行のWorld Development Indicators（2013年データ）。
　　＊4はJETRO国別基礎データ。
　　＊5，8はJETRO［2013］。
　　＊6は帝国データバンクの実態調査（タイは2014年1月時点，ベトナムは2012年1月末時点）。
　　＊7は外務省データ（2013年10月1日時点）。

競争は厳しい。タイでは自動車・電子部門で一定の能力・人材が育ってきているが，賃金上昇や厳しい人材不足により労働集約的工程の継続は困難になってきている。2013年1月からの最低賃金引き上げ（全国一律で300バーツ／日＝280ドル／月）はこれに拍車をかけ，官民ともに，労働集約的作業の周辺国シフトを進めている（タイ・プラスワン）。政治的安定については，ベトナムの共産党一党支配は当面は揺るぎそうもないが，タイについては最近の混迷した政治情勢を注視していく必要があろう。

　こうした投資環境全般に加えて，日系中小企業の観点からみた場合，タイとベトナムには大きな相違点がある。

　第一に，日系中小企業の進出に対する相手国の受けとめ方の違いである。ベトナム政府（中央・地方）は，裾野産業振興のために日系中小企業の進出を全面的に歓迎している。これに対し，裾野産業が育ってきているタイでは[21]，地場企業と競合しない高付加価値技術やハイテク分野であれば歓迎するという条件付の受容である。タイの外資政策は，無差別・開放性・透明性の時代から，より付加価値・技術への貢献を重視した選択的優遇へシフトが始まっている。

2015年1月に導入された新投資奨励策は、この政策シフトを反映した内容になっている。タイ投資委員会（Board of Investment: BOI）はヒアリングにおいて、日系中小企業の進出について、地場産業が育っていない業種・工程に限った参入、および技術移転を通じた裾野産業のレベルアップへの貢献を求めたいと強調していた[22]。またタイ工業省産業振興局、タイ商工会議所、泰日工業大学等からも、進出済の日系企業の層が厚いなか、日系中小企業の大量進出がタイ地場産業との競争を激化させるのではないか、という懸念が示された。タイ側は、高付加価値技術をもつ日系中小企業と合弁（Joint Venture: JV）を通じた技術移転を強く要望している[23]（第5章）。すなわち、タイの政策や事業環境はベトナムより良好だが、既存の現地・日系中小企業との競争は激しい。タイ進出を検討している中小企業は、ビジネスモデル・戦略・人脈・積極性をしっかり構築し、覚悟したうえで進出する必要がある。

ベトナムの場合は政策・制度が発展途上であり、事業環境や政策面の障害はタイに比べてはるかに大きく、中小企業が単独で克服できる問題ではない。それゆえ、①相手国の裾野産業育成や外資誘致に関する政策の方向性や実施面の課題について、中央政府、地方自治体、工業団地側等に対して政策的働きかけや必要な能力強化を行うこと、②地方自治体として、外資受入れに積極的な相手国の自治体との連携・交渉を強化することは、きわめて重要である。現地の日本大使館や商工会議所、必要あれば二国間の政策協議の枠組みを通じた政策的働きかけが求められるゆえんである。この点については、政府レベルでは「日越共同イニシアティブ」（2003年～）や「ベトナム工業化戦略」（2011年～2013年）等の日越両国間の政策対話が実施されている。また、関西では、近畿経済産業局がベトナム商工省、ドンナイ省およびホーチミン市と協力文書を締結して政策的働きかけを行ったり、関西経済連合会がベトナム計画投資省外国投資庁と協力して関西ベトナム・ビジネスラウンドテーブルを毎年開催し、投資環境の課題を日越の官民で意見交換する機会を設けている。愛知県もベトナム計画投資省と覚書を締結し、愛知県サポートデスク業務を同省外国投資庁に委託して窓口を設け、進出企業が直面する現地の課題に対して政策面で働きかけができる体制を構築している。北九州市は姉妹都市関係を最大限に活用して、ハイフォン市と多岐にわたる国際協力・ビジネス交流を行っている。

第二の違いは，タイでは日本が1950年代に遡って留学生交流，ODAや経済協力を実施してきた蓄積があり，産業開発分野においても現場主義でものづくり重視の日本の価値観に共感し，日本式の製造技術や生産管理システムを習得した人材，およびそれを教育・普及する組織が育っていることである。具体例は，泰日経済技術振興協会，泰日工業大学，JICAやHIDAの協力で育成された中小企業診断士などである（第7章）。こうした現地の社会に根ざした人材・組織ネットワークは，工業団地や貸し工場の探索，現地パートナー探しを含むコンサルティングやビジネスマッチング，さらに産業人材の供給などにおいても非常に役に立つと思われる。現地社会のニーズに合致した形で日系中小企業の進出を助ける，橋渡し役が期待される。

　ベトナムでも1992年のODA再開以来の蓄積があり，同国は日本のODAの最大の供与先になっている（2012年実績は支出純額ベースで1,646.71百万ドル，外務省データ）。インフラ整備，人材育成，制度構築，政策支援等において数多くの事業が展開中で，裾野産業・中小企業支援においてもさまざまな協力が行われている。人材育成だけをみても，日本式職業訓練モデルの導入（ハノイ工業大学への支援），日本式高専モデルの試行的導入（ホーチミン工業大学への支援），技能実習生等の派遣前・帰国後研修（エスハイ社への海外投融資），経営人材の育成（ベトナム日本人材協力センターへの支援）などがある（第7章）。これらの事業で日系中小企業の進出に役立つ情報があれば，日本国内の支援組織や地方自治体を通じて，関心ある中小企業に提供していくことは有用と思われる。このように，ベトナムの場合には，タイ以上に，実施中および今後予定されているODA事業において，日系中小企業との連携をより意識した活動を盛り込むことが重要になる。

5．国内外で「つながり力」を高める支援を

　わが国の中小企業の海外展開支援は，立ち上げ期をへて支援拡充期に入り，2012～13年頃からは地域・地方自治体による取組みが本格化した。海外展開支援が新段階に入ったことをふまえ，本章では3つの観点から分析を行った。

　第一に，政府や経済協力機関等，国レベルで新たに導入された支援策をレ

ビューした。特に中小企業に対するハンズオン体制の拡充・強化，多様な支援機関が連携した実務レベルのプラットフォーム構築，ODAの戦略的活用といった新施策は，中小企業に寄り添い，国内の海外（相手国を含む）の様々なリソースをつなぐ機能を強化する努力として重要である。また金融面の規制緩和により，地方銀行や信用金庫の海外業務展開を促し，中小企業が海外展開の資金調達をするうえでより多様なサービスを受けられる基盤ができた。今後，国レベルの新施策が地域・地方自治体レベルで本格的に始まった支援策と重層的につながっていくことを期待したい。そのためには，支援策の「量」より「質」の拡充が重要になっており，特に地域・自治体レベルで「つながり力」を高める努力が重要になる。

　第二に，国内各地の産業集積地で地方自治体，経済団体，NPO等が取り組んでいる海外展開支援策のうち，「つながり力」を高めるという点で注目すべき事例を紹介した。各産業集積地は長い歴史の中で独自の発展を遂げており，ものづくり中小企業の海外展開のニーズや方向性は地域によって異なる。したがって，海外展開支援においては，地元の中小企業の状況をよく知る組織・人材が連携のハブとなり，既存の活動領域を超えた内外のネットワークを創っていくことが重要になる。われわれは多くの自治体や支援機関を訪れたが，実際に，新しいつながりを構築しているさまざまな事例に出会った。

　近畿経済産業局を事務局とする関西ベトナム経済交流会議は，国と自治体をつなぐ地域レベルの取組みである。関西地域をあげて，地元中小企業のイニシアティブによるベトナムへの共同進出をモデル事業と位置づけ，官民一体で重層的な支援体制を作っている。また，大阪府MOBIOは，ものづくり支援の拠点がイニシアティブをとって海外展開の情報につなぐ役割を果している。北九州や神戸では市が直轄の支援センターを設置して予算・人員を確保し，関係機関とのネットワークハブとして機能しており，愛知県では県レベルでそれが行われている。このなかには，海外展開拠点であると同時に，寄り添い型の支援により地元企業につながる努力をしている取り組みもあった。尼崎では，地元の中小企業に身近な存在である信用金庫が尼崎国際ビジネス交流会を発案し，「オール尼崎」による海外展開の情報発信・交流のハブになっている。スワモやKITAは，地元企業の支援に情熱を注いでいる大手企業OBをリソースパー

ソンとした組織（NPO，公益法人）が重要な役割を果たしている例である。

さらに，横浜や北九州の取組みは，都市づくりへの協力という意味で，相手国との共創プロセスを通じた海外展開支援として注目される。自治体がハブとなり，地域社会や企業に蓄積されたノウハウ・技術力を使って，環境・都市問題などの相手国の社会的課題の解決にビジネス手法で貢献することをめざす。その際，国際協力や都市間連携を通じて今まで構築してきた現地ネットワークを積極的に活用している。

第三に，タイとベトナムの比較分析をもとに，相手国と互恵的な関係を築くために，進出先各国の産業発展段階などの現地の事情を理解したうえで，中小企業の海外進出を支援する必要性を指摘した。まず，タイとベトナムは，日系中小企業の大量進出に対する受けとめ方に大きな違いがある。裾野産業が育ってきているタイは，高付加価値技術をもつ企業であれば歓迎するが，地場企業と競合する分野・工程では慎重な姿勢を示している。これに対して，ベトナムは日系中小企業の進出を全面的に歓迎し，中小企業専用の貸し工場の建設にも意欲的である。ただし，ビジネス・居住環境においてベトナムはより困難で，投資環境の整備に向けた政策的働きかけが必要である。次に，長年の経済協力や人材交流を基盤として，タイにはものづくり技術や文化を理解する組織・人材層が厚い。日系中小企業の進出においては，こうした蓄積を活用してタイ側との共創プロセスを生み出すことが重要である。ベトナムにおいても一定の蓄積はあるが，相対的には，現在活発に展開しているODAを通じた協力をいかに互恵的にしていくかといった発想が重要になる。

❖注
1 加藤［2011］および安積［2014］は，海外進出後にさまざまな困難に直面し，事業閉鎖・撤退を迫られる中小企業が少なからずあることを指摘している。
2 中小機構［2012］。
3 詳細は中小機構のホームページ参照。
4 中小企業庁［2012，2013，2014］。
5 2011年6月策定，2012年4月および2013年4月に改訂。
6 詳細はJETROホームページを参照。
7 新興国進出個別支援サービスは，導入当初は2015年3月までに1,000社の支援を

目標としていたが，その後，1,500社と目標数が上方変更された。対象企業は製造業に限らず，サービス業，卸売・小売業等を含む。

8 JETROホームページを参照。
9 中小企業海外展開現地支援プラットフォームは，2014年11月時点で12カ国17拠点に設置されている。これらの国は，中国（3拠点），インド（2拠点），インドネシア，カンボジア，タイ，フィリピン，ベトナム（2拠点），ミャンマー，バングラデシュ，米国，ブラジル，ドイツである。
10 2012年度は3種類はすべて外務省委託費事業として実施されたが，2013年度は「普及・実証事業」がJICA事業に移管，2014年度には「案件化調査」もJICA事業に移管された。
11 たとえば，ベトナムでの協力事業として，「ハイフォン市製造業の技術力・経営能力ノウハウ移転プログラム」（平成25〜27年度，福岡県北九州市，北九州国際技術協力協会），「ドンナイ省におけるものづくり人材育成事業」（平成26〜28年度，大阪府商工労働部成長産業振興室，太平洋人材交流センター），「ハノイ市における下水道事業運営に関する能力開発計画」（平成25〜27年度，横浜市環境創造局）等がある。
12 参画機関は，近畿経済産業局，JETRO大阪本部，中小機構近畿本部，関西経済連合会，大阪商工会議所，大阪産業振興機構，JICA関西，HIDA，太平洋人材交流センター，大阪府，大阪市。
13 帝国データバンクの調査（2012年2月1日）によると，関西はベトナム進出企業が345社あり，日本全体1,542社の22.4％に相当するなど，国内他地域よりベトナムへの関心が高い。近畿経済産業局が2012年9〜10月に実施した「関西の中小企業海外展開実態把握調査」も同じ傾向を示している。
14 MOBIOの詳細については，領家［2013］を参照されたい。
15 長野県テクノ財団からのヒアリングによる（2013年5月）。
16 ASEAN10ヵ国は，1967年の発足時からの加盟国であるインドネシア，シンガポール，タイ，フィリピン，マレーシアに加えて，ブルネイ，ベトナム，ミャンマー，ラオス，カンボジアである。
17 三菱東京UFJ銀行をはじめ，県内で積極的に事業展開する27の金融機関（別に，日本政策金融公庫，愛知県信用保証協会とも業務提携済）。加えて，愛知県の取り組みとして，ベトナム（ハノイ）の「愛知サポートデスク」がある。同デスクは計画投資省外国投資庁の北部投資センター内にあり，県内進出企業間の意見交換の場づくり，政府との協議等による県内企業の要望等の伝達，政府関係情報の提供等を行っている。

18 環黄海圏の日中韓の10都市と経済界のイニシアティブで，2004年11月に設立された。環黄海地域のビジネスチャンスの拡大と相互交流の活発化を通じて世界に対抗できる地域経済圏の形成をめざす取組み。参加都市は福岡市，北九州市，下関市（日本），大連市，青島市，天津市，煙台市（中国），仁川広域市，釜山広域市，蔚山広域市（韓国）。（下線は北九州市以外の国内2都市の姉妹都市）

19 「北九州モデル」は，①北九州の環境対策の歴史（北九州ストーリー），②持続可能な統合的な都市づくり（持続可能性フレームワーク），③分野ごとの方法論（廃棄物管理，エネルギー，上下水，環境保全等）の3つの要素で構成される。これに担当者のチェックリスト，具体的な手順を示したツールキット，具体事例を紹介するケーススタディを加えて今後，公開する予定である（日本語・英語・中国語）。

20 JETROの地域間交流支援事業で，日本各地の中小企業がグループ単位で海外地域との間でビジネス交流を進め，商談することを支援。商談の結果，輸出や技術提携，共同製品開発等が行われ，ひいては地域産業活性化に資することを目的としている。

21 タイ工業省産業振興局裾野産業振興課によれば，ベトナムは25年前のタイの発展段階とのこと。実際に，日系企業の現地調達率は，タイがベトナムを大きく上回っている。

22 2013年9月のタイ現地調査時に，BOI幹部から出された意見である。

23 他方，すでにタイに進出している日系中小企業からは，タイ企業とのJVは理論的には，技術オンリーの日系企業の不足能力を補完する選択肢になるが，ビジネス習慣が違うので慎重に検討すべき，といった指摘があった。JVの実現可能性・是非については日本側でもさまざまな見解がある。

❖参考文献

安積敏政［2014］『実態調査で見た中堅・中小企業のアジア進出戦略「光と陰」』日刊工業新聞社。

アジア太平洋研究所編［2013］『日本型ものづくりのアジア展開―ベトナムを事例とする戦略と提言』（中小企業の東南アジア進出に関する実践的研究2012年度報告書）。

アジア太平洋研究所編［2014］『日本型ものづくりのアジア展開―中小企業の東南アジア進出と支援策』（中小企業の東南アジア進出に関する実践的研究2013年度報告書）。

大野健一［2013］「東アジアの工業化戦略と日系中小企業の進出―ベトナムとタイの比較」第4回APIR研究会報告資料，2013年12月19日。

外務省領事局政策課［2014］「海外在留邦人人数調査統計 平成26年要約版」2013年10月1日現在．

加藤秀雄［2011］『日本産業と中小企業―海外生産と国内生産の行方』新評論．

北九州市アジア低炭素化センター［2014］「『北九州モデル』による環境配慮型の都市輸出」石田謙悟 報告資料「中小企業の東南アジア進出に関する比較研究」2014年度第1回研究会，2014年7月．

北九州国際技術協力協会［2014］「北九州の経験にもとづく環境国際協力と地域産業発展」麻原伴治 報告資料，APIR/GRIPS共催セミナー，2014年7月．

近畿経済産業局［2013a］「ベトナムに関西中小企業の集積地"Kansai Supporting Industry Complex"が誕生！」近畿経済産業局報道発表資料，平成25年9月19日版．

近畿経済産業局［2013b］「平成24年度 中小企業の海外展開支援に向けた，関西とアジア新興国の地域間における戦略的経済交流促進のための調査研究」ダン計画研究所（調査委託機関）．

近畿経済産業局［2014a］「関西とベトナムとの経済交流の取組」資料，通商部国際事業課．
http://www.kansai.meti.go.jp/2kokuji/glocal_PT/vietnam/kansai_vietnam_conference2014_3.pdf（2014年9月11日現在）

近畿経済産業局［2014b］「中小企業の海外展開支援の取組」資料，通商部国際事業課．
http://www.kansai.meti.go.jp/2kokuji/jitsumusha2014-3.pdf（2014年9月11日現在）

近畿地域中小企業海外展開支援会議［2012，2013，2014］「近畿地域の中小企業のための海外展開支援施策ガイド」（平成24年7月，平成25年1月および平成26年5月に改訂）．

神戸市アジア進出支援センター［2013］「『情報発信』+『寄り添い型支援』」．

神戸市アジア進出支援センター［2014］「神戸市の取り組み『寄り添い型』による中小企業の海外展開支援」檀特竜王 報告資料，APIR/GRIPS共催セミナー，2014年7月．

諏訪圏工業メッセ実行委員会［2012］「わが社の『ひとわざ（一技）』PR」長野県テクノ財団諏訪レイクサイド地域センター・諏訪圏ものづくり推進機構，2012年11月発行．

中小企業基盤整備機構［2012］「中小企業支援のための海外展開支援ハンドブック」．
http://www.smrj.go.jp/keiei/dbps_data/_material_/b_0_keiei/kokusai/pdf/handbook-1-2.pdf（2014年9月11日現在）

中小企業庁［2010］『中小企業白書2010年版』．

中小企業庁［2012, 2013, 2014］『中小企業海外展開支援施策集』平成24年11月（平成25年1月，平成26年3月に改訂）．
　http://www.chusho.meti.go.jp/keiei/kokusai/2012/140331KTJirei.pdf（2014年9月11日現在）
中小企業庁［2013］「中小企業の海外展開支援について」資料．
帝国データバンク［2012］「特別企画：ベトナム進出企業の実態調査」2012年2月1日．
帝国データバンク［2014］「特別企画：第2回タイ進出企業の実態調査」2012年2月26日．
日本経済再生本部［2013］「日本再興戦略——JAPAN is BACK」平成25年6月14日．
日本貿易振興機構（JETRO）［2013］「在アジア・オセアニア日系企業活動実態調査」2013年度調査，海外調査部アジア大洋州課・中国北アジア課．
横浜市政策局国際技術協力課［2014］「横浜市の公民連携による国際技術協力」，橋本徹 報告資料，APIR/GRIPS共催セミナー，2014年7月．
領家誠［2013］「第3章　大阪のものづくり中小企業の現状，海外展開ニーズと支援における課題」，アジア太平洋研究所編『日本型ものづくりのアジア展開——ベトナムを事例とする戦略と提言』（上掲書）．

《ウェブサイト》
経済産業省ホームページ「海外展開一貫支援ファストパス制度」
　http://www.meti.go.jp/policy/external_economy/trade/fastpass/（2014年9月11日現在）
中小企業基盤整備機構ホームページ「ワンストップ・サービスによる相談窓口」
　http://www.smrj.go.jp/keiei/dbps_data/_material_/b_0_keiei/kokusai/pdf/onestop_pdf.pdf（2014年9月11日現在）
日本貿易振興機構（JETRO）ホームページ「新興国進出個別支援サービス」
　http://www.jetro.go.jp/services/expert/（2014年9月11日現在）
同ホームページ「中小企業海外展開現地支援プラットフォーム」
　https://www.jetro.go.jp/services/platform/outline.pdf（2014年9月11日現在）
同ホームページ「国・地域別情報（J-FILE）」
　http://www.jetro.go.jp/world/search/compare/（2014年9月11日現在）
世界銀行　World Development Indicators
　http://data.worldbank.org/indicator（2014年9月11日現在）

（大野　泉）

◆ 第2部 ◆
地域に根ざした海外進出支援
「つながり」を生むリーダーたち

第3章 ものづくり中小企業の海外進出と地方自治体の役割

POINTS

◆ 本章では，ものづくり中小企業のうち，企業間取引（B to B）業態における海外進出支援に焦点をあて，地方自治体の役割を考察する。

◆ ものづくり中小企業は，技術の高度化だけでなく，他の重複・複合化する経営課題に直面しており，生き残る選択肢の1つとして，海外進出に目を向けざるを得ない状況下にある。

◆ 各自治体は企業の進出段階に応じて多様な支援を行っているが，現地での継続的な支援や，ビジネスマッチング時の現地企業の情報が不足している。

◆ このような中，進出済の日系中小企業が自らの経験を活かして現地支援体制を構築したり，タイと日本で地域間連携による支援体制を構築するなど，新たな支援事例が出てきている。

◆ 今後，自治体間の連携，および各自治体内の国内と海外の中小企業支援策・体制をシームレスな連携を進めていく必要がある。

1．海外展開の類型について

近年，ものづくり中小企業の海外進出が活発化している。それも従業員数，資本金規模の小さな企業においてでもある。日本の地方自治体は，こうしたものづくり中小企業に多様な支援を行っている。自治体による支援は，「輸出型支援」と「海外への生産展開型支援」に大別される。また，業種業態別では，工業製品を中心とした部材の製造や加工などの「企業間取引（B to B）支援」と，食品や生活用品など消費財の「消費者向け販売（B to C）支援」に分けら

れる。

　本章では，ものづくり中小企業を対象に，大阪で業態として約9割を占めるBtoB支援，特に生産拠点や生産機能の海外展開に対する支援（以下，「生産展開型支援」と呼ぶ）に焦点をあてて，近畿圏の自治体による支援の現状をふまえ，今日的な支援のあり方について考察する。

2．大阪のものづくり中小企業の現状

2.1　大阪のものづくり中小企業の集積

　筆者の所属する大阪府には約33万の中小企業が立地しており，約247万人の常用雇用者・従業者が雇用されている。大阪府における中小企業数は全国の7.8％を占め，在阪企業のうち99.6％までが中小企業である（経済産業省・総務省統計局［2011］）。ものづくり企業でみると，製造業の事業所数は，約4万社と全国一の集積を誇っている。従業員数では全国2位，製品出荷額では全国3位と，規模の小さい企業が多いのが特徴である。製造品出荷額における中小規模事業所の割合をみると，大阪府は全体の58.4％を占めており，全国平均の47.0％を大きく上回っている。大阪が「中小企業のまち」と言われるゆえんである。

　一般的に，東京都の印刷・同関連業や愛知県の輸送用機械器具のように，地域ごとに特定産業の集積が高くなることが多い。しかし，大阪府の場合は，繊維・衣服，機械金属，生活用品など幅広い業種にわたり多様な産業が集積しており，「フルセット型の集積」が特徴の1つになっている（経済産業省［2012］）。大阪のものづくり企業の業種別製造品出荷額等を産業三類型別にみると，化学工業，鉄鋼業，金属製品製造業等の基礎素材型業種が多い。全国的には1970年以降，基礎素材型から加工組立型に比重が移った地域が多いなか，現在も基礎素材型が半数以上を占めているのが特徴である（図表3－1，図表 3－2）。

図表 3-1　産業三類型別構成比（1970年）

	生活関連・その他型	基礎素材型	加工組立型
大阪	24.8%	44.6%	30.6%
東京	33.1%	28.7%	38.2%
神奈川	13.3%	34.1%	52.6%
愛知	26.1%	32.0%	41.9%
全国	26.5%	41.2%	23.2%

出所：通商産業大臣官房調査統計部［1972］

図表 3-2　産業三類型別構成比（2010年）

	生活関連・その他型	基礎素材型	加工組立型
大阪	15.5%	52.3%	32.2%
東京	32.2%	19.0%	48.8%
神奈川	12.2%	42.5%	45.3%
愛知	8.6%	24.1%	63.7%
全国	17.0%	36.3%	44.7%

出所：経済産業省［2012］

2.2　事業所数の減少

　人口減少による国内需要の低迷と大手企業の調達と生産拠点のグローバル展開により，製造事業所数は年々減少傾向にある。工業統計調査で2000年から2010年の変化をみると，大阪府の製造事業所数は28％減となっている（経済産業省［2002］，［2012］全数調査数値）。なかでも従業員9人以下の事業所が事業所数減少の8割を占め，小規模事業所の減少が際立っている。こうした傾向は，国内の主要なものづくり中小企業の集積地である東京都大田区や浜松市でも同様である（中小企業庁［2011］147頁）。事業所数が減少する主な理由として，仕

事が少ないという状況のほか，国内の事業環境の悪化，後継者がいないという事業承継の問題がある。『中小企業白書2014年版』によれば，事業継承の問題は小規模事業者にとって特に深刻で，約25％の事業者が自分の代で廃業・売却の意向があると回答している（中小企業庁［2014］247頁）。また，日本の製造業の開業率は非一次産業の中で最低の水準になっている（中小企業庁［2014］716頁）。廃業が増える一方で，設備産業である製造業では新規開業が少ない状況にあり，事業所数が減る要因になっている。

2.3　ものづくり中小企業が直面する課題

　かつての縦系列の下請構造では「図面と営業は大手メーカー」という構図があり，ものづくり中小企業は製造現場で，技術の高度化といわゆるQCD（品質（Quality），コスト（Cost），納期（Delivery）の略称）にしっかり取り組んでさえいれば，経営は成り立っていた。しかし，国内で大手と中小企業の系列関係が崩れる中，新分野・新技術・新製品の開発といった「技術の高度化」，グローバル競争の中での競合他社にも劣ることのない「設備投資」，多様な販路先確保のための「営業力」，前後の工程を含めたモジュール化などに対応するための「設計力」，これらの経営課題に応えるための「人材の確保・育成」など，企業経営の根幹といえる「ヒト・モノ・カネ」のトータルな取組みを進める「対外競争力の強化」が不可欠になってきている。

　また，理科離れや少子化から，ものづくり中小企業には就職したがらない若い世代とその親の存在が，雇用のミスマッチを生んでいる。そのために高度熟練技能者の技能伝承が進まず，海外から技能実習生を受け入れて対応している企業が多くなっている。そのほか，事業所数が減少する中，工場の跡地に住宅が建設され，そのことによる工場と新規住民との間におこる係争である「住工混在問題」が都市部の工場集積に課題を投げかけている。こうした人材面での課題や周辺環境の課題を解決して，ものづくり現場の「操業環境の確保」をいかに図るかも，大きな課題になっている。

　そして，最近は円安傾向にあるが，リーマンショック以降続いた円高に代表される為替リスク，高い法人税率，自由貿易協定への対応の遅れ，製造業の派遣禁止などの労働規制，環境規制の強化，電力不足（電気料金の値上げ）とい

ういわゆる「六重苦」といわれる厳しい情勢は，根本的には引き続き変わっていない。経営者の自助努力だけでは解決できない「外部環境の変化」という課題も経営の根幹に影響を与えるに至っている。

2.4 重複・複合化する経営課題と広がる課題領域

国内経済が成長を続けていた時代にあっては，これらの経営課題は景気循環の中で解決されることが多かった。しかし，2002年から2008年のリーマンショック前まで続いた好景気の局面にあっても，今日的な経営課題は解決されることなく，常に重複し，かつ複合化して企業経営の現場に存在してきた。

これまで国や自治体は，「大手」対「中小」企業という構図のもとで，商工業政策の範疇で技術の高度化や販路開拓の支援などの施策に取り組むことにより，成果を上げてきた。しかし，操業環境の確保となると，教育・雇用対策や都市計画・街づくりといった，従来の政策の範疇を超えての施策連携が必要になってきている。六重苦の問題といった外部環境の変化に至っては，国ですら，その解決が難しい状況であり，いかに経営上の影響を回避するのかという水際の対応を現場の企業に期待するしかなかった。さまざまな課題が重なり合って，皮肉にも，日本国内で操業を続けたいと願う企業ですら海外へ目を向けざるを得ない状況を引き起こしている事実は否定できない。

3．自治体における海外進出支援の基本的な枠組み

3.1 ものづくり中小企業の海外展開への支援ニーズ

ものづくり中小企業の海外進出に対する支援ニーズを考えるために，大阪で進出先として人気の高いベトナムを例にとりあげる。進出前・進出時・進出後の各ステージにおける支援ニーズは，近畿経済産業局が2013年3月にまとめた中小企業の海外支援に関する調査報告書によると，次のとおりである（近畿経済産業局［2013b］）。

① 「ベトナム進出前の重大課題」としては，市場・消費者ニーズ情報を筆頭に，現地の労務管理・税制・投資優遇策・規制等に関する情報，パートナー企業の発掘，進出先行企業の具体的事例等の情報収集に関心が集まっ

ている。
② 「ベトナム進出時の重大課題」では，投資や環境等の規制，生産委託先・事業パートナー等の発掘に続き，現地人材の確保・育成，貿易や通関手続に関する事項が上位にあがってくる。
③ 「ベトナム進出後の重大課題」では，現地人材の確保・育成に続き，部材の調達，進出後の予想外のコスト増，模倣対策など生産活動における課題が上位に入ってくる。

　一方，実際の支援状況をみてみると，進出前においては，行政機関や支援機関による相談やセミナー等による情報提供，現地ミッション団の派遣，展示会への出展支援，専門家による相談など，多様な取り組みが行われている。また，進出時の支援についても，現地の中央・地方政府や工業団地デベロッパーがワンストップで手続きを代行し，日系企業向けには現地日系企業や日系人材がエージェントとなって展開するなど，一定の体制が整ってきている。加えて，関西経済連合会や近畿経済産業局がハノイの計画投資省外国投資庁やドンナイ省に「関西デスク」を設置したり，他の自治体も現地デスクを設置する例が増えている。地方銀行や信用金庫においても行員を現地の機関に出向させるなど，現地における組織的・人的サポート体制は整いつつある。ただし，個々の手続を見ると，国内・現地ともにワンストップに対応できていない場合があり，国内・現地のシームレスなサポートについては，今後の課題となっている。
　進出後のサポートについては，そもそもベトナム国内でものづくり中小企業に対する支援が体系的に実施されていないため，進出した中小企業に日本同様の公的サービスを提供するに至っていない。そのため，現地の日本人商工会議所や工業団地ごとに組織する日系企業の会が情報共有や経験にもとづくアドバイスなどを進出企業に行って，ベトナム側の体制で不十分な面を補完している例が多い。その中にあって，日系工業団地は進出後のサポートも実施しており，安心できる操業環境にある。最近ではローカルのデベロッパーにおいても，同様のサービスを標榜する団地が出てきているが，実際の取組みについては，今後の展開を注視していく必要がある。また，現地のサポートについては，先行進出企業やコンサルタントなどの民間人材とのネットワークも重要である。

大阪府内のものづくり中小企業は，製造工程の一部を担う単加工の企業が多いため，確定的な販路がない状況では単独進出は容易でない。そこで，単加工の企業をまとめて製品化・モジュール化して海外に売り込むための企業間ネットワーク型の会社を設立したり，現地へグループで進出する動きもでてきている。また，単加工の企業では，販路を国内としながら，生産工程の一部を海外に移転させて生産のみを現地で行う「シップバック」の形態も多く，こうした企業にとっては，人件費などの操業コストが比較的低いベトナムは有望な進出先と言える。加えて，最近では，現地ローカル企業との協業で現地生産体制を構築する動きも増えてきている。今後は，こうした大阪のものづくり中小企業の集積の特徴に合った進出ニーズも増えるものと考えられる。

3.2　自治体における支援形態別の状況
3.2.1　相　談
　このような状況のもと，自治体の海外進出支援はどのように行われているのか。支援形態別にみていく。
　まず，相談について述べる。自治体における相談体制は，商社OBや大手メーカーの海外駐在経験者などを嘱託や報酬により配置し，週のうち数日を相談日として窓口を設けるのが一般的である。自治体が直営で雇用する場合もあるし，各自治体の外郭団体である産業支援財団に配置する場合も多い。相談内容は，輸出支援となる貿易相談，進出に関する現地情報の提供，手続案内が主なもので，進出方面を絞った窓口も設置されてきている。また，専門家の派遣による伴走型のサポートも実施されている。
　相談は最も基本的な支援であるが，カウンターセールス的な「待ちの姿勢」では，多くの企業が利用する手法にはなりえない。日常的な訪問やセミナーなど誘客的な手法と組み合わせることが重要である。また，相談を実施する専門家の多くは自治体や産業支援財団のプロパー職員でないため，助言の内容や効果が一律でない可能性がある。職員自らが相談現場に立ち会うなどしないかぎり，企業にとって有益な手法になり得ているかの検証は難しい。ややもすれば，「お任せ」の相談になってしまう。
　昨今，企業の抱える課題は多岐にわたっており，従来の輸出を中心とした貿

易相談から海外での生産分業を前提とした，生産委託，合弁・独資による進出など，多様化してきている。進出先の国の経済・雇用・商習慣などに合わせたきめの細かい助言が不可欠である。製品や技術の競争優位性，海外展開する際に必要となる人材の確保・育成など，海外展開の前提となる経営そのものへの目配りも欠かせない。加えて，相談員の属性の多くは，大企業等の大きな組織の経験者が多い。果たして相談員が，限られた内部資源で海外展開せざるを得ない中小企業の立場にたって助言できるか否かも，留意すべき重要な点である。

　このような前提をふまえ，より有効な相談体制を確立していくためには，自治体側の支援理念の明文化と共有，相談状況を検証する仕組みが必要である。そして何より，自治体や産業支援財団の職員が日常的に企業と接する機会を持ち，企業課題を汲み取り，適切な相談員につなぎ，必要な助言につなげることができる「目利き力」を持たねばならない。多くの相談は，単独の相談者で完結することは少ない。日本貿易振興機構（Japan External Trade Organization: JETRO）や中小企業基盤整備機構，商工会議所などの商工団体，金融機関等との連携も欠かせない。まさに「効率的なたらい回し」ができるかどうかが，窓口としての相談機能の信頼性には欠かせない。

3.2.2　セミナー

　海外展開に関するセミナーも，古くから実施されている支援手法である。自治体が自らセミナーを主催する場合もあれば，産業支援財団が実施する場合もある。内容としては，海外投資に関する現地情報の提供（経済情勢，雇用環境，税制や法規・優遇策等）や，貿易実務に関するものが多い。JETROと連携して実施している例もみられる。そのほか，出前講座や，特定の海外展示会への出展に向けてのセミナー，個別相談会を併設したセミナーも開催されている。

　海外展開に関するセミナーは，参加対象とする企業の海外展開の準備段階によって内容が異なる。整理すると，**図表3－3**のとおりである。セミナーでフォローできるのは，計画段階までとみていい。進出段階では，専門家によるサポート，各国の投資手続窓口などとの調整が重要になり，セミナーによるフォロー効果は限定的になる。

　では，自治体は今後，どのようなセミナーを企画すべきなのか。これまでの

第3章　ものづくり中小企業の海外進出と地方自治体の役割

図表3-3　セミナーにおける情報内容と企業の進出展開段階の関係

情報内容	興味レベル	情報収集	計画段階	進出段階
一般的な情報	●	●		
国別の一般情報	●	●	●	
国別の投資環境情報		●	●	
国別のビジネス環境情報		●	●	
業務別の情報			●	●
国別の人材環境情報			●	●

出所：筆者作成。

　自治体のセミナーは，「まずは海外に視点を向けてもらう」という動機づけレベルが中心で，海外展開や国別の一般情報を内容とするものが多かった。それよりもさらに段階が進んだ専門的な内容のものであれば，国や商工会議所，金融機関，大学等のセミナーへの参加を勧めるのが一般的な対応であった。しかしながら，一般的な内容のセミナーであれば，これまでに何度も様々な機関が実施しており，Webからでもさまざまな情報が得られる。今後，自治体が生産展開型支援にシフトしていくには，各地域の企業の実情にあった支援が必要になる。

　そこで，より効果的なのは，**図表3-3**にあるように個別情報が最も必要となる「計画段階」にある企業を対象としたセミナーである。この段階の企業層を対象とすることで，情報収集段階の企業にもより細かい情報が提供でき，より高い満足度を得られるという相乗効果が期待できる。この段階の企業層を対象とするセミナー企画による，自治体側の効果も見逃せない。企画に際しては，企業側の「個別」ニーズの把握が前提となる。つまり，「どの国にどういう形態で進出しようとしているのか」という，一定の推測に足る情報取集が前提となるからである。

　こうしたニーズに応えるには，テーマや講師の確保に際して，企業や産学公民金の支援機関・者との日常的なネットワーク活動が不可欠になる。この活動こそが，自治体の支援力を向上させる源泉になる。さらに，「情報」の質も考慮する必要がある。生産展開型支援では，国別，業種・業態別，展開内容（生

産委託，合弁，独資等）など多様な課題の掛け算であることも多い。セミナーの内容も専門家によるいわば解答のあるスキル型だけでなく，先行して進出した企業の経験談や，現地でネットワークを持つキーパーソンなどによる生きた情報も貴重である。そうした人的資源そのものを情報として提供し，相談やコンサルティングにつなげるための交流機能を併せて持たせることも有効である。

3.2.3　海外ビジネスマッチング

ビジネスマッチングに関する支援については，海外での支援と国内での支援に分かれる。まず，海外での支援であるが，**図表3－4**にあるように，海外で実施される展示会・商談会への出展補助金の交付やサポートがほとんどである。展示会の種別としては，B to B関係のほか，消費財関係のB to C関係への支援も多く実施されている。

(1)　海外ローカル企業のスクリーニング

国内外で実施する海外の企業とのビジネスマッチングで悩ましい問題の1つが，海外ローカル企業のスクリーニングである。会社や発注そのものの存在の真偽から，その企業の財務や技術力の評価をどのように行うかまで，検討する必要がある。すべてを自治体や産業支援財団が単独で調査することは，人的・予算的制約から難しい。現状は，紹介はするものの取引に至る際は，企業側が自己責任で調査をすることを前提としている。これは，民間のビジネスマッチングサービスでも同様である。しかしながら，中小企業が単独で調査をすることは難しく，その結果，公的機関を経由する情報について一定の信用が付与されるのは避けられない。この点が，自治体や産業支援財団が海外とのビジネスマッチングを実施する際の壁になっている。

大阪府では，優良企業賞受賞企業で海外取引を希望する企業について英語版冊子を製作しWeb上で公開している。また，ものづくり支援拠点である，ものづくりビジネスセンター大阪（Monozukuri Business Information-center Osaka: MOBIO）の常設展示場では，出展企業の英語版ホームページを制作し，幅広く海外とのビジネスマッチングを実施している。ただし，このWeb系のマッチングにおいても，現地企業のスクリーニングが十分にできない状況のもとで，

図表3-4 近畿の自治体等におけるビジネスマッチング支援

支援制度	内容	実施機関等
海外見本市等出展支援事業補助金	海外見本市等に出展する際に、補助金を交付	滋賀県
企業ミッション派遣・海外見本市出展事業	大阪市が提携しているビジネスパートナー都市（BPC）や海外事務所が活動している海外の主要地域において、それぞれの特性やニーズに応じ、企業ミッション団の派遣や見本市への出展等を実施	大阪市 （一財）大阪国際経済振興センター
海外見本市出展支援・海外での商談会	大阪市内に拠点のあるものづくり関連中小企業を対象に、コーディネーターが、海外で「売れる」製品開発や販路開拓のためのアドバイスや、海外情報の提供、海外見本市への出展・商談サポートなどを実施	大阪市 （公財）大阪市都市型産業振興センター
海外見本市出展助成制度	海外見本市に単独出展する際に、出品料の30％以内で30万円を超えない額を助成	堺国際ビジネス推進協議会 堺市産業政策課
食関連分野の堺製品の海外市場開拓支援	ニューヨークなど海外主要都市での展示会出展や海外バイヤーによる堺での商談会開催等を通じて、包丁や食品など食関連分野の堺製品の海外市場開拓を支援	堺食産品海外セールス実行委員会 （公財）堺市産業振興センター
海外見本市等出展支援補助金	国際競争力があると考えられる製品や技術を有する中小企業者等の海外への販路開拓を支援するため、海外見本市等に出展される際に、助成金を交付	（公財）東大阪市産業創造勤労者支援機構
海外販路開拓展示会・商談会出展支援	海外で開催される展示会・商談会等に出展する際、必要となる経費の一部を補助	神戸市
米国 販路拡大事業	成熟市場であり大きな購買力を有するアメリカ向け販路展開の足掛かりをつくる為、ニューヨークナウ（2015年2月）への県内企業の出展支援	奈良県 奈良県産業振興総合センター
海外展示会への個別出展支援	海外の専門展示会への個別出展を支援	（公財）わかやま産業振興財団
海外展示会への集団出展支援	優れた製品・技術を海外でPRする機会を提供し、輸出促進につなげるため、業界・出展地域を絞り込んだ専門的展示会への集団出展を支援	（公財）わかやま産業振興財団
京都ブランド海外市場開拓事業	伝統産業をはじめとするものづくり分野において、参画事業者のレベルに応じ、海外ニーズを踏まえた新商品の企画・開発から、バイヤー向け展示商談会の開催や国際見本市への出展、商談のアフターフォローまで支援	京都市 京都商工会議所

出所：近畿地域中小企業海外展開支援会議［2014］より抜粋・編集。

大量のスパムメールや売り込み案件の中から良質な発注案件を探すというプロセスに相当の労力を割いている。

　一方で，現地企業の公開情報自身が不足しているという課題もある。一般的に財務に関しては，現地金融機関との連携や少量での商取引の実施による探索，技術に関しては，日系企業との取引実態の把握や現地工場への訪問，試作品の発注などによって確認するほかない。こうした点は，2013年9月にアジア太平洋研究所の「中小企業の東南アジア進出に関する実践的研究」プロジェクト（以下，本研究プロジェクト）が実施したタイ現地調査でも明らかになっている。たとえば，財務諸表である。タイでは，すべての企業において公開が原則であるが，会計士や税理士が不足する中，信用度が低いという声があった。また，現地企業の技術レベルがわかる資料は存在していなかった。

　このような中で海外ローカル企業とのビジネスマッチングを進めていくには，信頼のおける現地キーパーソンや機関と連携して実施するのが有効である。タイでは，海外産業人材育成協会（Overseas Human Resources and Industry Development Association: HIDA）[1]の元日本留学生・研修生が中心となり，1973年に設立された公益法人である泰日経済技術振興協会（Technology Promotion Association: TPA）が，日系中小企業向けの支援に取り組み始めている。特に400社にのぼるタイおよび日本企業がTPAの会員であること，ものづくり技術に習熟していることなどの強みを生かし，2013年8月から「タイ日投資促進プロジェクト（Thailand-Japan Investment Promotion Project: J-SMEs）」を開始し，タイ進出を希望する日本の中小企業に対して各種サービスを提供している。具体的には，①国内外の視察ツアーのアレンジ，②タイ・日双方の中小企業への研修・セミナーの提供，③技術や経営に関するコンサルティングサービス，④通訳・翻訳業務といったサービスなど，である。

　TPAとの連携により，現地ローカルの優良企業とのビジネスマッチングが実施できる可能性がある。2014年10月には，一般社団法人の首都圏産業活性化協会（以下，TAMA産業活性化協会）がTPAと覚書を締結し，今後，TAMA産業活性化協会内の企業とタイの社会課題ニーズへの貢献を軸としたビジネスマッチング等を実施する予定である。連携のカウンターパートとして，TPAの活動に注目したい。

技術のスクリーニングについては，本研究プロジェクトが2012年8月に実施したベトナム現地調査で訪問した国際協力機構（Japan International Cooperation Agency: JICA）のシニアボランティアによる活動が有効であると感じた。ベトナムではハノイやホーチミンに駐在するシニアボランティアが現地ローカル企業に対し5S（整理・整頓・清掃・清潔・しつけ）など生産管理の指導を半年に渡って実施している。その結果，優良な企業については，JETRO現地事務所（ハノイ，およびホーチミン）が公開している「ベトナム裾野産業優良企業情報」[2]に情報を提供している。また後述するが，タイでは，JICAが支援する「日タイ・産業クラスターリンケージ強化（「お互い」プロジェクト）のための体制整備調査」[3]（以下，タイ日・お互いプロジェクト）において，現地でタイ人の中小企業診断士を活用した企業の能力調査・スクリーニングの取組みが始まっている。

(2) 今後の海外ビジネスマッチングの方向性

ビジネスマッチングの方向性としては，従来の輸出を前提とした製品・技術の売り込み型から，今後は現地生産を前提とした現地での取引先開拓へのシフトが多くなると思われる。受注先開拓については，従来の日系企業だけでなく，現地外資・ローカル企業にも広がっている。また，受注先のみだけでなく外注先についても，現地調達率の向上や価格競争力の確保の観点から，ローカル企業の開拓が盛んになっており，フォローすべき領域は広がっていくだろう。

手法については，現行では現地展示会への出展補助などのサポートが多いが，現地でのビジネスマッチング商談会などを産業支援財団などと共催で実施することも増えていくだろう。現在は，こうしたマッチングを自治体が実施する場合は，現地駐在機能が質量両面で乏しいため，海外ミッション派遣とセットで実施する場合が多い。その際に重要となるのがマッチング先の探索である。日系企業であればJETROや現地の日本人商工会議所，受け入れ側の政府・自治体，調査会社を活用した意向調査から探索先を抽出している。

大阪府では，大阪産業振興機構とともに海外ミッション派遣時にビジネスマッチングを開催してきた。過去においては，訪問先企業との交流でその目的は達成されたものの，海外展開が進む中，より効果的なビジネスマッチングへ

とシフトしてきている。しかしながら，ミッション参加企業の募集を公募で行うため，常に現地におけるマッチング先の抽出と参加企業の属性に合ったマッチング先の探索との順序について悩ましい課題を抱えている。

　以上のことから，現地の展示商談会への参加などを組み入れる工夫も講じられてきているが，マッチングの成果や満足度は，参加企業によってばらつく結果となっている。満足度が下がる要因は，受発注企業の双方が感じる「ミスマッチ」である。商談という性格上，すべての企業の満足度を満たすことは難しいが，日本側の中小企業のニーズにもとづき現地調査を実施し，現地企業の情報に精通したコーディネーターを確保するなどして，事前のニーズ・シーズの擦り合わせ機会を設けるなどの準備期間を十分に確保するよう留意すべきである。また，海外ビジネスマッチングは，海外特有の事情はあるものの，基本的には地域の中小企業の取引支援を行う点で，国内でのマッチングの延長線上にあるとみるべきである。

　こうした取組みは，海外支援の脈絡で実施されることが多いが，担当部署は，海外のことには詳しくても国内の中小企業の状況に疎い場合もあり，公募頼りの企業集めでは，毎回，参加者の確保に苦労することになる。よって，海外とのビジネスマッチングを行う体制としては，自治体が必要な予算を確保し，現地政府や支援機関との連絡調整を担い，国内の取引振興を担う産業支援財団が海外部署と連携してビジネスマッチングを行う体制づくりが不可欠である。ベトナムでは，現地の人材育成会社が都道府県からの委託を受けて，ミッションで訪越する特定の企業のニーズに基づき，現地ローカル企業の探索を行うきめの細かいビジネスマッチング会を実施する例も出てきている。また，現地専門家が既存の展示商談会を活用して業種を絞ったビジネスマッチングを行うなどの動きもあり，このような取組みと連携するのも有効である。

3.2.4　**海外ミッション**

　海外ミッションについては，自治体が単独で実施する場合，また産業支援財団や地元商工団体などと協働して実施する場合とがある。目的としては，自治体の首長が姉妹都市や自治体セールスを目的に観光交流とセットでトップセールスを実施するもの，国内地元企業と海外現地企業との交流やビジネスマッチ

ングを目的とするもの，その両方の目的でミッション団を構成するもの，などがある。

　企業を主体とした経済ミッションの目的は，「現地情報の収集」，「ビジネスマッチング」，「進出先工業団地の視察」の3つに大別されるが，自治体がどの目的までフォローするかは，自治体の方針によることになる。「現地情報の収集」を主目的とするならば，実施の都度，いわば中小企業にとっての「未開の地」的な国へのミッション派遣を毎年実施することになる。一方，「ビジネスマッチング」や「工業団地視察」を目的にすると，より現地との深い関係性が必要になるため，毎年同じ地域に派遣するなど，一定の支援プロセスの積み重ねが必要となってくる。

　ここで一定の支援プロセスとは，①現地調査，②現地政府・自治体，日系公的機関との連携体制の構築，③経済ミッション団の派遣，④ビジネスマッチングを目的とした相互交流，⑤現地進出企業への進出時サポート，⑥進出後のサポート体制の検討（現地駐在事務所や日系金融機関での支援，集団FDI（Foreign Direct Investment：外国直接投資）[4]の拠点支援等），などを含むものである。ものづくり中小企業の生産展開型支援を実施する際は，こうした支援プロセスを積み上げ，地域内の企業集積に適切にかなった地域への進出を支援するのが効果的である。そして，時勢に応じた展開先の検討を絶えず実施し，同様のプロセスを適用していくことが重要になる。

3.2.5　現地支援機能（海外拠点）

　海外現地での支援体制については，自治体および産業支援財団が駐在事務所や現地民間企業への委託を通じて，海外拠点機能を設置している。ここでは全国的な傾向を見てみる。自治体国際化協会（クレア）の調査[5]によれば，自治体の海外拠点は，2013年9月時点で22カ国に174カ所ある。形態別の内訳を見ると，独自事務所が65，機関等派遣が26，業務委託が83となっている。近年はコストを抑えられる業務委託による拠点進出が最も多くなっており，**図表3－5**のとおり，直近の4年間で39カ所設置されている。

　しかし，業務委託形態では仕様書にないサービスは提供できないので，多様化する現地での支援ニーズに定型外の個別支援でもって対応することが難しい，

図表3－5　最近の自治体海外拠点の進出傾向（2010年度以降）

		進出		撤退	
		拠点数	国別内訳	拠点数	国別内訳
計		62	中国27，韓国6，台湾5，タイ5，シンガポール4，インドネシア3，ベトナム2，ミャンマー2，フランス2，ドイツ2，カンボジア1，米国1，イギリス1，カナダ1	19	中国14，シンガポール1，米国1，韓国1，ロシア1，フランス1
形態別内訳	独自事務所	17	中国13，韓国1，台湾2，タイ1	7	中国3，韓国1，米国1，シンガポール1，フランス1
	機関等派遣	6	中国2，シンガポール3，韓国1	3	中国3
	業務委託	39	中国12，タイ4，台湾4，インドネシア3，韓国3，ベトナム2，ミャンマー2，フランス2，ドイツ2，シンガポール1，カンボジア1，米国1，イギリス1，カナダ1	9	中国8，ロシア1
年度別内訳	2010年	14	中国9，韓国2，シンガポール1，タイ1，フランス1	3	中国3
	2011年	13	中国8，シンガポール1，タイ1，インドネシア1，韓国1，カナダ1	6	中国5，韓国1
	2012年	17	中国6，台湾3，タイ3，ベトナム1，フランス1，インドネシア1，ドイツ1，イギリス1	6	中国3，シンガポール1，米国1，フランス1
	2013年（9月現在）	18	中国4，台湾3，シンガポール2，ミャンマー2，韓国2，ベトナム1，インドネシア1，カンボジア1，米国1，ドイツ1	4	中国3，ロシア1

注：海外拠点とは，①自治体が海外に職員を駐在させて単独または共同で事務所を設置運営しているもの（独自事務所），②クレアやJETRO等の他機関が運営する海外事務所等に駐在員として職員を派遣しているもの（機関等派遣），③自治体職員は駐在せず，現地企業等に業務を委託しているもの（業務委託）を指す。
出所：自治体国際化協会（クレア）ホームページ「自治体海外拠点一覧」より編集。

といった指摘もなされている。また，大阪府のように，有料化により利用実績が低下した例もあり，企業側からみた自治体サービスに対する受益者負担のとらえ方についても留意する必要がある。

近年の進出や撤退の動きを見ると，2010年度以降は，東アジア・東南アジアなどに62拠点の新設，中国などで19拠点の撤退と，差し引き増加の傾向にある。地域別では，欧米地域で拠点廃止があるなか，東南アジア諸国連合（Association of Southeast Asian Nations: ASEAN）の国々における拠点開設が多くなっている。特に2013年には，自治体の海外拠点がなかったカンボジアとミャンマーに長崎県が，大阪府がミャンマーに新たに拠点を設置した。

　では，本章のテーマである生産展開型支援において必要となる現地サービス，および自治体の役割はどうだろうか。一般的に，進出段階が進むにつれ，公的支援メニューは少なくなる。とりわけ，進出後の現地でのサポートは少ない。

　筆者も参加して本研究プロジェクトで実施した現地調査においても，ベトナムでは，政府による現地ローカルの中小企業への支援体制が未整備な中，日系企業に対して政府の支援サービスを求める段階にないことが明らかになっている。またタイにおいても，会計士や税理士が不足しているうえ，コンサルティングを標榜する多くは，行政手続や許認可手続きを代行する事業者であるため，現地でのパートナー企業探しや工場適地の探索をサポートできる民間サービスは不十分な状況にある。

　こうした現状のもと，中小企業自らが現地調査を実施したり，個別にローカル企業を訪問したりする事例が増えている。中小企業家同友会と阪南大学の中小企業ベンチャー支援センターが，タイのチェラロンコン大学のサシン経営大学院日本センターと連携して現地ローカル企業等との商談会を実施した取り組みは，産学連携で企業自らが現地調査を行った事例である。また，ベトナムでは株式会社ソルテック工業や富士インパルス株式会社など，先行して進出した中小企業が苦労して培ったノウハウを後進の企業に提供することで，進出時・進出後の現地サポートを実施する例も出てきている。

　では，自治体の現地支援機能はどうあるべきだろうか。人的・予算的制約が厳しい中，現地駐在機能の委託化は今後いっそう進むだろう。中小企業の海外展開先やニーズが多様化する中，これまでのように上海といった地域に現地駐在事務所を1ヵ所置けば足るという状況はなくなっていくだろう。その結果，現状の延長線上の取組みでは，現地支援機能は必要でありながらも，有効な人的・予算措置ができないという中途半端な位置づけになっていくことが想定さ

れる。

そもそも，現地駐在事務所の業務は多様で，ネットワーク形成にも時間がかかるため，効果が見えにくい。また，自治体職員の駐在期間が2～3年というジョブ・ローテーションでは，ビジネスマッチングや工場進出のサポートなど生産展開型支援を十分に行うノウハウもネットワークも構築しがたい。今後は，委託化と職員のかかわりの関係性を変えて，たとえば，現地委託先機関に職員が頻繁に通うなどして国内と海外のニーズの擦り合わせを行うことや，効果がある場合は委託先と長期の契約を行うことを可能にするなど，自治体が委託化に関して内包する課題に対応することも必要である。また，すでに一部の自治体で実施されているが，複数の自治体，国の機関，金融機関の現地事務所との合同運用も一考の余地がある。これにより，一定の規模の現地事務所の体制を確保できるので，現地ネットワークの拡充と継承が可能になる。

4．新しい形態の支援事例

4.1　集団FDI ── 工業団地での中小企業区画の設定

日系中小企業が集団で進出する，いわゆる「集団FDI」については，タイのアマタ・ナコーン工業団地へのオオタ・テクノパークが先駆的事業である。1ユニット320㎡の区画合計25ユニット（1期：8ユニット，2期：9ユニット，3期：8ユニット）に，12社入居している[6]。企業の出身地域は，東京都大田区の企業8社，大阪府の企業2社，広島県と愛知県の企業1社ずつとなっている。2006年6月の開所当時，株式会社南武の1社から開始し，順次，進出が進んできたが，途中で大田区外の企業も入居が認められることになり，現在に至っている。

ベトナムにおいては，大阪の富士インパルスを母体とするザ・サポート株式会社がドンナイ省の日系工業団地であるロンドウック工業団地に日系中小企業区画を確保し，現地に進出する中小企業をサポートする体制を構築している。こうした動きを支援するため，近畿経済産業局を中心に関西の11支援機関が共同進出を集中的に支援する「関西裾野産業集積支援モデル事業」を創設し，"Kansai Supporting Industry Complex"として位置づけた。2013年9月の開

設時に，社名が公表されている企業のうち，進出済み，もしくは進出を決めている関西圏の企業が6社あった（近畿経済産業局［2013a］）。

4.2 難しい初期進出の企業の確保

　上述したオオタ・テクノパークやベトナムの事例にあるように，集団FDIでは，初期の進出企業の確保が課題となる。ベトナムの事例では，ホスト企業であるザ・サポート，富士インパルスを除くと，入居企業の出身は大阪府1社，兵庫県2社，福井県1社となっており，ホスト企業のある大阪に限らず，関西に広げて募集した効果がでているといえる。もし大阪にこだわっていれば，1社だけになっていた。全国一の4万社のものづくり企業集積をもってしても，初期の進出を集団で展開することの難しさを示唆している。その後，ロンドウック工業団地の日系中小企業区画への進出企業は3社増え，2014年11月現在で8社となっている（過半数が関西企業）。

4.3 集団FDIのメリット

　集団FDIのメリットとして，①製造スペースや総務機能・福利厚生施設等の共有化，②進出後におけるトラブルや人材の確保・育成面での情報交換や課題共有化，相談機能，③お試し進出やインキュベート機能，④進出企業相互間のビジネス上の協業，の4つがあげられる。

　ベトナムの事例では，前記のインキュベート機能まで盛り込まれており，今後の成否に注目したい。また，協業メリットを出すに至るかについても，今後の動向を見守る必要がある。協業の点では，タイのValuable Industrial Technology（V.I.T.）社の取組みが好例である。同社は，株式会社フクイ（愛知県）が経営し，テクノ高木株式会社（岐阜県）と共同でタイに立ち上げ，出資企業（2013年9月時点で19社）のタイ進出支援を行っている。支援の内容は，各社それぞれのタイにおけるビジネスニーズに応じて，V.I.T.の現地社員が人材確保，商社機能，受注窓口，機材設置のための場所貸し等を実施している。工場は1つで共有しており，工業団地型ではないが，一定の協業が成立している。今後，同社は日系中小企業向けにミニ工業団地を自前で建設する計画も持っており，そのサポートも実施する予定である。

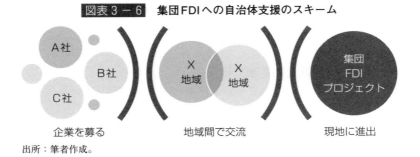

図表3-6 集団FDIへの自治体支援のスキーム

出所：筆者作成。

4.4 集団FDIにおける自治体支援のあり方

前述したとおり，集団FDIにおいて進出企業の確保は容易でない。ベトナムの事例では，大阪商工会議所，大阪府，近畿経済産業局が集団FDIのパートナー企業を募集するセミナーや交流会などを事前に数回実施するという支援体制で挑んだ。それにもかかわらず，初期の進出企業の確保に繋がらなかった。要因はいくつかあるが，「特定の地域の特定の工業団地に特定の時期に」という集団FDIの要件は，中小企業にとって思いのほかハードルが高い。こうした課題に対して自治体ができるサポートとして，セミナーや勉強会・研究会などを通じて「企業を募る仕組み」，「日常的に海外展開意欲のある企業を把握する仕組み」，そして「地域間で企業が交流する仕組み」の構築がある。

4.5 インフラ輸出型の進出支援

4.5.1 北九州市アジア低炭素化センター

北九州市環境局は，2010年6月にアジア低炭素化センターを設立し，海外展開を図る企業等を積極的に支援している。これまで実施した海外での調査プロジェクト等は，50件を越えている。これらの取組みを通じて，市内企業約30社のプロジェクトを支援し，4社がビジネス展開を果たしている（アジア低炭素化センター［2013］）。北九州市の強みは，かつての公害を官民一体で克服した経験に基づく「北九州モデル」という方法論の確立にある。過去の経験と「チーム北九州」という産学官の連携体制，エコタウン，スマートコミュニティ，エネルギーパーク事業などの国内での先進技術の実証体制，そして，海外での

支援ノウハウの積み重ねがある。こうしたストーリーが，海外における地域課題解決に広くマッチする強みになっている。

4.5.2　国内での実証と調達制度の活用

北九州市の例にあるように，これからのインフラ輸出型支援にあっては，国内での実証体制が欠かせない。国内での実証を伴わない技術を海外に持っていっても，普及することは難しい。また，多くのものづくり中小企業は，部材の一部や加工を請け負う企業が多いため，相手国の誰にどういう形態で売り込むのかを明確にしておく必要がある。

しかし，北九州モデルの模倣は，一朝一夕にできるものではない。多くの自治体が今後取り組むべきは，地域における実証体制の整備である。それも自治体の施設や事業を活用した，ニッチ分野における実証である。たとえば，政策随意契約の活用が考えられる。多くの自治体では，中小企業が開発した新商品を当該自治体が随意契約で購入できる制度がある。この既存制度を自治体内で積極的に実証モデルとして意識し，運用するのである。その際に海外展開を視野において，学校や病院，上下水道施設，道路，橋梁，公園，ごみ焼却場など，海外でも展開できる施設等で購入して実証していく。これにより，海外展開支援へとつなげていくのである。

道路照明の発光ダイオード（Light Emitting Diode: LED）化にリース方式を取り入れた大阪府の「道路照明灯まるごとLED化」[7]事業については，2014年2月に実施した，インドネシアでの大阪府知事トップ・プロモーション時に売り込みを行った[8]。さらにこの手法を進め，日常的に公設試験研究機関（以下，公設試）などで分野を決めて，中小企業の製品・技術を認証する仕組みをつくっておくのも有効である。自治体のインフラなどに導入するには，耐久性・安全性などクリアすべき基準がある。そのために中小企業の技術について，あらかじめ公設試で実証を支援する体制を整備するのである。併せて必要となるのが，自治体内で実証現場・製品・技術を集約する仕組みである。

自治体内で旗振りをするプロジェクトチーム型の組織も必要となってくる。こうした取組みは，政策随意契約のほか，総合評価入札での評価点への盛り込みや委託発注の際に仕様書に盛り込むなどの方法も可能性がある。北九州市の

図表3−7 現地への導入フローの例

出所：筆者作成。

ように事業化プロジェクトを打ち出し，経年をかけるやり方は，どこの自治体にでもできることではない。自治体の調達を活用した実証支援など，身近な方法も一考すべきである。

4.5.3 タイ日・お互いプロジェクト
(1) プロジェクトの経緯

タイでは，2011年末に発生した大洪水によってサプライチェーンが寸断され，産業セクターによっては一部工場の操業が止まるなど，タイや日本を含む世界経済全体に深刻な影響が及んだ。大洪水は，国を超えたサプライチェーンの強化・産業クラスター間連携の重要性を喚起する契機になった。日系企業をはじめ海外企業の生産活動により産業競争力を強化してきたタイにとって，製造拠点としての魅力を損なわないよう対策を講じ，サプライチェーンの強化を図ることが急務となった。さらに今回の洪水を奇禍として，日系企業を中心とした先進的な企業との連携を通じて産業の高度化を実現することは，「中進国の罠」に直面したタイにとって喫緊の課題となっている。

こうした状況に対処するため，タイ国家経済社会開発委員会（National Economic and Social Development Board: NESDB）に域内競争力アドバイザーとして派遣されているJICA専門家により，日本とタイ相互の産業クラスター連携を通じて，集団的・戦略的なタイへの直接投資を目的とした「お互い（Otagai）」プロジェクトが2011年11月に提案され，タイ政府において正式に閣議報告された。2012年2月1日にNESDBのアーコム長官主催の「お互い」プロジェクトに係るタイ政府各省連絡会を経て，同年3月1日にバンコクで「お互いフォーラム」が開催された。この時にタイ工業省工業振興局長から，工業

省が「お互い」プロジェクトの実施機関となり，NESDBと連携していく意向が正式に表明され，タイ政府関係機関の間で合意に至った。こうして，「お互い」プロジェクトの推進に向けてJICA支援による「タイ日・お互いプロジェクト」が始まった[9]。

(2) プロジェクトの概要——中小企業海外展開の課題解決スキームのモデル構築

タイ日・お互いプロジェクトの目的は，両国間に互恵的な産業クラスターリンケージを創出・強化し，日本の中小企業やインフラ関連企業によるタイ・メコン地域への事業展開・拡大を支援することである。次の3つのコンポーネントから成り，必要な情報整備，基本方針案や実行計画案の策定を行う。

① 中小企業群の進出（集団FDI）の促進・支援
② 日系インフラ関連企業の進出促進・支援
③ タイ・日本両国政府による支援策の提言

これらを具体化するために，次の3つの調査を実施している。

① 工業団地のインフラ整備・高度化ガイドライン（タイコバン調査）——タイおよびメコン地域の工業団地のインフラの持続可能性と高度化を評価する基準を策定する。工業団地側にとっては自身のアピールに，また進出を検討中の日本企業にとっては進出先選定のガイドラインとして活用できる調査となる。
② サプライチェーンの不在工程調査（ミッシングリンク調査）——タイおよびメコン地域の産業サプライチェーンの中で，どの工程が既に現地に存在する，あるいは存在しないのかを明らかにする調査。進出する日系企業がどの工程に参入すればいいのかを判断するための指標となる。
③ 製造工場の能力調査（技術センサス）——日本，タイ，メコン地域内の企業にどのような技術があり，どういう設備を使って，どんな材料をどこまでの精度で加工できるかを，工程と工場単位に地域別に把握する手法。タイの診断士を活用して調査を行う予定で，診断士に対する研修を開始したところである。

(3) 中小企業群の進出（集団FDI）の促進・支援

本章でも課題として指摘した集団FDIへの支援など，中小企業の海外進出を支援するために，タイ日・お互いプロジェクトでは，次の4つのアプローチをとっている。

① 地域キーパーソン会議の開催——これは，タイ日・お互いプロジェクトの趣旨に賛同する，あるいは関心を寄せる自治体，公的産業支援機関，地方経済産業局，企業等からなる会議である。2013年4月の準備会合を経て，同年6月に東京で第1回が開催され，以後，鳥取，大阪，山梨，北陸（金沢），茨城，姫路，八王子の各府県・地域で開催された。これまでに参加した自治体関係者は，埼玉県，茨城県，山梨県，石川県，富山県，福井県，大阪府，三重県，鳥取県，島根県，広島県，岡山県，大田区，横浜市，金沢市，富山市，神戸市，北九州市にのぼる。その他，地方経済産業局，開催県等の企業，タイの政府機関関係者，調査事務局関係者などが参加している。

タイはチャイナ・プラスワン，および2015年のASEAN経済統合の観点から，ものづくり中小企業からは進出先候補として関心が高い。本会議は，2国間の地域間連携による相互のクラスター補完，および集団FDIの連携づくりを推進するため，タイ日・お互いプロジェクトの各種調査の状況や国内各地の取組みについて情報共有・交換する場として設置されている。各自治体が相互に学びあうことで，地域間連携のきっかけづくりや支援策のブラッシュアップに繋がる。また，前述したとおり，中小企業の集団FDIでは，1つの地域だけでは最初の進出グループの形成に苦労することが多いため，複数の地域が連携して，進出する企業を発掘し，グループ化することは有効である。自治体間連携の次のステップとして，地域キーパーソン会議の場が，地域間の企業交流の場として発展することが期待される。

② 進出支援情報（軒先情報）の提供——タイ・メコン地域に進出済みの企業がこれから進出しようとする中小企業に自社の空きスペースを提供し，その進出を支援する，いわゆる「軒先ビジネス」が注目を集めている。軒先ビジネスは中小企業の進出支援の強力な推進策になり得ることから，投

資許可の要件等の法制面の課題の洗い出しを行っている。軒先を提供する側の企業のメリットは,「余剰スペースの有効活用」,「製造業からサービス業への足がかり」,「販路共有」などである。本プロジェクトが実施したアンケートによれば,軒先ビジネスに興味を示す企業は多く,自社の敷地内に増設した5,000㎡のうち半分の2,500㎡のスペースを提供してもよいという具体的な提案もあった。こうした事例は,本研究プロジェクトが実施したベトナム現地調査でも把握されている。日本の中小企業にとっては,タイやベトナムの工業団地が用意する工場であってもコスト的に敷居が高い場合もあり,進出を検討する際にハードルを下げる手法として有効なモデルとなり得る。

③ クラスター創出支援（案件創出）——タイ・日間での具体的な案件の創出の取組みであるが,2014年7月に開催された地域キーパーソン会議では,「姫路観光クラスター」の取組みが紹介された。姫路市にある神姫バス株式会社がタイの大手旅行会社インターナショナル・ツアーズ・センター社と国際交流協定を締結し,互いに保有するバスネットワークを活用して,タイからの観光客の誘客,タイへの観光客の送出を行うという相互インバウンドの連携である。阪南大学やタイのチュラロンコン大学サシン経営大学院などが参画し,産学官の案件創出の事例として報告された。そのほか,米を通じて新たなビジネス創造をめざす「ライスバレー構想」,それによる日本の高度食品加工技術の展開なども始まっている。

④ 人材育成・発掘に関する具体策の検討（日本側はコーディネーター,タイ側はコーディネーターと高度産業人材）の具体策の検討——タイ日・お互いプロジェクトで人材面を担当するHIDAの調査によると,現地のコーディネーターにはオールマイティな人材はおらず,特に合弁先企業や取引先企業のマッチングを行う人材,技術の目利きができる人材の不足が明らかになっている。また,現地において進出済み企業のキーパーソンの発掘,専門家・支援人材・商社等のネットワーク化,タイ人中小企業診断士の活用など,現地で必要となる支援ニーズに対応する「現地に常駐する情報のハブ機能」の必要性が明らかになっている。今後,こうした課題に対応する仕組みの構築を検討することとしている。

(4) 日系インフラ関連企業の進出促進・支援

これも本章で新しい支援として取り上げた，インフラ輸出に関する支援モデルのひとつである。タイ日・お互いプロジェクトの中では，工業団地のメンテナンス需要に着目し，ライフサイクルが長い日本製品の特徴を生かし，初期導入コストで勝負するのではなく，日系企業による「インフラ・マネジメント・サービス」の実現性と，「成果報酬型モデル」の導入の可能性を調査している。また，中小企業単独ではなく，共同受注による製品・サービスの幅の広がりとリスクの分散を図る「共同受注型モデル」の導入も併せて調査している。

こうしたモデル提案に際しては，先に実施した工業団地のインフラ整備・高度化調査の検討等を受け，工業団地のアップグレードに必要なインフラ技術・製品・ソリューションを収集して基準ごとにパッケージ化して，ASEAN側に提案する予定である。

(5) 新たな支援組織の提言

タイ日・お互いプロジェクトで行った調査結果をふまえて，現地における支援サービスの受け皿となるべき新組織の設置についても議論されている。タイ日・お互いプロジェクトで提唱する新組織に必要な機能は，**図表3−8**のとおりである。

JICA支援によるタイ日・お互いプロジェクトは，2014年3月末をもっていったん終了し，現在，経済産業省が2014年7月〜2015年8月を対象期間とする第2ステージの協力に取り組んでいる。また，2014年8月25日にミャンマーの首都ネピドーで開催された日ASEAN経済大臣会合において，ASEAN各国の経済大臣の前でこうした取組みが報告され，ASEAN各国に展開することが確認された。

第2ステージは，「案件の実践，モデルの確立，理論化」をめざし，次のような内容で実施される。

① 具体的な案件形成に注力した地域キーパーソン会議の開催
② ASEAN（ミャンマー，カンボジア，ラオス）での個別ニーズ発掘と形成案件の説明
③ 具体的な案件（3分野）をASEAN各国内で実践し，持続可能モデルを

図表3-8　新組織が具備すべき機能一覧

自治体支援	・地方自治体職員のグローバル人材の現地での育成 ・地方自治体・地方金融・大学等の現地事務所機能の一括代行 ・国内でのお互いConclave（地域キーパーソン会議）の企画・運用 ・国内シーズとASEANニーズを組み合わせた案件形成支援 ・現地の成否・研究所等のキーパーソン招聘およびワークショップ開催
進出企業支援	・現地の工業団地情報の提供（タイコバン調査を活用） ・日系中小企業群の進出ハードル下げる手法の提供（軒先情報，法務やIT等） ・ASEANにおける中小企業クラスターの事業継続性支援 ・現地従業員確保のための現地研修・教育情報の一元化
インフラサービス進出支援	・成果報酬型のパッケージ型インフラ・サービスを一体提供するための標準モデルの構築と，協働受注型モデルの提案・組成 ・現地でのインフラ・サービスの提供を容易にするための政府との交渉
その他	・公益性の高い調査（集団進出に関する調査やASEANの普及活動等） ・官民連携協議会との連携など対外交渉 ・技術センサス，ミッシングリンク手法，汎用的に使えるメソッドの深耕および啓蒙

出所：「第5回Otagai Conclave（地域キーパーソン会議）in北陸（2014年2月20日開催）」事務局資料。

検証
④ 特に案件形成人材として，従来型の日本のビジネスの延長線上に海外の生産拠点を守るタイプの人材を超えて，現地で新たなビジネスを立ち上げることのできる人材（グローバル人材Version2.0）を育成するための教育メニューの開発
⑤ 連携する国内外の地域相互の課題について，具体的な案件形成とプロジェクトの実践を通じ，Local to Localの方法論を確立
⑥ 持続的かつ横展開可能な手引きを作成，Webを活用して日本とASEANで広く紹介

また，将来的なプロジェクト運営組織体制について引き続き検討されており，タイ進出支援をモデルにした，日系企業の海外進出支援の新しい方法論として，今後も注目すべき取組みである。

5．ものづくり中小企業への海外展開支援における自治体の役割

　ものづくり中小企業への海外展開支援は，今後ますます多様化するだろう。自治体の地域内の産業集積と課題は，より個別性が高く，支援ニーズの濃淡も異なってきている。国内の市場が少子化により縮小するなか，海外市場への展開は，一層進むものと考えられる。また，労働市場も同じで，ものづくり中小企業にとっては，単なる市場の問題だけでなく，技能伝承を行う動機での海外拠点展開も増えるだろう。こうしたことを背景に，従来の空洞化議論を乗り越え，海外との関係をより積極的に捉えて，支援の深化を目指す自治体も出てきている。タイ日・お互いプロジェクトでは，山梨県がタイ工業省と2013年10月に双方の中小企業の連携促進に向けた協力覚書を締結した。その後，11月には鳥取県が，翌2014年には島根県，愛知県，川崎市，福井県が相次いで覚書を締結した。

　ASEANにおいては2015年の経済統合を，日本では環太平洋戦略的経済連携協定（Trans-Pacific Partnership: TPP）を見据えて，地域内のどの産業集積を維持・発展させるのかを明確にしたうえで，具体的な展開地域をターゲットにしたモデル的な取組みが求められる。こうした経験とネットワーク構築を通じて，それらの取組みを他の地域や業種などに横展開するというクラスター連携が一つの方向性になるだろう。自治体としては，地域の産業集積の課題把握と適切な海外クラスターパートナーの選定を行い，セミナー開催，ミッション派遣，ビジネスマッチングや現地の環境改善や人材育成，ビジネス交流などを目的とした覚書の締結など，実施する支援策は多岐にわたる。

　こうした一連の支援の中で，今後，インフラ輸出は環境，省エネルギー，新エネルギーをはじめ，医療，介護といった分野においても進むだろう。しかし，国内での実証実績のない製品・技術の海外展開はハードルが高い。ただ単に現有する関連技術の海外セールスだけではなく，国内において，大手メーカーやプラント施設等での採用促進に向けたオープンイノベーション型のビジネスマッチングや前述のとおり調達制度などを活用した自治体内の公的施設・サービスでの実証機会の提供，公設試での認証など，関連して進めておく自治体の

支援策も多い。また，実際に現地で採用されるには，現地での実証が必要となることもあるため，現地政府・自治体などのバックアップも欠かせない。覚書締結にあたっては，こうした事項も視野におき，戦略性をもって現地自治体や機関，企業との関係を構築していくことも必要である。

加えて，JICAでは，国内中小企業の海外展開と現地支援国の課題解決スキームを連動させる取り組みが始まっている。こうした事業化可能性調査(Feasibility Study: F/S)や実証事業の活用も有効な手段である。しかしながら，人的・財政的制約から，単独の自治体が複数の国・地域にこうした取組みを展開することは難しい。大阪府では，海外9カ国に拠点を置くビジネスサポートデスクについて関西広域連合内の企業の利用を認めている。また，タイ日・お互いプロジェクトによる調査や受け皿組織の検討は，これらの課題やニーズに応えるもので，検討プロセスに自治体が関わる意義は大きい。

このように，海外支援に関して各自治体や公民の支援機関のプラットフォーム同士が連携して，地域のものづくり中小企業の支援にあたることが，有効な施策展開には欠かせないことになるだろう。今後，さらにさまざまな事項での連携をめざし，タイ日・お互いプロジェクトの地域キーパーソン会議には，こうした連携促進の役割を担うことが期待される。

大阪のものづくり中小企業の進出先をみれば，ASEAN，とりわけベトナム，タイに関心を寄せる企業が多く，インドネシア，フィリピンが続く。企業規模も，従業員30人前後の企業の進出が多くなってきている。これは大阪に限らず，同様の傾向であると思われる。業種や進出形態もさまざまで，クラスター連携型の支援だけではフォローできない領域である。これらの国々ではすでに進出している日系企業も多く，ミッションへの参加や相談といった一般的な情報収集の段階にとどまらず，各社の展開課題について企業自らが現地の企業やキーパーソンを尋ねてF/S調査を行う場合も多くなっている。今後は，企業自らの海外展開を個別に支援する手法も増えていくのではないか。

最後に支援体制である。企業へのアプローチは，国内ビジネス支援機能との連携が欠かせない。日常的な企業への経営支援を実施する部署では，生産能力や企業の海外志向，今後の経営戦略等について把握している。こうした部署が持つ企業プラットフォームとシームレスに連携して実施することが重要である。

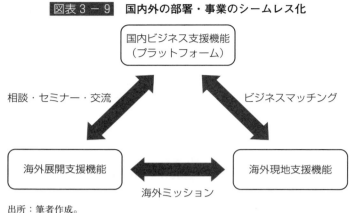

図表3-9 国内外の部署・事業のシームレス化

出所：筆者作成。

　自治体には，地域のものづくり中小企業に対し，情報提供や交流の場づくりなどを通じた日常的な関係性をもとにプラットフォームを築き，そこに国内外の各施策・事業を走らせ国内外の支援を有機的に連携させる仕組みづくりを構築することが求められる。

✤注

1　HIDAは，開発途上国の産業人材を対象とした研修および専門家派遣等の技術協力を推進する人材育成機関である。2012年3月30日に，研修生の受入れ事業を中心とする海外技術者研修協会（Association for Overseas Technical Scholarship: AOTS）と，専門家派遣事業を中心とする海外貿易開発協会（Japan Overseas Development Corporation: JODC）の2つの組織が合併して，一般財団法人としてHIDAが設立された。
2　日本貿易振興機構（JETRO）ホームページ「ベトナム裾野産業の優良企業情報」（北・中部ベトナム編及び南部ベトナム編）。
3　日経BP社がJICAから受託した調査事業。詳細は日経BP社ホームページを参照。
4　集団FDIの拠点支援として有名なのがタイのオオタ・テクノパークの取組みである。工業団地の一角に日系中小企業区画を設置し，サポート人材を配置するなどして集団での工場進出を支援する。
5　自治体国際化協会（クレア）ホームページ「自治体海外拠点一覧」参照。
6　本研究プロジェクトが2013年9月に実施した，タイ現地調査時点の情報。

7 大阪府ホームページ「『道路照明灯まるごとLED化』に向けた取り組みについて」参照。
8 大阪府ホームページ「大阪府報道発表資料」参照。
9 筆者は，本プロジェクトにアドバイザーとして参画している。

❖参考文献

アジア低炭素化センター［2013］「アジア低炭素化センター活動報告」平成25年9月3日。http://www.city.kitakyushu.lg.jp/files/000150236.pdf

近畿経済産業局［2013a］「ベトナムに関西中小企業の集積地"Kansai Supporting Industry Complex"が誕生！」近畿経済産業局報道発表資料，平成25年9月19日。http://www.kansai.meti.go.jp/2kokuji/glocal_PT/vietnam/supportingindustrycomplexpress.pdf

近畿経済産業局［2013b］「中小企業の海外展開支援に向けた，関西アジア新興国の地域間における戦略的経済交流促進のための調査研究」平成25年2月，ダン計画研究所（調査委託機関）。

近畿地域中小企業海外展開支援会議［2014］『近畿地域の中小企業のための海外展開支援施策ガイド2014』近畿経済産業局編。

経済産業省［2002］「平成12年度工業統計表」。

経済産業省［2012］「平成22年度工業統計表（産業編）」。

経済産業省・総務省統計局［2011］「平成21年経済センサス—基礎調査」。

中小企業庁［2011］『中小企業白書2011年度版』。

中小企業庁［2014］『中小企業白書2014年度版』。

通商産業大臣官房調査統計部［1972］「工業統計表（産業編）」。
  http://www.meti.go.jp/statistics/tyo/kougyo/archives/index.html

《ウェブサイト》

日本貿易振興機構（JETRO）ホームページ「ベトナム裾野産業の優良企業情報」
  http://www.jetro.go.jp/world/asia/vn/company/（2014年11月4日現在）

日本BP社「『お互い』プロジェクト.com」ホームページ
  http://kenplatz.nikkeibp.co.jp/otagai/project/（2014年11月4日現在）

自治体国際化協会（クレア）ホームページ
  「平成25年度報道資料『自治体海外拠点一覧』（2014年2月3日発表）」
  http://www.clair.or.jp/j/houdou/25.html（2014年11月27日現在）

大阪府ホームページ
「『道路照明灯まるごとLED化』に向けた取り組みについて」
http://www.pref.osaka.lg.jp/dorokankyo/led/（2014年11月4日現在）
同ホームページ
「大阪府報道発表資料『知事の海外出張について』（2014年2月5日提供）」
http://www.pref.osaka.lg.jp/hodo/index.php?site=fumin&pageId=15432（2014年11月4日現在）

〔領家　誠〕

第4章 各産業集積地における中小企業の現状と海外展開の取組み

POINTS

◆ 各地域の産業集積の状況は，歴史的背景や産業構造により異なっている。中小企業の海外展開のニーズや支援策のあり方は，各地域の産業集積の特徴と密接に関係している。

◆ 各地域において，中小企業支援の担い手やイニシアティブの有無，およびその内容が海外展開の進捗・方向性に影響を与えている。

◆ 産業空洞化に対する懸念の度合い，海外展開支援のビジョン・方針の有無は地域によって異なっている。海外展開支援と併せて，空洞化対策として内外からの投資誘致や新たな販路開拓に取り組んでいる地方自治体もある。

1．各地の産業集積の状況と中小企業の海外展開

　日本国内には多数の産業集積地が存在し，独自の発展を遂げている。そうであれば，各産業集積地において，それぞれの状況に応じた海外展開策が講じられているのではないか。また，各産業集積地の状況，海外展開に係る取組みについて横断的に比較・分析することで，中小企業の海外展開を支援する際に重要となる着目点が見えてくるのではないか。こうした問題意識にもとづいて，2013年から2014年初にかけて日本国内の主要な産業集積地を訪問し，中小製造業の現状や海外展開の状況，各地域の支援機関の取り組みについて情報収集を行った。諸制約もあり，全国すべての産業集積地を訪問したわけではないが，諏訪・岡谷地域，中部地域（愛知県名古屋市中心），北九州地域，神戸市・尼

崎市を対象として，官民の支援機関や企業からヒアリング調査を実施した。

本章では，この調査結果をもとに，各産業集積地における産業集積の歴史的背景，中小製造業の現状と支援体制，さらに特徴的な海外展開の取組みと課題について整理・分析する。最後に，これらの分析から得られた示唆や海外展開支援に関する着目点を考察する。

2．諏訪・岡谷地域

2.1　産業集積の歴史的背景

6つの市町村（諏訪市，岡谷市，茅野市，下諏訪町，富士見町，原村）からなる長野県の諏訪・岡谷地域は，人口約20万人（2014年1月時点，長野県［2013］），製造業事業所数834社（2012年，諏訪地方統計事務連絡会議［2014］）を有する一大産業集積地であり，現在，精密機械工業が中核となっている。

本地域の産業集積は，1890年代の製糸業から始まった。欧州の生糸に対抗し，高品質低価格の生糸を追及する中で製糸用の機械製作の技術が発達し，工業化の礎となった。その後，化学繊維の台頭により生糸製品の需要は減少するが，第二次世界大戦中にその遊休工場や労働力を活用すべく軍需産業を中心とする大企業が本地域を工場疎開先として選んだため，下請け工場が増加するとともに機械製作に係る総合的な技術力が高度化し，「東洋のスイス」とも呼ばれる精密機械工業の集積地に発展した。

2.2　中小企業の現状と支援体制

諏訪・岡谷地域のうち，製造業が多く存在する諏訪市と岡谷市の業種構成をみると，小規模の機械金属工業[1]の比率が高い。製造業事業所に占める機械金属系事業所の割合は全国平均の40.1％に比べ，諏訪市は67.9％，岡谷市が75.2％である。製造業事業所に占める従業者4〜9人の事業所数の割合は，諏訪市で41.5％，岡谷市で43.6％であり（経済産業省・総務省統計局［2012］），他にも統計に表れない従業者3人以下の企業が多数存在する。

1985年のプラザ合意を機に大手メーカーの海外展開が始まり，本地域の3大企業であったセイコーエプソン株式会社，株式会社三協精機製作所（現 日本

電産サンキョー株式会社),オリンパス光学工業株式会社(現 オリンパス株式会社)が全国でも早い段階で事業所を海外移転したため,諏訪・岡谷両市の製造業事業所数,従業者数は大幅に減少した(**図表4-1**)。一方で,下請け企業は他地域に先んじて独立を迫られることになったため,各企業は技術や商品を磨かざるを得ず,オンリーワン企業が多数生まれることになった。

また,大企業の海外移転による仕事の減少やバブル崩壊およびリーマンショック後の内需縮小に対応するため,地域をあげた産業振興がなされている。諏訪・岡谷地域での中小企業支援体制は,岡谷市,諏訪市といった6つの市町村,各地域の商工会議所,大学等の研究機関に加え,大手企業のOBが在籍す

図表4-1 長野県・諏訪市・岡谷市における製造業事業所数,従業者数の推移

長野県	1996	2006	2009	2012	増減率 (1996-2012)
事業所数(全体)	16,667	12,727	12,326	11,658	-30.1%
事業所数(中小企業)	16,565	12,628	12,230	11,566	-30.2%
従業員数(全体)	291,923	233,308	218,683	213,501	-26.9%
従業員数(中小企業)	228,187	182,551	171,420	169,515	-25.7%

諏訪市	1996	2012	増減率 (1996-2012)
事業所数(全体)	307	222	-27.7%
事業所数(中小企業)	124	119	-4.0%
従業員数(全体)	7,859	5,178	-34.1%

岡谷市	1996	2012	増減率 (1996-2012)
事業所数(全体)	514	290	-43.6%
事業所数(中小企業)	223	150	-32.7%
従業員数(全体)	11,740	7,690	-34.5%

注1:中小企業は,長野県は従業員1名以上299名以下の企業,諏訪市及び岡谷市は従業員10名以上299名以下の企業。
 2:2012年は経済産業省・総務省統計局[2012]にもとづく2012年2月時点の数値(以降の節の図表も同様)。
出所:経済産業省・総務省統計局[2009, 2012],総務省統計局[1996, 2006],通商産業省[1996]。

図表4－2 諏訪圏ものづくり推進機構（スワモ）のネットワーク

出所：スワモホームページ。

るNPO（Nonprofit Organization：特定非営利活動法人）諏訪圏ものづくり推進機構と，公益財団法人長野県テクノ財団[2]の諏訪テクノレイクサイド地域センターが市町村横断的なネットワーク形成に寄与している。

　たとえば，岡谷市は，専任の副市長を民間から迎え，担当者20名（全職員数は340名，2013年5月時点）の体制で産業振興政策を推進している。主な施策として，①東京，中京，関西における自動車分野，医療分野を中心とした販路開拓（中小企業振興センターや首都圏産業振興活動拠点[3]を活用），②企業誘致（特に研究開発，試作品），③市内企業共同出展支援，④経営相談アドバイザーによる支援，④同市産業の全国発信（岡谷市産業大使を通じたPR）等を実施している。また，同市と岡谷商工会議所は，2014年3月に「岡谷市工業活性化計画」を策定し，4つの基本戦略（産業基盤整備，経営基盤強化，新技術・新製品開発支援，人材育成・確保）と海外展開支援を含む20の重点施策を通じて

未来工業都市像「次世代を創造するものづくりのまち」の実現を目指している。

長野県テクノ財団の諏訪テクノレイクサイド地域センター（以下，長野県テクノ財団）は，地域の先端技術創出，研究開発推進を担う機関として，産官学のコーディネートをしている。たとえば，知的・産業クラスターの形成を目的として，信州大学とともにカーボンナノチューブや有機EL（エレクトロ・ルミネッサンス）の研究等を行っている。諏訪ものづくり推進機構（以下，スワモ）[4]は中小企業の連携・ネットワーク，人材育成などをボトムアップ型で支援するNPO法人で，地域のシーズとニーズを繋げたり，「諏訪圏工業メッセ」の開催を通じて地域内外の企業マッチング支援等に取り組んでいる。また，諏訪市や岡谷市は，海外展開支援に加え，医療，ナノ加工，環境といった新分野への進出やモジュール化（ユニット化）[5]，国内での販路開拓等，国内で活路を見出す産業振興政策も実施しており，これらは空洞化対策の一環にもなっている。

2.3　特徴的な海外展開の取組みと課題

諏訪・岡谷地域では早い段階から大企業の海外展開が始まったため，スワモによると，既に海外に行くべき企業は出ており，海外拠点を持つ中小企業は100社を超えている。また，90年代から大企業離れが進んだこともあり，独自の技術を活かした海外進出または海外での販路開拓を検討する企業が比較的多く存在している。本地域は精密工業の集積地という伝統を活かし，世界最先端の高度な技術・製品の供給基地となって，世界の「SUWAブランド」の実現をめざしており，海外展開支援においては，こうした強みを意識した活動が中心となっている。支援体制としては，上述した機関（6つの市町村，各地域の商工会議所，大学等の研究機関，NPO）が，中小企業振興の一環として海外展開支援を行っている。また，日本貿易振興機構（Japan External Trade Organization: JETRO）で国内唯一の支所であるJETRO諏訪支所等も他機関との強いネットワークの中で支援を行っている。

本地域で特徴的な海外展開支援の1つは，地元企業と岡谷市，長野県テクノ財団等が中心になって2010年11月に設立した，デスクトップファクトリー（Desktop Factory: DTF）研究会である。DTFとは，机に乗るくらい小さな機械・工場で小型部品を合理的に生産するもので，本地域が得意とする精密機械

の技術を活かせる分野として，欧州をはじめとする世界展開を視野に研究・事業化が進められている。さらに，2004年に長野県テクノ財団の提案で，本地域の中小企業が中心となり，株式会社世界最速試作センターを立ち上げ，諏訪・岡谷地域の独自技術を活かして，試作品を世界最速で作成し提供するという取り組みが進んでいる。

　また，2002年から開催している諏訪圏工業メッセは，毎年300社を超える中小企業が出展する展示会で，中小企業が集まるメッセとしては日本一の規模である。本展示会には，フィリピンやインドネシア等から大臣級を含む数十名のミッションが訪れ，経済交流のきっかけづくりにもなっている。スワモは2005年より，諏訪圏工業メッセの運営主管を務めており，本展示会に併せ，地元企業毎に「わが社のひとわざシート」を日・英語で作成し，各企業の技術内容の発信に貢献している。2014年8月からは，諏訪市がスワモに委託する形で，海外への販路開拓，事業提携先の発掘等に取り組む企業の支援を行う「海外販路開拓等外国語翻訳支援事業」が始まっている。

　本地域の中小企業の海外展開先は，高度技術では欧州が中心である。加えて，最近はタイ，インドネシアに進出する中小企業が増えている。ベトナムやミャンマーにも視察ミッションを積極的に派遣しているが，インフラ整備や法整備等に未だ懸念をもつ企業が多い。東南アジア諸国連合（Association of Southeast Asian Nations: ASEAN）で操業する際の課題として，進出先における人材の技術・能力不足，および日本側において海外で仕事する意欲をもつグローバル人材の不足等を指摘する意見が多かった。

3．中部地域——愛知県を例に

3.1　産業集積の歴史的背景

　愛知県の産業集積の始まりは安土桃山時代に遡る。織田信長が全国から職人を集めて技を競わせ，「天下一」と呼ばれる称号を与えたことから，職人および技術の集積が始まった。

　その後，豊臣秀吉，徳川家康もこの制度を継続させ，本県におけるものづくり技術の礎となった。トヨタグループの創業者である豊田佐吉は1925年に自動

織機を発明し，翌年に株式会社豊田自動織機製作所を設立した。1937年にこの自動車製造部門が独立してトヨタ自動車工業株式会社として操業を開始し，以降，関連するサプライヤーがトヨタ自動車工業から分離する形で設立された。さらに，トヨタ自動車工業は「ジャストインタイム」方式の実現のため，愛知県内に工場を集中立地させ，企業城下町型の産業集積が形成された。現在，県内にはトヨタ自動車株式会社をはじめ，三菱自動車株式会社，三菱重工株式会社，スズキ株式会社，デンソー株式会社，アイシン精機株式会社等，日本の製造業における大手企業が多数立地している。

3.2　中小企業の現状と支援体制

　愛知県の産業構造は，産業構造の特徴を全国＝1とする特化係数[6]でみると，製造業の割合が全国の1.56倍と大きい。さらに製造業の内訳は，輸送用機械が全国の3.46倍と突出している。また，製造品出荷額は昭和52年以来，36年連続で全国第1位（全国の13.0％）を維持し続けている（愛知県［2014］）。しかしながら，愛知県および名古屋市の製造業事業所数と従業員数は，大企業，中小企業ともに1996年から2012年の間に大きく減少しており，特に中小企業の減少率が高い（**図表4－3**）。事業所数および従業員数の大幅な減少は，内需の縮小やコスト削減を理由としたトヨタ自動車等の大企業工場の海外移転によるものと考えられるが，東日本大震災後の北九州市や東北への工場移転も踏まえると，この傾向は今後も続くと予想される。大企業の海外進出にあわせて既に進出を済ませた一次・二次下請け（Tier 1，2）企業とは異なり，三次・四次下請け（Tier 3，4）にとっては，海外展開を含め経営方針をどのように転換するかが喫緊の課題となっている。

　こうした中小企業の経営および海外展開を支援するため，公的機関としては中部経済産業局，中小企業基盤整備機構（以下，中小機構），JETRO名古屋事務所（以下，JETRO名古屋），そして愛知県とその関連団体であるあいち産業振興機構が政策・制度，民間では中部経済連合会が，調査や情報提供面でサービスを行っている。

　並行して，地域に存在する高度なものづくり基盤技術の集積をベースにして，自動車産業に依存した産業構造の転換を図り，航空機関連，次世代自動車，新

図表4－3　愛知県・名古屋市における製造業事業所数，従業者数の推移

愛知県	1996	2006	2009	2012	増減率 (1996－2012)
事業所数（全体）	63,067	45,258	43,440	39,379	－37.6%
事業所数（中小企業）	62,697	44,885	43,042	38,968	－37.8%
従業員数（全体）	1,080,844	942,099	939,738	901,724	－16.6%
従業員数（中小企業）	706,128	581,573	557,104	527,297	－25.3%

名古屋市	1996	2006	2009	2012	増減率 (1996－2012)
事業所数（全体）	19,133	13,247	12,851	11,299	－40.9%
事業所数（中小企業）	19,076	13,208	12,797	11,243	－41.1%
従業員数（全体）	237,349	164,657	168,034	147,159	－38.0%
従業員数（中小企業）	189,337	136,087	132,759	115,259	－39.1%

注：中小企業は従業員1名以上299名以下の企業。
出所：経済産業省・総務省統計局［2009, 2012］，総務省統計局［1996, 2006］。

ヘルスケア等，新規分野の産業創出に取り組む動きもある。これは，「中部地域八ヶ岳構造創出戦略」（中部経済産業局，2013年6月ヒアリング）として打ち出されたり，より最近は「ものづくりマザー機能」（東海産業競争力協議会［2014］）を強化する取り組みとして推進されている。

中部経済連合会は，会員企業へのアンケート調査結果等を受け，2011年にまとめた報告書「中部地域の新産業構造ビジョン」の中で，今後の産業構造のあり方として，「納入先複数化」，「水平ネットワーク型」，「B to BからB to Cへの転換」の3つの柱を提案している。「水平ネットワーク型」とは，商品の販売先を複数の会社及び業界に広げること，さらには中小企業同士で共同受注するような形を指す。また，「B to BからB to Cへの転換」とは，企業間取引（B to B）で培った既存の技術を活かし，一般消費者向け（B to C）に商品を開発・販売していくことである。これらの活動も，諏訪・岡谷地域での取組みと同様に，空洞化対策の一環になっている。

3.3 特徴的な海外展開の取組みと課題

中部地域では，2005年に開催された「愛・地球博」をきっかけに，大名古屋経済圏[7]内の県，市，産業界，大学，研究機関が一体となって，国際的産業交流を促進するグレーター・ナゴヤ・イニシアティブ（Greater Nagoya Initiative: GNI）に取り組んできた。当初は，名古屋圏をブランドとして売り込み，海外企業を誘致する活動が中心だったが，国をあげた海外展開推進の動きを受けて，現在は双方向の交流が行われている。2010年以降，全国9つの経済産業局地域が中心となり中小企業海外展開支援会議が設置されたが，中部地域では「中部国際拠点支援会議」（正式名称は，「中部海外展開支援・国内投資促進会議」）と呼び，GNIを含む形で投資誘致と海外展開の2つを柱に活動している点が特徴的である。

このように中部地域は他地域に先んじて海外に目を向けてきたが，中小企業の海外展開に関しては，特定の支援機関がハブとなってイニシアティブをとるというより，各機関が個別に支援を行っている傾向が強い。本地域では自動車産業を中心とした産業構造のため，中小企業の多くがトヨタ自動車をはじめとする大企業のピラミッド型産業体系に組み込まれており，海外展開の方向性は大企業の経営方針に大きく左右されることが背景にあると考えられる。しかし，上述したとおり，大企業およびTier1，2企業の海外進出が一巡し，さらに他地域への工場移転が進められている今，Tier3，4企業は独自に海外進出を検討する必要性に迫られている。たとえば，あいち産業振興機構は2011年度から2013年度まで，海外展開の支援機関等が一堂に会しワンストップで企業に情報提供する「ナビゲーション相談会」を年1回開催していた。この背景には海外展開の方針が定まらないまま相談にくる中小企業が多かったことがあり，一度に1カ所で何でも聞ける機会を設けるために考案された[8]。

本地域で特徴的な支援方法として，中小機構およびあいち産業振興機構が提供している「ハンズオン制度」が挙げられる。具体的には，中小機構が2012年度に始めた海外展開のための事業化可能性調査（Feasibility Study: F/S），あいち産業振興機構が2012年度に始めた海外ビジネスハンズオン支援である。1名または複数名のアドバイザーが1つの企業の担当となり最初の相談から海外展開までを一貫して支援するものだが，海外進出ありきではなく，まず経営相談

という形で各分野の専門家が経理等を含めたあらゆる角度から企業の経営方針を診断し，そのうえで輸出から海外生産の中で適切な海外展開の形態を勧めて支援する体制をとっている点は特筆に値する。2014年2月には，愛知県産業立地通商課とあいち産業振興機構の国際ビジネスグループが連携して，県内企業・事業者にワンストップで海外展開支援を行う「あいち国際ビジネス支援センター」が発足した。JETRO名古屋も同じフロア（真向かい）に移転し，さらなる連携強化が図られている。

愛知県は2008年にベトナム計画投資省と覚書を締結し，「愛知県サポートデスク」をハノイに設け，県の進出企業へ意見交換の場を提供，企業間のネットワークづくり，進出企業の要望に係るベトナム政府との協議，政府から収集した情報の企業への提供等を実施している。また，県内企業の海外活動支援や海外からの直接投資の促進，外国人観光客の誘致に取り組むため，上海とバンコクに駐在員が常駐する産業情報センターを設置している。

本地域では，民間による海外展開支援の動きも活発である。中部経済連合会[9]は，インターネットを活用した各企業の技術・商品に係る情報発信を進めている。具体的には，東北経済連合会が立ち上げたe-expoという企業紹介サイトに参加し，将来的にはオールジャパンで運営していく予定である。また，名古屋市にある1つの中小企業が主導し，合同でタイに進出する取り組み[10]や，公的支援を使わず，地銀や商社によるサポートで進出して成功している例もある。進出先として注目されているのはタイ，インドネシアであり，ベトナムやミャンマーはインフラ整備や政府の体制に懸念を持っている企業が多い。また，海外展開における課題として，よい工業団地がないという問題が挙げられた。

4．九州地域——北九州市を中心に

九州地域の主要産業は，北部が鉄等の素材，自動車，半導体，機械，環境，南部が食品，農林水産品，焼酎等となっており，それぞれの海外展開には異なる特徴がみられる。北部では，福岡県，特に北九州市が積極的に海外展開支援に取り組んでいる。南部では，宮崎県が県をあげて農産品の海外販路拡大に努力している他，鹿児島県は民間企業が地元銀行や商社と協力して中国，欧州等

への輸出を進めている。九州地域は，アジアに近いという利点があるにも関わらず，実際には海外展開する企業が少なかったため，支援機関は早い段階から国際化に向けて取り組んできた。九州経済産業局が九州経済連合会および九州経済国際化推進機構の協力を得て実施した「九州企業の海外展開にかかる実態調査」（九州経済産業局［2013］）によると，回答した企業のうち海外展開中が64.2％，検討中が13.9％となっており，九州企業の海外展開に対する関心の高さが伺える[11]。

　九州地域全体の中小企業支援および海外展開支援を行っているのが，公的機関の九州経済産業局，経済団体の九州経済連合会[12]，そしてこれらを繋ぐハブの役割を果たす九州経済国際化推進機構である。また，九州地域で先んじて始まっていた九州経済国際化推進機構の活動に関連づける形で，2011年6月に中小企業海外展開支援会議が設置されている。内需縮小のためアジアの成長活力の取り込みが急務になる中，九州経済連合会は2011年に国際部，2012年に国際ビジネス推進室を新設し，各国（香港，ベトナム，インドネシア等）の経済団体と覚書を締結してプラットフォームを構築し，それを活用した現地パートナー企業・海外工業団地の紹介，トップセールスや国の助成制度の活用による海外インフラ整備事業等への企業展開支援[13]を行っている。加えて，国の事業に応募するプロポーザル作成支援といった，個別企業に対するきめ細やかな支援も実施している。当会では，要望があれば，非会員である中小企業に対する支援も行っている。九州経済国際化推進機構は，九州における国際化戦略の企画から事業実施までを担う組織で，九州の経済団体，地方公共団体，民間企業等が一体となり，九州と外国との経済交流を通じて九州の活性化を図ることを目的として2001年に設立された。主な業務は情報発信，産業交流，外国投資の誘致等であり，特にアジア各国と経済交流会議[14]を積極的に行っている。

　このような九州地域全体の中小企業を支援する取組みに加え，各地方自治体が独自で行う中小企業支援や海外展開支援もある。以下では，特に行政が積極的にイニシアティブをとって活動し，九州地域のモデルになっている北九州市に焦点を絞って，その取組みを紹介する。

4.1 産業集積の歴史的背景

　福岡県北九州市は，人口約98万人（2014年3月時点，北九州市［2014］），製造業事業所数2,182社（2012年2月時点，経済産業省・総務省統計局［2012］）を有する日本の4大工業地帯の1つであり，重化学工業が中核となっている。

　本地域は，大陸・筑豊炭田が近いという地理的条件から，明治維新以降に日本政府が進めた「富国強兵，殖産興業」のスローガンのもと，特別輸出港である門司港，九州鉄道，筑豊興業鉄道といった2大インフラが整備され，九州の陸・海の門戸としての役割を担っていた。並行して1901年に官営八幡製鐵所が操業したため，日清戦争，第二次世界大戦を経て重化学工業地帯として急速に発展を遂げた。

　一方で，工業生産の増大に伴う大気汚染や水質汚濁など，深刻な公害問題が発生していた。その後，石炭から石油へのエネルギー転換政策や産業構造の転換により，北九州工業地帯が全国の工業生産に占める割合は次第に低下したが，北九州市は，これまで培ってきたものづくりの経験や技術を生かしながら，産業の高度化や都市基盤整備，環境対策等のさまざまな取組みを行ってきた。

　その結果，同地域には，現在，半導体やロボット，自動車，環境，情報などの新しい産業が根付いてきている（北九州市［2011］）。具体的には，官営八幡製鐵所以降，大正から昭和にかけて，鉄鋼では住友金属工業株式会社小倉製鐵所や日立金属株式会社，窯業では黒崎播磨株式会社やTOTO株式会社，化学では三菱化学株式会社や旭硝子株式会社，石炭関連の機械分野から株式会社安川電機等が発展してきた。より近年には，日産自動車株式会社，トヨタ自動車，ダイハツ工業株式会社といった，自動車組立工場の立地が相次いでいる（北九州市［2012b］）。

4.2 中小企業の現状と支援体制

　北九州市は旧新日本製鐵株式會社[15]（現 新日鉄住金株式会社）の企業城下町で，1970年代は同社だけでも北九州で5万人近い雇用を生み出していた。しかし，1980年代から始まった"鉄冷え"と呼ばれる鉄需要の減退により，現在の雇用は3,800人程度と1割以下に減少している（新日鐵住金［2014］66頁）。こうした状況に対応するため，北九州市が中心となり，技術・経験で蓄積のある

環境分野へ進出するとともに，主要な自動車メーカーを誘致した。自動車メーカー側も，大陸に近い，賃金が安い，工業系の人材が豊富（工業系の高校・大学が多い），インフラ・水が整備されていることなどを理由に工場立地を決めた。この結果，現在，環境分野，自動車分野は北九州市を代表する産業になっている（製造品出荷額における輸送用機械器具製造業の割合：2002年：1.52%，2012年：2.35%）。北九州市における製造業全体では，事業所数，従業者数は減少しているものの（図表4－4），製造品出荷額（2002年：15,605億円，2012年：20,031億円），輸送用機械器具製造業の従業員数（2002年：824名，2012年：1,608名）は増加している（北九州市［2012a］）。

北九州市では，全従業員の64.5%が中小企業で働いており（経済産業省・総務省統計局［2012］），中小企業の存在は大きい。旧新日本製鐵の金属加工下請けであった中小企業が多いことも特徴的である。しかし，鉄鋼需要の低迷により，早い段階から旧新日本製鐵との繋がりは弱まっており，独自の加工技術により複数の親会社を持つ企業や，親会社に必要不可欠な加工技術を持つ企業等が生き残っている。自動車工場の誘致に伴って関連の仕事が増えてきているが，自

図表4－4　福岡県・北九州市における製造業事業所数，従業者数の推移

福岡県	1996	2006	2009	2012	増減率（1996－2012）
事業所数（全体）	16,787	12,260	13,109	12,430	－26.0%
事業所数（中小企業）	16,689	12,177	12,998	12,311	－26.2%
従業員数（全体）	336,088	252,755	261,086	254,449	－24.3%
従業員数（中小企業）	253,264	193,108	192,921	188,477	－25.6%

北九州市	1996	2006	2009	2012	増減率（1996－2012）
事業所数（全体）	2,818	2,062	2,310	2,182	－22.6%
事業所数（中小企業）	2,782	2,038	2,277	2,149	－22.8%
従業員数（全体）	84,814	59,354	64,726	59,040	－30.4%
従業員数（中小企業）	51,171	38,785	40,076	38,637	－24.5%

注：中小企業は従業員1名以上299名以下の企業。
出所：経済産業省・総務省統計局［2009，2012］，総務省統計局［1996，2006］。

動車分野は求められる技術レベルが高いため，地場の中小企業の参入は容易ではなく，その多くを中部出身の企業が請け負っているのが実情である。

このような中，北九州市の各機関は積極的に中小企業支援を行っている。海外展開支援策については，市の産業経済局地域産業振興部の国際ビジネス政策課（以下，北九州市国際ビジネス政策課）が中小企業の海外進出および輸出促進，環境局と上下水道局が水・環境ビジネス支援を行っている。実施機関としては，環境局のアジア低炭素化センター，および市の関連団体である北九州国際技術協力協会（Kitakyushu International Techno-cooperative Association: KITA）が地元に蓄積された技術・経験を活かして，国際ビジネス支援や環境ビジネス支援，及び国際協力を行っている。加えて，国際協力機構（Japan International Cooperation Agency: JICA）の九州国際センターが，途上国での開発事業や研修等を通じて，中小企業の海外展開を支援している。

海外展開以外の中小企業支援策については，市の産業経済局地域振興の中小企業振興課が担当し，中小企業融資，個別企業相談（中小企業支援ビジネスセンター），研究開発の支援（北九州産業学術推進機構），オンリーワン企業創出事業等を通じた市内中小企業の国内事業拡大を支援している。また，主要自動車メーカーの立地をうけて，北部九州の中小企業の技術力や調達率向上のために，市が中心となって，「北九州地域自動車部品ネットワーク（略称：パーツネット北九州）」を2005年に立ち上げた。参加企業は90社（2014年7月現在）で，会長は株式会社デンソー九州の代表取締役社長，事務局・企画は北九州市産業経済局企業立地支援課が務めている。年数回の総会・定例会に加え，商談会や部品展示会等を実施するなど，地場企業同士の繋がりの強化にも貢献している。

4.3　特徴的な海外展開の取組みと課題

北九州市の中小企業の海外展開状況をみると，親会社が鉄鋼業であることもあり，自動車や電気機器分野のように親会社の海外展開に追随する例は少ない。それでも市場拡大を目的として海外展開する企業，海外展開に関心のある企業は相当数存在している。KITAが2013年11〜12月に実施した市内企業へのアンケート調査（回答件数144社）によると，海外事業の実績がある企業が35％，関心がある企業が42％であった。進出先としては，ASEAN諸国への関心が高い

（北九州国際技術協力協会［2014］）。

　中小企業の海外展開支援体制として，2つの重要な特徴がある。

　第一は，国際ビジネス支援のワンストップ拠点「北九州貿易・投資ワンストップサービスセンター（Kitakyushu Trade and Investment One-stop service Center: KTI）」の存在である（**図表4－5**）。KTIセンターは，北九州市国際ビジネス政策課，JETRO北九州貿易情報センター（以下，JETRO北九州），北九州貿易協会[16]が連携し，ワンストップで国際ビジネス支援をする拠点である。3機関は2004年からフラットなオフィスで業務を行っており，それぞれの機関が強みを生かして，①ビジネスチャンスの提供，②情報・アドバイスの提供，③企業PR機会の提供，④設備・スペースの提供，⑤優遇制度，⑥国際ビジネスに関する個別相談受付といった総合的かつシームレスな支援を行っている。

　具体的には，北九州市は，従来の見本市支援資金助成に加え，市場調査（10万円が上限），海外展開拠点助成（50～100万円）等の各種助成の他，市単独でハイフォン市（ベトナム：友好協力指定都市），大連市（中国），仁川市（韓国）と姉妹都市提携をするとともに，2004年に発足した東アジア経済交流推進機

図表4－5　北九州市における企業の海外展開支援体制

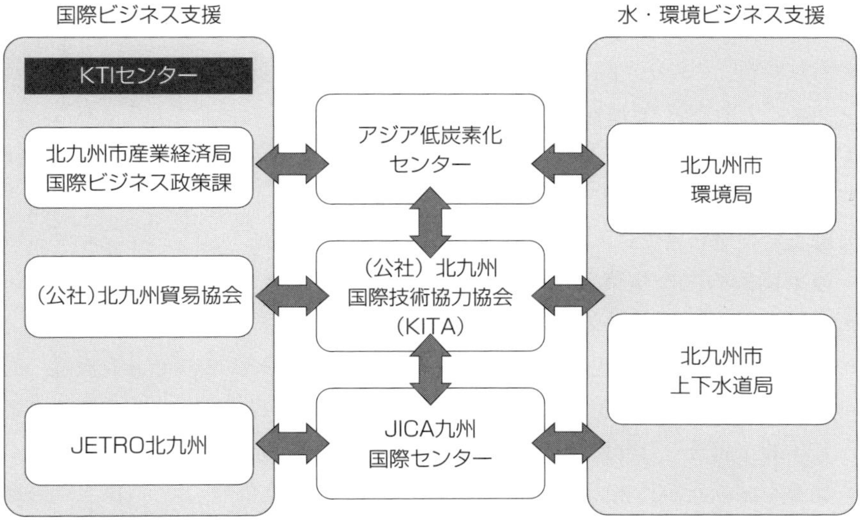

出所：北九州市資料に基づき筆者作成。

構[17]を通じて，下関市，福岡市それぞれの姉妹都市とも連携し，ビジネスのプラットフォームを拡張している。海外ネットワークについては，中国の上海と大連に北九州市経済事務所を設置し，中国ビジネスを支援している。北九州貿易協会は，ビギナー向け貿易実務講座，会員向けメルマガ，サービス等を担当している。2014年度はこれまでの貿易実務講座に加え，行政・経済団体の多様な海外展開支援制度を中小企業の目線で分かりやすく解説する講座や，ASEANの民族特性・商習慣・雇用・法務について現地経験をもつ学識経験者が解説する講座等を設けている。また，JETRO北九州は，地域間交流支援（Regional Industry Tie-up: RIT）事業[18]，輸出有望案件支援サービス，新興国進出個別支援サービスといったハンズオン支援等を通じて企業の海外展開を支援している。

　第二の特徴は，地元に蓄積された技術や経験を活かして国際ビジネスや環境ビジネスの支援，国際協力の実施に取り組んでいることである。具体的には，KITAは，JICA九州国際センターを誘致し，技術協力を通じて環境・産業技術を海外展開することで北九州を環境国際協力の拠点にするために1980年に設立された。北九州市と福岡県の支援のもと，（一社）北九州青年会議所，北九州商工会議所，西日本工業倶楽部が設立母体となっている。主な業務は，①国際研修（主にJICAを通じた研修員の受入れ），②技術協力（専門家派遣等，海外での協力事業）であり，KITAを支える人材の半数は新日鉄OB（製造，研究，エンジニアリング等の専門家），残る半数はTOTOといった他企業OBである。国際研修については，JICA等から受託した事業につき，カリキュラム作成や研修受入れ先の選定，研修協力機関等とのコーディネートを全て行い，2014年3月時点での研修員受け入れ累計は150カ国7,453名である。

　技術協力の主な事業としては，JETROのRIT事業として受託した北九州市・ベトナムビジネス交流事業（2011年〜2013年）がある。具体的には，ハノイ・ハイフォン地域の現地企業の要望調査をしたうえで，ミッション派遣，展示会，商談会，現地有望企業の招聘・商談会を行い，成果として，複数の企業が具体的な商談や合弁会社を立ち上げに至っている。加えて，RIT事業でマッチングを試みたが技術力が不十分だったベトナム企業に対して，JICA草の根技術協力事業を活用してKITAが技術指導を行い，候補となる現地企業の技術

また、アジア低炭素化センターは、北九州市で環境を1つの切り口として官民連携を進め、都市機能をパッケージとして輸出していくために、市の環境局環境国際戦略室、KITA、地球環境戦略研究機関（Institute for Global Environmental Strategies: IGES）が一体となって2010年6月に設立された。北九州市の公害克服の経験を国際協力を通じてアジアに伝えることを活動のベースとしつつ、現在は、環境と経済の融合を目指す環境ビジネスを重視している。

具体的には、環境対策に係るノウハウや環境技術の集積（エネルギーマネージメント、水ビジネス、リサイクル・廃棄物処理、クリーナー・プロダクションおよび汚染防止等）をもとに環境配慮型エコタウンのための社会システム（スマートコミュニティ）を構築し、これを当センターがパッケージとして海外に売り込むことで北九州市企業の技術輸出を支援している。企業の技術輸出支援にあたって、相手国・地域にアプローチすることに加え、社会基盤マスタープラン（Master Plan: M/P）[19]およびF/Sの作成、事業化まで包括的に支援している点は特徴的である。例としては、インドネシア（スラバヤ市）での国営工業団地等のスマート化、排水処理および廃棄物処理の高度化システムの導入事業がある。さらに北九州の環境都市の技術・ノウハウを「北九州モデル」として体系的にまとめ、海外都市への「パッケージ型インフラの輸出」に活用している。同センターは、2014年7月に、高齢化や地球温暖化などへの優れた取り組みが評価され、第2回プラチナ大賞において「大賞」および「経済産業大臣賞」を受賞した。なお、環境ビジネスの推進においては、公的機関だけでなく、民間の環境コンサルタント会社等もその一端を担っている。

JICA九州国際センターも、1989年の設立以来、北九州市の各機関と連携して現地企業の海外展開を支援している。代表的なプロジェクトとして、10数年にわたるカンボジアへの水道専門家派遣やベトナム（ハイフォン市）水道公社への廃棄物フィルター技術支援があり、後者はその後のビジネスに結びついている。また、同センターでは研修員が持っている生の情報を企業と共有するため、研修コースの一部を公開して企業と研修員との懇談、ネットワークづくりの場を提供する試みを始めている。今後は、関心ある企業を途上国に案内したり、途上国の関係者を九州に招聘し先進的な日本の技術やシステムを紹介する

機会を提供する等，地元企業と途上国とのネットワークづくりの支援も検討している。

　北九州市には，このような各機関の支援をうまく活用して，自らの技術力・製品を武器に海外展開を試みている企業がある。たとえば，JETROのRIT事業を活用して韓国のメーカーと共同技術開発に関する覚書締結に成功した企業，JETROの海外輸出有望案件支援サービスを活用してアジアや米国への輸出を検討している企業，JETROの現地ミッションをきっかけにビジネスパートナーと出会い合弁会社設立に成功した企業，北九州パーツネットや有力企業との会合を通じて海外情報を積極的に収集している企業，海外視察等を活用して中国に子会社を設立した企業等である。

5．神戸市・尼崎市における特徴的な海外展開支援

5.1　神戸市

　兵庫県神戸市では，1868年の神戸港開港以来，海外輸出のためのマッチ製造や繊維工業といった軽工業が発達したが，その後ゴム工業に代わっていった。また，明治末期から政府の政策の下，川崎造船所や三菱造船所等が操業を始め重化学工業の基礎を作った。その後，神戸市が1960年代から開発してきた産業団地[20]に新規産業である医療・バイオ，先端技術系を含めた企業が集積している他，灘の酒のような地場産業や食料品，皮，木材といった産業も残っている。2012年時点で，主要6業種である食料品，汎用機械，輸送機械，電気機械，化学工業，鉄鋼業が製造品出荷額の約7割を占めている（神戸市［2014］）。

　かつてより重化学工業が盛んであったため，市内には三菱重工業株式会社，三菱電機株式会社，川崎重工業株式会社，株式会社神戸製鋼所，富士通株式会社といった大企業の系列企業が多く，現在もこれらの親企業に守られている中小企業が少なくない。設計図を親会社からもらって製品を作る純粋な下請けではあるが，潜水艦，水上飛行機，ヘリコプター等の特殊な部品注文に応えられる高度な技術をもっている。しかし，国内市場の縮小，大企業の海外展開の加速，新興企業との競争激化等，事業環境の変化により中小製造業の事業所数，従業者数は共に減少しており（図表4－6），特にリーマンショック以降，中

小企業が自社の経営判断・リスクで海外展開する動きになっている。こうした状況を背景として，市の直営機関である神戸市アジア進出支援センター，JETRO神戸貿易情報センター（以下，JETRO神戸）が中心となり，中小企業の海外展開支援にあたっている。

また，兵庫県全体の中小企業の海外展開を支援する機関として，ひょうご海外ビジネスセンターがある。同センターは，当初はひょうご産業活性化センター内に設置されていたが，2014年5月に神戸市アジア進出支援センター，JETRO神戸と同じフロアに移転した。これにより「ひょうご・神戸国際ビジネススクエア」として，国・県・市の機関が企業の海外展開をワンストップで一体的に支援する体制ができた。

神戸市は，2010年から中小製造業の海外展開について検討を開始し，2011年に市内中小企業（製造業）約1,300社を対象とした海外進出に関するアンケートを実施した。その結果，有効回答231社のうち，55社が海外進出に興味を持っていることが明らかになった一方，「現地での技術者の確保や離職率の高さ」，「日本から派遣する社員の確保」，「現地調達先の確保」といった課題を持つ企

図表4－6　兵庫県・神戸市における製造業事業所数，従業者数の推移

兵庫県	1996	2006	2009	2012	増減率 (1996－2012)
事業所数（全体）	29,721	21,271	20,877	19,407	－34.7％
事業所数（中小企業）	29,513	21,104	20,707	19,210	－34.9％
従業員数（全体）	566,335	428,857	428,058	416,276	－26.5％
従業員数（中小企業）	385,383	313,190	307,198	294,461	－23.6％

神戸市	1996	2006	2009	2012	増減率 (1996－2012)
事業所数（全体）	6,606	4,554	4,623	4,199	－36.4％
事業所数（中小企業）	6,557	4,522	4,591	4,160	－36.6％
従業員数（全体）	127,491	85,219	91,554	89,857	－29.5％
従業員数（中小企業）	79,471	60,391	60,620	57,644	－27.5％

注：中小企業は従業員1名以上299名以下の企業。
出所：経済産業省・総務省統計局［2009，2012］，総務省統計局［1996, 2006］。

業が目立った。そこで，2011年4月に甲南大学経営学部の安積敏政教授を座長とするアジア進出研究会を立ち上げ，個別企業ヒアリング（44社），東南アジア（ベトナム，タイ，インドネシア，シンガポール等）調査ミッション等の結果を踏まえた提言を行った。提言の内容は，①（仮称）神戸市アジア進出支援センターの設置，②海外進出前のリスク軽減支援，③寄り添い型の中小企業のアジア進出支援であった。この提言をフォローして，2012年に中小製造企業の海外進出支援を実施する目的で，市の産業振興局経済部工業課の直属組織として設置されたのが神戸市アジア進出支援センターである。工業課が国内での展開支援，神戸市アジア進出支援センターが海外での展開支援を担当し，業界団体，アドバイザー，支援機関等のネットワークを活用して市内中小製造業の支援を行っている（**図表4－7**）。

神戸市アジア進出支援センターは，JETRO神戸と通用口で繋がっており，企業に対するシームレスな支援を可能にしている。特筆すべき点は，前述した提言のとおり「寄り添い型」支援[21]を方針とし，海外進出の検討段階から海外進出後まで継続的に職員とアドバイザー（海外ビジネス経験のある企業出身者や専門家）がチームで助言する体制をとっていることである。海外進出のリスク

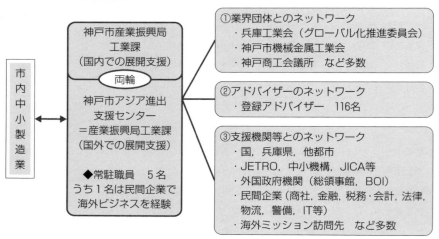

図表4－7　神戸市アジア進出支援センターの支援体制

出所：神戸市アジア進出支援センター［2014］11頁。

図表4－8　海外進出条件のチェック項目

1）海外進出目的の明確化
　・なぜ，今進出しなければならないのか。
　・国内への継続投資では勝ち残れないのか。
　・自社の体制は十分か（人材，資金繰り）
　・社内の合意は得られるのか。
　・進出しないという選択肢はあるのか。
　→進出するリスク，進出しないリスク

2）市場，顧客が確保されているか
3）差別化されたコア技術を有するか
4）現地との人的関係があるか
5）財政の健全性，財務諸表からの判断
6）企業経営者自らの意思とリスク覚悟
7）神戸市内への利益還元の検討

出所：神戸市アジア進出支援センター資料より。

を最小限に抑えるため，同センターの担当者は「海外進出のチェック項目」（**図表4－8**）を念頭において相談・助言を行っている。また，空洞化の問題に関し，神戸市は「神戸に軸足を置く企業，利益を神戸に戻してもらうことを前提に海外展開支援をしている」という明確な方針を持っている。

　同センターは事務所内に常設の「アジアのお役立ち情報コーナー」において，課題別に対応策をファイルにまとめ，企業がいつでも閲覧できるようにしている点も注目される。さらに，県・市内のさまざまなリソースを動員して，中小企業を対象に積極的にセミナー・勉強会を実施している。たとえば，2013年9月5～6日の国際フロンティア産業メッセ2013（於，神戸国際展示場）において，"アジア進出リスク軽減リレーセミナー"を開催し，同センターの登録アドバイザー約20名に海外での失敗談等を話してもらうなど，海外展開リスク軽減に役立つ情報を提供している。また，2014年5月より，兵庫県内の中堅・中小企業経営者と留学生が対話型でアジアでの事業展開（会社設立，運営，生活等）について共に学ぶ「神戸・アジア経営塾」を開講している。

　神戸市アジア進出支援センターの隣室に事務所を構えるJETRO神戸は，Eメール相談，海外ミニ調査サービス，毎月2回開催する国際ビジネス相談会等に加え，輸出有望案件支援サービス，新興国進出個別支援サービスの神戸企業担当として海外展開支援を行っている。輸出促進している企業は，食品関連（酒，玉ねぎ，いちじく等）やデザイン関連（畳等），製造業関連（金型，ボルト等）が多く，輸出先はアジア，欧米，香港等が中心である。また，新興国進出支援に関しては，支援対象企業は機械・自動車分野を含む製造業が最も多く，

進出先としてはベトナム，インドネシア，タイ等のASEAN諸国が大半を占めている。

　兵庫県全体の中小企業海外展開を支援する機関として，2011年にひょうご海外ビジネスセンターが設立された。同センターは，兵庫県内の企業に対し手続のワンストップサービスを提供すると共に，進出先でも現地デスク（サポートデスク7カ所[22]，事務所5カ所[23]）をおいている。また，海外展開に必要な調査資金を補助する調査補助金制度（1件当たり100万円）が企業の提案で今年度から開始された他，市場開拓支援として，展示会，商談会も実施している。

5.2　尼崎市

　兵庫県尼崎市は，戦前から鉄鋼を中心とする基礎資材型の重化学工業が中心であったが，戦後復興期において国策的に石炭・鉄鋼等の基礎産業部門を重視し，「鉄のまち」としての復活を果たした。しかし，多くの企業は中小規模で，高炉を持たなかったり，鋼材加工に特化したメーカーであったため，国際的な競争に晒される中，淘汰されるか大手メーカーの系列下に入る形となった。その後，臨海部では鉄鋼，化学等の基礎素材型産業，内陸部では一般機械，精密機械等の加工組立型産業の立地が進展し，多種多様な業種が集積した。しかし，長引く景気の低迷や経済のグローバル化などにより事業所の廃止や転出などが相次いでいる。今後，既存工業の高度化や産業構造の都市型化，新たな企業の立地促進，商業の活性化を進めることが尼崎産業の重要な課題となっている（尼崎市立地域研究資料館編［2007］）。一方で，尼崎市には零細企業よりも中堅企業が多く，それを核とした企業ネットワークが昔から存在しているため[24]，特殊技術を持つ中堅企業の経営状況は比較的活気があり拡大路線のところもあるとの見方もあった[25]。

　尼崎市の中小企業は，機械金属系が多いのが特徴である。以前は，下請け加工率が70～80％であったが，現在は50％程度になり，下請け体質を脱却しつつある。単工程のみを行う企業は少なくなり，受注から製品製造まで複数工程を一貫して行う企業が多くなっている。また，一大企業の企業城下町ではなく，色々な大企業に部品を供給している点が特徴的である。「尼崎製造業の海外展開に関する調査」（尼崎地域産業活性化機構［2013］）によると，尼崎市内の製造

図表4-9 尼崎市における製造業事業所数，従業者数の推移

尼崎市	1996	2012	増減率 (1996-2012)
事業所数（全体）	1,492	878	-41.2%
事業所数（中小企業）	674	470	-30.3%
従業員数（全体）	54,815	33,908	-38.1%

注：中小企業は従業員10名以上299名以下の企業。
出所：経済産業省・総務省統計局［2012］，経済産業省［2012］，通商産業省［1996］。

業事業所174社のうち，既に海外進出を実施しているのは12.1％，海外取引をしているのは64.4％，海外展開の必要性を感じているのは45.4％と，海外展開に関心を持っている企業が多いことが分かる。そのような中，尼崎企業の海外展開に関わっている主な機関として，市の産業経済局，市の関連団体である尼崎地域産業活性化機構，民間の金融機関である尼崎信用金庫，商工会議所，尼崎経営者協会，尼崎工業会がある。

尼崎地域産業活性化機構[26]は，尼崎市の地域および産業の活性化をめざし，都市問題の解決に向けた調査研究や産業の振興を目的として1981年に設立され，地元企業振興の一環として海外展開支援を行っている。当機構は，尼崎市内の企業が登録されたデータベースを通じて市内企業動向の把握に努める他，海外展開支援については，企業への支援情報提供及び調査を中心に行っている。たとえば，尼崎市，兵庫県，国，関係機関の海外展開支援を含む全ての支援制度等を目的や施策の種類別に整理し，「ものづくり企業のための支援制度等活用ガイド」（最新は2014年度版）として1冊にまとめている。また，尼崎市内にある製造業の海外展開の動向を把握するため，2013年1月に「尼崎製造業の海外展開に関する調査」，2014年3月に「尼崎中小製造企業の海外進出に関する実態調査」に関する報告書を発表し，海外展開支援策をつくる際の基礎情報として提供している。

尼崎信用金庫は，大阪府と兵庫県に93店舗を有し，預金量は信用金庫で全国6番目である。当金庫は，顧客側から海外展開の相談が増え，ニーズに応えるため，2011年に海外展開に係る知識・スキームを提供する部署として国際部を新設した。同部には，海外での社員研修を終えた社員や英語が話せる社員等が

在籍し，進出希望企業を支援している。具体的には，現地情報の提供，コンサルティング会社紹介の他，現地派遣中の研修員が進出後の企業を回って個別の問題解決のサポート等を行っている。さらに，当金庫の提案によりオール尼崎での支援・情報提供を行うため，尼崎国際ビジネス交流会が設置された。当初の参加メンバーは5団体（尼崎信用金庫，尼崎市，商工会議所，尼崎経営者協会，尼崎工業会），企業は8社であったが，2014年4月時点では24社にまで増えた。2012年1月から年4回程度集い，各交流会では，既進出企業との情報交換（特にノウハウ，失敗談）や各団体からお知らせ等の情報公開をし，会合後には交流会を行っている。同交流会から，既に5社（2014年6月時点）が海外進出している。

6．各地域の海外展開支援に係る着目点

各地域の中小製造業の現状や海外展開の取り組みをふまえ，最後に，これらの内容を横断的に分析して着目点を考察する。

6.1　各地域の産業集積の現状と中小企業の対応

歴史的背景や産業構造により，地域の産業集積の現状やそれを背景とした中小企業の対応は異なっている。

諏訪・岡谷地域は，3大企業であったセイコーエプソン，旧三協精機製作所，旧オリンパス光学工業が全国でも早い段階で海外展開したため，地域をあげて超精密加工技術を活かした世界の「SUWAブランド」を確立し，企業も独自の技術を高度化することでニッチトップを目指すなど，中小企業の自立化が進んでいる。

一方，中部地域は，日本の主要産業である自動車産業の企業城下町として，現在，親企業の調達先の現地化といった産業構造の変化に直面している。Tier1，2にあたる企業は海外に進出済みで，Tier3，4にあたる企業が今後の方向性を検討している状況である。

北九州地域は，産業の中核であった鉄鋼業の国内需要減少に伴い，市が中心となり環境分野，自動車分野といった新規産業を振興している。さらに，既に

系列を脱却した中小企業の海外展開が進んでいる。

　神戸市では，かつての製鋼業，造船業に加え，市主導で産業団地が設置され，バイオ，医療といった最新の産業分野への進出がなされている。中小企業は，これまで親企業に守られていたものの，市場拡大等を目指し海外展開を検討する企業が徐々に増えつつある。

　尼崎市は，鉄鋼，化学，一般機械分野等の産業集積が形成されていたが，景気低迷やグローバル化などにより事業廃止や転出などが相次ぐなか，中小企業は下請けを脱却し，単工程から複数工程へ移行する他，海外展開にも関心を向けつつある。一方で，特殊技術を持つ中堅企業の経営状況は比較的良好で，拡大路線の企業もあるとの見方もあった。

6.2　中小企業支援の担い手，イニシアティブ

　海外展開支援が活発な地域では，それを担うリーダー的組織が存在している。

　諏訪・岡谷地域では地方自治体が積極的に取り組んでいる他，大手企業のOBがNPOとしてイニシアティブをとっていた。一方，中部地域では各支援組織が独自に海外展開支援に取り組んでいるのに加え，Tier 3，4の企業が共同マーケティングに取り組むなど，企業の自立化が始まっている。北九州市では，市が強いイニシアティブをとり，市の担当課やその直営機関，関連団体，JETROやJICAといった公的機関，さらには民間団体・企業が強く連携していた。神戸市でも，市とその関連団体やJETROが協力して海外展開支援にあたっていた。尼崎市では，地場の金融機関が地方自治体や企業を巻き込んで海外展開を推進していた。

6.3　地域に根ざした海外展開支援

　諏訪・岡谷地域では，精密工業の集積地という伝統を活かし，先端技術で大学と企業をつなぐ産官学連携の動き，諏訪ブランドによる地域アピール，DTF研究会を通じた新しい付加価値の創造，諏訪圏工業メッセによる販路開拓・発信力強化，世界最速試作センターの設立等，多彩な取り組みがみられる。地方自治体，NPOが一体となって中小企業の海外展開を支援しており，特に10年以上続いている「諏訪圏工業メッセ」は，海外・地域内外の顧客への発信

及び域内企業の横の連携強化をめざし，毎年，地域をあげて取り組む中核イベントになっている。

中部地域の支援機関では，方向性が定まっていない相談企業が多いことを背景として，海外進出ありきではなく，包括的経営相談・支援の中の1つの方策として，多様な形態による海外展開を支援している。これは，海外展開支援のあり方を検討するにあたり，1つの視点となる。一方，公的支援はほとんど活用せず，自力で海外進出している企業，そして商社や地銀による支援を活用して成功している企業もある。

北九州市では，市と関連団体が，JETROやJICAといった国の機関や民間団体と連携して，国際ビジネスと環境を2つの柱として，積極的かつ包括的な海外展開支援を行っている。海外に関心ある企業側もそれをうまく活用して，主体性をもって取り組んでいる。

具体的には，製品の輸出や海外進出を目指す企業に対しては，市，JETRO，支援団体が1カ所に集まったワンストップサービス拠点として，KTIセンターが設置されている。ここでは，情報提供や姉妹都市提携によるプラットフォーム作りからミッション，商談会，専門家によるアドバイス，資金支援にいたるまで，総合的でシームレスな支援が提供される。環境ビジネス関連で海外展開したい企業に対しては，アジア低炭素化センターがM/PやF/Sの作成から事業化に至るまで包括的な支援を行っている。さらに，KITAがJETRO事業を通じてマッチングを試みたが技術力が足りなかった現地企業に対し，JICA事業を活用して技術指導を行い，技術力の底上げを支援している点も特徴的である。

神戸市では，工業課直属の神戸市アジア進出支援センターとJETRO神戸，そして兵庫県のひょうご海外ビジネスセンターが同じフロアにあり，企業へのシームレスな支援を行っている。特に神戸市アジア進出支援センターは「寄り添い型」支援という方針を持ち，海外進出検討段階から進出後に至るまで，期間の制限を設けず継続的に担当職員とアドバイザーがチームとなり企業に助言する体制をとっている。また，同センターは民間企業OBや留学生等さまざまなリソースを動員して，海外展開に関心をもつ中小企業に対し，進出リスク軽減や市内への利益還元という観点から勉強会やセミナーを行っている。

尼崎市では，尼崎信用金庫が顧客に対して現地に係る情報提供，コンサルタント会社の紹介に加え，現地派遣中の研修員が進出後の企業を巡回し，個別の問題解決を支援している。さらに，当金庫のイニシアティブで尼崎市，商工会議所，尼崎経営者協会，尼崎工業会と共に尼崎国際ビジネス交流会が設置され，参加企業・団体による進出時の失敗談の共有や各団体との情報共有，交流会を行っている。尼崎地域産業活性化機構は市内企業のデータベースを持つとともに，企業の海外展開に係る調査等を行って，海外展開支援策づくりに役立てている。

このように地域ごとに特徴的な海外展開支援が実施されているが，共通の課題も明らかになっている。具体的には，①進出後の人材確保，②日本から派遣する社員の確保，③工業団地の質，④進出前の企業の現地の労働法や就業規則，現地スタッフの行動・考え方に係る情報不足，⑤現地での販売先・代理店・調達先確保等，である。

6.4　空洞化懸念と対応

中小企業の海外進出による産業空洞化，地域経済や雇用への影響を懸念する支援機関は少なくない[27]。この点において，空洞化と海外進出について明確なビジョンや方針をもつ支援機関とそうでない機関があった。また，訪問した多くの地域の地方自治体が，空洞化対策の一環として内外からの投資誘致や新たな販路開拓等を行っている。

たとえば，神戸市は「神戸に軸足を置く企業，利益を神戸に戻してもらうことを前提に海外展開支援をしている」という明確な方針を持ち，独自の海外進出のガイドラインを作成している。空洞化対策としては，同市は，古くより産業団地をつくっており，現在では医療・バイオ，先端技術系を含めた新規産業の誘致・集積を積極的に行っている。

九州地域および北九州市も，「空洞化問題等の観点から，雇用，技術は国内に確保したうえで海外展開支援をする」，「マザー機能は日本に残しつつ支店を海外に置けば，日本および海外の人材，設備等をうまく活用でき好循環をうめる」という立場をとっていた。また，同市では，空洞化対策として，半導体やロボット，自動車，環境，情報などの新規産業の創出，特に自動車に関しては

積極的に工場誘致を行うとともに,パーツネット北九州という産学連携拠点で地場の中小企業の自動車部品に係る技術力および調達率向上を図っている。

尼崎市のように,「中小企業が海外に出たからといって国内雇用が減るような形は少なく,むしろ多くは拡大路線である」と,特に産業空洞化を懸念していない先もあった[28]。空洞化対策としては,既存工業の高度化や産業構造の都市型化,新たな企業の立地促進,商業の活性化といったさらなる対策が期待されている。

また,中部地域では,「雇用を守るために海外展開する」という見方がある一方,「海外展開支援を声高には唱えていないが,アジアの発展を取り込まないと日本の企業は発展できない」,「企業存続のために海外に行くことはやむを得ない」,よって「支援機関としては,企業から相談があれば必要なアドバイスをしていく」といった声もあった。空洞化対策としては,特定産業に一極依存する構造からの脱却・産業構造の多様化,新産業の創出,海外投資誘致等を通じて新たな雇用を創出する努力をしている。

その他,諏訪・岡谷地域は早くから大企業の海外展開が進んでいたため,県外からの投資誘致,国内(東京,中京,関西)での販路開拓や世界への発信力強化に取り組んでいる。

このように,各地域・機関により空洞化と海外進出に関するビジョン,方針や対策は異なっているが,これらの状況を整理することで,空洞化問題を検討する際の一つの材料になると考えられる。

✣注

1 金属,汎用機械,生産用機械,業務用機械,電子,電気,情報,輸送。
2 長野県テクノ財団は,2001年4月に財団法人長野県テクノハイランド開発機構(1986年10月設立)と財団法人浅間テクノポリス開発機構(1985年10月設立)の2つの財団を母体に,研究開発事業を核として産学官交流や人材育成等の支援事業を一貫して行う機関として設立され,2012年4月から公益財団法人に移行した。背景として,1985年のプラザ合意以降,大手企業が中小企業に対し自立を求める動きが強まり,大学のシーズと中小企業のニーズをつなぐ役割が求められたことがある。
3 東京の千代田プラットホームスクエアに事務所を開設し(2011年4月),首都圏

企業に対し積極的に販路開拓や誘致活動（工業用地の準備を含め）を実施している。
4 諏訪ものづくり推進機構は，6市町村を対象としたNPO法人として2005年に発足した。多様で高度な技術を有する中小企業が集積する諏訪地域のポテンシャルを活かしながら，さらに高い付加価値を持つビジネス・産業・ものづくり・技術・サービス等の実現をめざす，広域的・横断的拠点組織。会員数は172社（2013年現在）。
5 生産工程を細分化し，各企業または各部品が特定の作業に特化することで生産性を高めるという生産方式。
6 特化係数＝愛知県の総生産（製造業）各項目構成比／全国の総生産（製造業）各項目構成比。
7 名古屋を中心に半径約100km以内の経済圏。愛知県，岐阜県，三重県を含む。
8 たとえば，2013年度のナビゲーション相談会には122名が参加し，支援機関としてはJETRO，中小機構，JICA等の国レベルの機関に加え，タイ，インドネシア，マレーシア，香港等から28団体が出展した。
9 中部5県（愛知，岐阜，三重，静岡，長野）を管轄し，会員数は750社。
10 愛知・岐阜県のものづくり中小企業が資本参加・提携して，2011年3月にタイにV.I.T.（Valuable Industrial Technology）を設立し，共同でマーケティングを行っている（19社：2013年9月現在）。他にも，中小自動車部品加工メーカーが中国に共同進出した例として，衆智達（12社），上海五友（5社）がある。
11 調査サンプルとして「海外展開に関心の高い企業」を抽出していることも影響している。
12 九州経済連合会長は九州経済国際化推進機構の会長でもある。
13 具体例として，九州企業商品の台湾・シンガポールへの輸出拡大，海外進出希望企業のF/S調査支援，国の支援プログラム（経済産業省，JETRO，JICA）への共同申請（九経連が連名であると採用されやすいため），現地情報提供等を行っている。
14 中国は1991年，韓国は1993年，環黄海地域等東アジアとの経済交流会議は2001年から実施している。また，ASEAN圏でもそれぞれの国，地域と覚書を結んでいる。
15 1934年に官営八幡製鐵所を中心とした複数の製鉄業者が合同で発足した日本製鐵株式會社が前身。1970年に八幡製鐵株式會社と富士製鐵株式會社が合併し，新日本製鐵株式會社が発足した。2012年，同社が住友金属工業株式会社を吸収合併して現新日鉄住金株式会社となった。

16 北九州貿易協会は，会員企業の協力により，北九州市及びその周辺地区における貿易，投資，その他の国際ビジネスを振興し支援することを目的として，1968年に設立された。160社の会員を有する（2012年5月現在）。
17 日本から北九州市，下関市，福岡市，中国から大連市，青島市，天津市，煙台市，韓国から釜山市，仁川市，蔚山市が参加している。
18 RIT事業とは，地域の中小企業がグループ単位で海外地域との間でビジネス交流を進め，商談することを支援するものである。
19 課題を絞ってある程度短期的（暫定的）に対応できるような技術を盛り込んだマスタープラン。一般的なマスタープランは，契約終了後のフォローアップがされないことがあるが，市が関わることで，国際協力だけで終わらず，ビジネスとして長期に持続的になる可能性を高くしたもの。
20 神戸複合産業団地（流通業，輸送業），西神インダストリアルパーク（食品，電子，機械，医薬品等），神戸ハイテクパーク（先端技術系産業），神戸サイエンスパーク（研究開発系），神戸流通センター（運輸，倉庫），ポートアイランド（医療・バイオ産業），六甲アイランド（多機能型複合都市），神戸空港島（航空関連）。
21 本センター立ち上げのきっかけとなったアジア進出研究会で甲南大学の安積教授が提唱した支援方針であり，海外展開においては，企業目線で寄り添って支援すべきという考え方。
22 中国（上海，大連，広州），ベトナム（ホーチミン），インド（デリー），インドネシア（ジャカルタ），タイ（バンコク）
23 米国（ワシントン），フランス（パリ），オーストラリア（西オーストラリア州），ブラジル，香港
24 尼崎地域産業活性化機構からのヒアリングによる。
25 尼崎信用金庫からのヒアリングによる。
26 1981年に尼崎市産業振興協会として設置された。
27 中部経済連合会が2012年10〜11月に実施したアンケート調査によれば，産業空洞化を「非常に強く認識」，「強く認識」とする回答があわせて80％，今後，産業空洞化が進展する可能性を「非常に強く懸念」，「強く懸念」するとの回答があわせて85％あった（中部経済連合会［2013］）。一方，九州経済産業局が2013年8〜9月に実施した調査（アンケート，ヒアリング）によると，海外展開で売上が増えた企業が5割，雇用も増えた企業が2割，雇用が減少した企業が2割，変わらない企業が7割，国内設備投資が増えた企業が2割であった（九州経済産業局［2013］）。

28 尼崎地域産業活性化機構［2014］は，2013年8月～10月に実施した市内企業調査の結果にもとづき，尼崎の場合は，海外進出によって直接的な空洞化は起こっていないとしている。

❖参考文献

愛知県［2011］『あいち産業労働ビジョン2011-2015～世界と戦える力強い愛知を目指して～』産業労働部産業労働政策課。
愛知県［2012］『平成22年あいちの工業』工業統計調査結果報告書，県民生活部統計課。
愛知県［2014］『あいち産業と労働Q&A 2014』。
尼崎市立地域研究資料館編［2007］『図説尼崎の歴史』尼崎市。
尼崎地域産業活性化機構［2013］「尼崎製造業の海外展開に関する調査」。
尼崎地域産業活性化機構［2014］「尼崎中小製造企業の海外展開に関する実態調査」。
太田智之・辻隆司［2008］「中堅・中小企業の価格交渉力と標準化・モジュール化―収益力改善に向けて中堅・中小企業は何をすべきか」『みずほ総研論集』2008年Ⅲ号。
岡谷市［2010］「岡谷の工業　平成22年工業統計調査結果概要」2010年12月調査。
岡谷市・岡谷商工会議所［2014］『岡谷市工業活性化計画』。
北九州国際技術協力協会［2014］「北九州の経験にもとづく環境国際協力と地域産業発展」麻原伴治報告資料，APIR/GRIPS共催セミナー，2014年7月。
北九州市［2011］「北九州市制50周年記念事業　基本構想」。
　　http://www.city.kitakyushu.lg.jp/files/000104501.pdf（2014年10月14日現在）
北九州市［2012a］「産業中分類別工業統計調査総括表（全市）」。
　　http://www.city.kitakyushu.lg.jp/soumu/file_0351.html（2014年8月15日現在）
北九州市［2012b］「北九州市経済産業レポート2012」産業経済局産業政策課。
北九州市［2014］「北九州市の人口（町別）」2014年3月調査。
　　http://www.city.kitakyushu.lg.jp/soumu/file_0311.html（2014年8月15日現在）
九州経済産業局［2013］「九州企業の海外展開にかかる実態調査」2013年10月調査結果。
経済産業省［2012］「平成23年度工業統計調査」2012年2月調査。
経済産業省［2013］「平成24年度工業統計調査」2012年12月調査。
経済産業省・総務省統計局［2009］「平成21年経済センサス―基礎調査」2009年7月調査。
経済産業省・総務省統計局［2012］「平成24年経済センサス―活動調査」2012年2月

調査。

神戸市［2014］「神戸の工業―平成24年工業統計調査結果（従業者4人以上の事業所）」2012年12月調査。
http://www.city.kobe.lg.jp/information/data/statistics/toukei/kougyou/data/24kiji.pdf（2014年8月15日現在）

神戸市アジア進出支援センター［2014］「神戸市の取り組み『寄り添い型』による中小企業の海外展開支援」檀特竜王 報告資料，APIR/GRIPS共催セミナー，2014年7月。

渋谷康弘［2005］「愛知県の工業集積―「合体型」の構造と有効な産業政策」21世紀愛知ものづくり提言論文。

商工総合研究所［2008］『諏訪地域の工業集積と地域経済活性化への取り組み』平成19年度調査研究事業報告書。

新日鐵住金［2014］『アニュアルレポート2014』。

諏訪地方統計事務連絡会議編［2014］『平成25年度版諏訪地方統計要覧』。

素形材センター［2006］『素形材産業ビジョン―我が国の素形材産業が目指すべき方向性』素形材産業ビジョン策定委員会。

総務省統計局［1996］「平成8年事業所・企業統計調査」1996年10月調査。

総務省統計局［2006］「平成18年事業所・企業統計調査」2006年10月調査。

中部経済産業局［2013］『中部経済のポイント2013』。

中部経済連合会［2011］『中部地域の新産業構造ビジョン―中部WAYの進化形と5つの次世代産業の提案』。

中部経済連合会［2013］『日本のものづくり競争力再生』。

通商産業省［1996］「平成8年工業統計」1996年12月調査。

長野県［2013］「平成25年（2013年）長野県の人口」2014年1月調査。
http://www3.pref.nagano.lg.jp/tokei/1_jinkou/annual/H25.htm（2014年8月11日現在）

《ウェブサイト》

諏訪圏ものづくり推進機構（スワモ）ホームページ「魅力ある諏訪地域の創造」
http://www.suwamo.jp/merit.html（2014年3月3日現在）

（村嶋美穂）

◆ 第3部 ◆

相手国との共創プロセス
進出先との「つながり」を高める

第5章 ものづくり中小企業のタイ進出の実態と課題
——ネットワーキングとビジネスの深耕

POINTS

◆ 2000年代に入り，ものづくり中小企業のタイ進出ブームが起こっている。この多くは特定の親企業と支配的関係にはない独立企業であり，「日本村」的取引が基盤になっている。

◆ 海外事業展開を試みる前に，進出希望先・地域のコミュニティとのつながり形成が重要になる。本章で紹介する日本とタイの中小企業ビジネスマッチングは，日タイの直接的つながり形成をめざした努力の一例である。

◆ タイ政府は最近，外国企業誘致政策と最低賃金政策で2つの大きな制度転換を図っており，タイで事業展開を試みる企業は留意が必要である。

◆ 今後，日本の中小企業がタイを進出先に選択する際は，従前型とは異なるタイビジネスのモデルが必要となる。具体的には，タイの経済社会に貢献する事業分野であること，タイ・プラスワンの発想をもつことが必要となる。

1. 中小企業の海外事業展開と進出先国・地域としてのタイ

1.1 中小企業の海外事業展開の実際

中小企業の海外事業展開は，経営的にもまた政治的にもこんにち大きな関心を呼んでいる。とくに政治的には，安倍晋三政権は2013年に，今後5年間で1万社の中小企業の海外事業展開を実現する方針を打ち出し，数々の支援施策が導入されている。この背景には，中小企業の海外での事業展開が（すべての中小企業がそうであるわけではないだろうが），中小企業発展の1つの活路として期

待されながらも，現状はそれほど進んでいないことが指摘できる。

　中小企業の海外での事業展開については，中小企業基盤整備機構（以下，中小機構）が実施している「中小企業海外事業活動実態調査」が1つの参考となる。2012年3～4月に実施された調査結果によれば（中小機構［2012］），有効回答企業数7,171社のうち4,252社（59.3％に相当）が海外で事業展開を行っている。事業形態別にみると，海外展開の多くは輸出入であり，3,081社（72.5％）が輸入を，また1,770社（41.6％）が輸出を行っている。直接投資を行っている企業は1,156社（27.2％），業務・技術提携をしている企業は1,667社（39.2％）である。中小企業の直接投資の水準はなかでも低い。

　進出先の国・地域をみると，有効回答企業数3,668社のうち3,144社（85.7％に相当）がアジアである。なかでも中国が1,531社（41.7％に相当）と最も多く，次点がタイ（295社，8.0％），次々点が韓国（251社，6.8％）である（中小機構［2012］）。経済産業省の「海外事業活動基本調査」は全国の日本企業を対象にしているが，現地法人に関する質問において，ここでも有効回答企業数23,351社のうち15,234社（65.2％に相当）がアジアを進出先としており，中国（7,700社，33.0％に相当）を筆頭に，次点がタイ（1,807社，7.7％）となっている（2012年度実績）[1]。このように中小企業を含む日本企業は，海外で事業展開しているといっても，事業活動の地理的範囲がグローバル化していないという「セミグローバリゼーション」の状態にあり（Ghemawat［2007］），国・地域ごとに進出件数が異なるばかりでなく，その内実も国・地域で特有の事業内容になっていることが推察される。

　確かに，中小機構の「中小企業海外事業活動実態調査」（経済産業省の「海外事業活動基本調査」も同じ）は，中小企業の海外での事業展開の実情を知ることができる1つのデータである。また，それに代わる公的なマクロデータも存在しない。しかし，この調査はすべての中小企業を対象としていないため，回答割合は参考の1つになるが，実数値として中小企業の海外での事業展開の実態を把握することは困難である。それゆえ，実態をより正確に理解するためには，別のデータを独自に収集する必要がある。

　そこで本章では，まず，なぜタイに着目するかを説明したうえで，中小企業の海外事業展開，とくに機械金属5業種の直接投資について，株式会社帝国デ

ータバンク（以下，TDBとする）と筆者が共同で行ってきた分析とそのデータにもとづいて実態をみていく。次に，日本の中小企業が海外で事業展開する際に重要となるネットワーキング，つまり進出先国・地域とのコミュニティとのつながりを考察する。個々の中小企業が，個別に進出希望先国・地域に出向き，そして現地のコミュニティに入り込んでいくためには，相当の努力と時間が必要になる。それゆえ，海外事業展開に関心をもつ中小企業が，できるだけ早い段階に現地のコミュニティにつながっていくことは，経営上かつ企業支援上の重要課題である。こうした課題を克服するための1つの取組みとして，筆者らが中心となって取り組んでいるビジネスマッチングをケースとしてとりあげ，説明する。最後に，国・地域に固有の制度的環境の変化にも触れ，中小企業が海外での事業展開を進めていく際に伴う留意点とそれへの対応について考察する。

1.2 なぜいまタイなのか

中小企業の海外事業展開について，アジアのなかでもタイをとりあげる理由として，次の6つをあげる。

第一に，「チャイナ・プラスワン」である。「中小企業海外事業活動実態調査」の回答割合から，展開先の国・地域は中国に偏っているが，中国においては，こんにち経済的・政治的・文化的などさまざまなリスクが指摘されており，それらを軽減するための「チャイナ・プラスワン」が謳われている。タイは，その「プラスワン」の候補先として期待が高まっている[2]。これがタイに着目する第一の理由である。

第二に，日系企業の集積が多くみられる。日系企業の集積を示すデータとして，バンコク日本人商工会議所『タイ国経済概況 2010/2011年版』がある。このデータは，タイ商務省事業開発局（Department of Business Development: DBD）のデータベースとバンコク日本人商工会議所のデータとを結合させたものである。これによるとタイに存在する日系企業の数は6,773件あるが，企業活動が確認されたのは3,651社（53.9％に相当）になっている[3]。これらのうち，従業員でみた企業規模が把握できたのが3,083社で，そのうち1,024社（33.7％）が中小企業である。

第三に,事業のしやすい環境である。世界銀行は各国のビジネス環境を毎年調査しており(Doing Business調査),その国際ランキングをみると,タイは日本よりも上位である。これは,税制,投資家保護制度,インフラ整備状況,各種行政手続の行いやすさなどを考慮したものである。タイは海外での事業展開の「訓練／練習場」であるとも言われる(松島［2012］)。

第四に,以上の諸点を反映して,日本人の居住者の多さがある。都市別の在留邦人数(2011年10月1日現在)をみると,タイの首都バンコクには35,243人が居住しており,これはロサンゼルス,上海,ニューヨーク都市圏,大ロンドン市に次ぐ5位である。日本食レストラン,スーパーなどもバンコクには多く立地している。

第五に,ここに来て,中小企業によるタイへの投資熱が再燃していると推察される。タイ投資委員会(Board of Investment: BOI)によれば,過去10年間,外資系企業の投資が増大しているが,1案件当たりの投資額はこの数年減少傾向にある。つまり,小規模の投資案件が増えていると言える(藤岡ほか［2012］)。

第六に,タイの首都であるバンコクを中心としたメコン圏開発が現在進行中である。この点については,第4節で詳述する。

タイと日本とは120年にわたる国交があり,また日本企業の進出の歴史も古い。上述した理由とあわせて,こんにちタイに着目する理由は十分にあると考える。

2.タイにおけるものづくり中小企業の事業活動[4]

2.1 分析の方法

中小企業の海外での事業展開の実態をより把握するために,有用と考えるのがTDBのデータベース,とくにCOSMOS 2(企業概要データベース：以下,C2データ)である[5]。同データベースは,中小企業の海外進出の実態を把握するために収集されたものでないため,データから導き出される含意には十分に留意を払う必要がある。そうした制約がありながらも,TDBのデータは,事業展開先の国・地域や,海外における中小企業の事業活動の実態について,より

詳しい情報を提供できる[6]。その意味で，本節の検討内容は，実態を把握することが困難な海外における中小企業の事業活動を垣間見ることができ，有用と考える。

そこでTDBのデータベースのＣ２データで，タイに拠点を有する企業（以下ではこうした企業を「タイに進出している企業」とする）を抽出したところ，2011年10月31日時点で3,133社にのぼる。業種別にみると製造業が1,735社（55.4％に相当）と過半数を占めている。これは上述のタイ商務省DBDとバンコク日本人商工会議所との双方のデータベースで業種が判明している3,884社のうち，製造業に該当する企業数の1,879社（48.4％）よりも高いが，いずれにしても，タイに進出している企業の多くが製造業である点は共通している。

以下では，タイに進出している企業のうち製造業，なかでも機械金属業種に分析対象を限定する。具体的には，金属製品製造業，一般機械器具製造業，電気機械器具製造業，輸送用機械器具製造業，精密機械・医療機械器具製造業，の５業種である。これらの業種に限定する理由は，タイでは，日本を代表する自動車企業ならびに家電企業が多く立地しており，関連企業の厚い集積が各地にみられるためである。こうして抽出された機械金属業種企業は，1,015社にのぼる。これは，同じく機械金属業種に属するTDBの全国企業73,650社のうち，1.4％にあたる。

また，企業規模ごとの差異に注意を払う。これは，自動車企業ならびに家電企業が加工組立型産業であることから，特定の親企業を頂点とする階層的な分業・取引構造が形成されていることが想定され，そうした親企業に比べて相対的に規模が小さな中小企業の多くが親企業の進出に付随してタイに進出していると考えられるためである。

特定の親企業と取引をしている中小企業のなかには，言わば支配的関係の下に置かれている企業も少なからず存在する。こうした企業群は系列企業と呼ばれる。（TDBでは，「出資の多寡，意思決定への影響の強弱を問わず，実質的な支配的関係の下にある」企業群を「グループ系列」と呼んでいる。）TDBのデータベースでは，機械金属業種企業1,015社のうち296社（29.2％に相当）が系列企業となっている。系列企業ではない企業群を独立企業とすると，独立企業は719社（70.8％）存在している。このように，タイに進出する企業の多く

は，特定の親企業と支配的関係の下に置かれていない独立企業である。

2.2 分析結果

以下では，系列企業ではない，独立系機械金属業種企業719社に焦点を当てて，タイ進出の動向と進出企業の属性を分析する。まず，タイ進出の動向であるが，図表5－1は企業の進出年を，従業員2,300人以上とそれ未満とで従業員規模別に示したものである。機械金属業種企業のタイ進出ブームは，①1980年代後半から1990年代初頭，②1990年代中頃から1990年代後半，③2000年代，の３つの時期に分けられる。第１期では，主に従業員300人以上の大企業が進出を牽引したが，第２期では，大企業ならびに従業員300人未満の中小企業の進出数を増大させている。さらに第３期では，大企業の進出が少なくなるが，中小企業が第２期と同じくらいの数で進出している。すなわち，第３期のタイ進出は，中小企業が牽引していると言うことができる。この点は，BOIの認定件数の推移の点と整合的である。

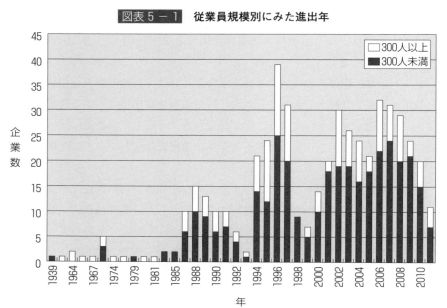

図表5－1　従業員規模別にみた進出年

出所：帝国データバンク調査報告書ならびにC2データより筆者作成。

第5章 ものづくり中小企業のタイ進出の実態と課題——ネットワーキングとビジネスの深耕

次に，タイに進出しているのはいかなる企業か，その属性を具体的にみていく。**図表5－2**は，進出企業を業種別に従業員数を示したものである。対象企業719社のうち，有効回答数の716社の平均でみると，数値にばらつきはあるが，電気機械が約2,670人と最も多く，続いて輸送用機械が約1,776人，精密・医療機械が約1,100人，一般機械が約860人，そして金属製品が約323人と最も少なくなっている。資本金額と同様の順序となっている。

業種別の従業員数を細分化して示したものが，**図表5－3**である。平均値が最も高いのは電気機械で，従業員数が500人以上の企業層が39.6％となってい

図表5－2 業種別にみた従業員規模別

(単位：人)

	データ数	平均値	中央値	最大値	最小値	標準偏差
金属製品	138	323.2	111.5	4825	6	657.1
一般機械	265	859.8	129	33031	3	2969.6
電気機械	149	2670.3	260	41154	1	7273.8
輸送用機械	138	1775.7	262	69125	15	6549.1
精密・医療機械	26	1099.5	468	5306	7	1440.4
総計	716	1318.4	166.5	69125	1	4836.4

出所：C2データより筆者作成。

図表5－3 業種別にみた従業員数（区分別）

	金属製品		一般機械		電気機械		輸送用機械		精密・医療機械		総計	
	企業数	構成比率	企業数	構成比率	企業数	構成比率	企業数	構成比率	企業数	構成比率	企業数	構成比率
1～3人	0	0.0%	3	1.1%	4	2.7%	0	0.0%	0	0.0%	7	1.0%
4～9人	2	1.4%	8	3.0%	3	2.0%	0	0.0%	1	3.8%	14	2.0%
10～19人	8	5.8%	15	5.7%	11	7.4%	1	0.7%	2	7.7%	37	5.2%
20～29人	8	5.8%	17	6.4%	5	3.4%	1	0.7%	1	3.8%	32	4.5%
30～49人	21	15.2%	32	12.1%	11	7.4%	11	8.0%	2	7.7%	77	10.8%
50～99人	26	18.8%	38	14.3%	20	13.4%	19	13.8%	1	3.8%	104	14.5%
100～199人	25	18.1%	41	15.5%	10	6.7%	25	18.1%	3	11.5%	104	14.5%
200～299人	7	5.1%	21	7.9%	14	9.4%	13	9.4%	1	3.8%	56	7.8%
300～499人	16	11.6%	26	9.8%	12	8.1%	12	8.7%	3	11.5%	69	9.6%
500人以上	25	18.1%	64	24.2%	59	39.6%	56	40.6%	12	46.2%	216	30.2%
総計	138	100.0%	265	100.0%	149	100.0%	138	100.0%	26	100.0%	716	100.0%

出所：C2データより筆者作成。

る。輸送用機械は平均値こそ電気機械より少ないが、500人以上の企業層は40.6％とその比率は高くなっている。これらに対して、金属製品では、従業員数50〜99人の企業層が18.8％、30〜49人の企業層も15.2％と、他の業種よりも小規模の企業層の比率が高くなっている。

業種別に従業員の割合を、従業員数300人を基準としてみたものが、**図表5－4**である。これによると、金属製品ならびに一般機械で、300人未満の層が他の業種と比べてより厚くなっていることがわかる。

最後に、系列グループ企業との取引関係を業種別にみたものが、**図表5－5**である。ここでいう系列グループ企業とは、特定の親企業を持つ系列企業群のことであり、先にみたTDBがグルーピングする「グループ系列」、つまり、「出資の多寡、意思決定への影響の強弱を問わず、実質的な支配的関係の下にある」企業群のことである。

機械金属5業種全体でみると、トヨタ自動車株式会社が330社となっている。これは、タイに進出する独立系機械金属企業のうち、330社がトヨタ自動車のグループ企業と取引をしていることを意味する。その割合は45.9％にのぼる。トップ10グループ企業をみると、トヨタ自動車のグループ企業と取引をしている企業が最も多く、本田技研工業株式会社、日産自動車株式会社、三菱重工業株式会社、アイシン精機株式会社といった、いわゆる自動車企業グループをはじめ、株式会社日立製作所、パナソニック株式会社、株式会社東芝、三菱電機株式会社、富士通株式会社といった、いわゆる家電企業グループが名前を連ねる。

業種別にみると、輸送機械では、トヨタ自動車の系列グループと取引をしている企業が最も多く、その割合は87.7％（121社）にのぼる。次点で本田技研

図表5－4　業種別にみた従業員数（300人を基準とする区分別）

	金属製品		一般機械		電気機械		輸送用機械		精密・医療機械		総計	
	企業数	構成比率	企業数	構成比率	企業数	構成比率	企業数	構成比率	企業数	構成比率	企業数	構成比率
1〜299人	97	70.3%	175	66.0%	78	52.3%	70	50.7%	11	42.3%	431	60.2%
300人以上	41	29.7%	90	34.0%	71	47.7%	68	49.3%	15	57.7%	285	39.8%
総計	138	100.0%	265	100.0%	149	100.0%	138	100.0%	26	100.0%	716	100.0%

出所：C2データより筆者作成。

第5章　ものづくり中小企業のタイ進出の実態と課題——ネットワーキングとビジネスの深耕

図表5−5　系列グループ企業との取引関係

金属製品（タイ進出138社）

	グループ名	企業数	比率(注)
1	トヨタ自動車株式会社	64	46.4%
2	本田技研工業株式会社	52	37.7%
3	株式会社日立製作所	44	31.9%
4	パナソニック株式会社	41	29.7%
5	日産自動車株式会社	37	26.8%
6	株式会社東芝	27	19.6%
7	三菱重工業株式会社	27	19.6%
8	アイシン精機株式会社	21	15.2%
9	三菱電機株式会社	19	13.8%
10	富士通株式会社	18	13.0%

一般機械（タイ進出267社）

	グループ名	企業数	比率(注)
1	トヨタ自動車株式会社	100	37.5%
2	株式会社日立製作所	92	34.5%
3	三菱重工業株式会社	78	29.2%
4	パナソニック株式会社	74	27.7%
5	本田技研工業株式会社	65	24.3%
6	日産自動車株式会社	59	22.1%
7	株式会社東芝	55	20.6%
8	豊田通商株式会社	44	16.5%
9	アイシン精機株式会社	35	13.1%
10	三菱電機株式会社	35	13.1%

電気機械（タイ進出149社）

	グループ名	企業数	比率(注)
1	パナソニック株式会社	113	75.8%
2	株式会社東芝	76	51.0%
3	株式会社日立製作所	75	50.3%
4	三菱電機株式会社	70	47.0%
5	日本電気株式会社	46	30.9%
6	シャープ株式会社	42	28.2%
7	トヨタ自動車株式会社	40	26.8%
8	富士通株式会社	39	26.2%
9	ソニー株式会社	30	20.1%
10	三菱重工業株式会社	29	19.5%

輸送機械（タイ進出138社）

	グループ名	企業数	比率(注)
1	トヨタ自動車株式会社	121	87.7%
2	本田技研工業株式会社	98	71.0%
3	日産自動車株式会社	93	67.4%
4	三菱重工業株式会社	59	42.8%
5	いすゞ自動車株式会社	38	27.5%
6	アイシン精機株式会社	32	23.2%
7	株式会社日立製作所	31	22.5%
8	富士重工業株式会社	31	22.5%
9	ヤマハ発動機株式会社	30	21.7%
10	株式会社クボタ	15	10.9%

精密・医療機械（タイ進出27社）

	グループ名	企業数	比率(注)
1	株式会社日立製作所	8	29.6%
2	オリンパス株式会社	6	22.2%
3	トヨタ自動車株式会社	5	18.5%
4	株式会社東芝	5	18.5%
5	日産自動車株式会社	5	18.5%
6	三菱重工業株式会社	5	18.5%
7	三菱商事株式会社	5	18.5%
8	アイシン精機株式会社	4	14.8%
9	武田薬品工業株式会社	4	14.8%
10	アルフレッサホールディングス株式会社	4	14.8%

機械金属5業種（タイ進出719社）

	グループ名	企業数	比率(注)
1	トヨタ自動車株式会社	330	45.9%
2	株式会社日立製作所	250	34.8%
3	本田技研工業株式会社	243	33.8%
4	パナソニック株式会社	241	33.5%
5	日産自動車株式会社	218	30.3%
6	三菱重工業株式会社	198	27.5%
7	株式会社東芝	169	23.5%
8	三菱電機株式会社	140	19.5%
9	アイシン精機株式会社	96	13.4%
10	富士通株式会社	85	11.8%

注：図表中の比率は，当該中分類区分における企業数÷タイ進出企業数のことである。
出所：帝国データバンク調査報告書より筆者作成。

工業が71.0％（98社），次々点で日産自動車が67.4％（93社）となっている。輸送機械では，この3社の自動車企業の系列グループへの取引が比較的集中している。ほぼ同じ傾向が，電気機械についても言える。電気機械では，パナソニックの系列グループと取引をしている企業が最も多く，その割合は75.8％（113社）にのぼる。次点で東芝が51.0％（76社），日立製作所が50.3％（75社），そして三菱電機が47.0％（70社）と家電企業が続く。

これに対して，金属製品ならびに一般機械では，輸送機械ならびに電気機械と異なり，自動車企業ならびに家電企業のいずれかに取引が集中することなく，比較的分散しているのが特徴的である。金属機械では，トヨタ自動車の系列グループとの取引をもつ企業が最も多く，その割合は46.4％（64社）にのぼっているが，次点は本田技研工業が37.7％（52社），日立製作所が31.9％（44社）となっている。また，一般機械では，トヨタ自動車の系列グループと取引をしている企業が最も多く，その割合は37.5％（100社），次点で日立製作所が34.5％（92社），次々点で三菱重工業が29.2％（78社）となっている。

2.3　分析のまとめ

機械金属5業種のタイ進出の実態についてまとめると，次のようになる。

第一に，系列グループに属さない独立企業をみると，その進出は，いくつかのブームを経ており，2000年代に入って第3次のブームを迎えた。多くの独立企業がタイに拠点をもつようになっている。しかし，それは2000年代後半に大きく落ち込んでいる。こんにちの進出が，新しい第4次のブームを迎えているかどうかについては，今後の趨勢を見て検討することが必要である。

第二に，第3次の進出ブームを支えたのは，従業員数300人未満の中小企業である。**図表5－4**が示すように，金属製品ならびに一般機械で，300人未満の層が他の業種と比べてより厚くなっており，これらの業種が2000年代の進出ブームに大きく貢献したと考えられる[7]。

第三に，系列グループ企業との取引関係は，主に自動車企業ならびに家電企業のいずれか，あるいは両方に集約されると考えられる。業種別では，輸送機械では自動車企業に，また電気機械では家電企業の系列グループとの取引が多く見られる。逆に，一般機械ならびに金属製品は，自動車企業と家電企業とが

混在する形になっている。つまり，主要な取引についてみれば，産業の垣根を越え，「系列」ではない取引関係が構築されている。しかしそれは，あくまで日本企業同士の取引であり，言わば「日本村」的取引が，日本企業の事業上の基盤となっている[8]。

3．日系中小企業によるタイ・コミュニティとのつながり[9]

3.1　日タイ中小企業ビジネスマッチングについて

中小企業の海外事業展開は，取組み先が日本国外であるがゆえに，進出先国・地域でのコミュニティとのつながりが非常に重要となる。個々の中小企業が，個別に進出希望先国・地域に出向き，そして現地のコミュニティに入り込んでいくためには相当の努力と時間が必要となる。これができる中小企業は決して多くない。

本節では，日本の中小企業の進出先として期待を集めるタイにおいて，現地のコミュニティにつながっていくことに大いに寄与しうると考える，筆者らが中心となって取り組んできた日タイ中小企業ビジネスマッチング（以下，ビジネスマッチング）をとりあげる。このビジネスマッチングは，大阪府中小企業家同友会（以下，大阪同友会）の全面的な協力の下，チュラロンコン大学サシン経営大学院日本センター（Sasin Japan Center: SJC）と，阪南大学中小企業ベンチャー支援センターの3者の連携によって，2012年から毎年1回の頻度で実施されてきており，2014年度までに大規模なものとして合計で3回の開催実績がある[10]。

大阪同友会は，非政府系の中小企業団体である中小企業家同友会の大阪府版であり，約2,700の会員企業が在籍している。中小企業家同友会は全国で約43,000の会員企業が在籍している。中小企業団体でありながら，非政府系団体であることからもわかるように，財政的支援は一切受けておらず，会費を中心とした会員企業からの収入を活動の基としている。月一度の経営者の体験報告が中心となる例会を軸に，良い経営者になろう，良い会社をつくろう，良い経営環境をつくろう，を目的として活動を行っている[11]。大阪同友会を中心に，全国同友会にビジネスマッチングへの参加が呼びかけられた。

サシン経営大学院は，タイのバンコクにあるチュラロンコン大学内に設置された国際認証を有したアジアを代表するビジネススクールであり，ウォートンビジネススクールとケロッグビジネススクールとの共同で設立された。チュラロンコン大学とは財務的に完全に独立している。SJCはこのサシン経営管理大学院の付属機関であり，日本政府や企業向けの調査，コンサルティング，トレーニングを主な業務としている。またSJCもサシン経営大学院と同様に基本的には独立採算性であり，上の各種独自事業のほか，企業会員制度をつうじて，多くの日系企業から多額の寄付金を得ている。

阪南大学は，大阪府松原市にある社会科学系の私立大学である。中小企業ベンチャー支援センターは阪南大学の付属機関であり，アドバイザーを非常勤で常駐させ，中小企業の経営相談を行っている。また，学生を巻き込んだ産学連携活動の事務局的役割を担っている（筆者は2015年3月まで9年間，阪南大学に在籍していた）。

このビジネスマッチングは，日タイの大学の企業支援機関間の連携を背景に，各機関の産業界との連携を日タイでつなぎあわせることに最大の特長がある。ビジネスマッチングは，日本側の参加企業リストをタイ側に提示し，タイ側から商談を行ってみたい日本側の参加企業にタイムスロットに応じた個別アポイントをとるという仕組みである[12]。ビジネスマッチングそれ自体は形こそ多様であるが，日本の中小企業支援機関および金融機関など，さまざまな取組みがある。本節で取り上げるビジネスマッチングは大学が実施主体である点で，筆者の知る限り，おそらく日本で最初かつ唯一の取組みであろう。以下では，2012～2014年度の3度の取組みのうち，直近の2013年度と2014年度に実施したビジネスマッチングについて具体的に説明する。

3.2　日タイ中小企業ビジネスマッチング2013

2013年度のビジネスマッチングは，2013年9月3日と4日の2日間にわたって実施された。日本側の参加企業は16社であった。そのうち多くの企業がものづくり中小企業であった。テーマは「タイ・プラスワン」であった。大枠としては2012年度の内容を踏襲しながらも，新しい取組みとしてパネルディスカッションを取り入れた。具体的な流れは次のとおりである。

ビジネスマッチング初日の2013年9月3日には、SJCによる基調講演に続き、SJCをモデレーターとする3名によるパネルディスカッションが行われた。これら3名は、すでにタイに現地法人を設立し、実績をあげている日系の中小企業（日本の本社従業員数）の代表である。そこで日本の中小企業がタイへ進出するにあたっての課題と展望が語られた。このパネルディスカッションの様子は、2013年9月4日付でアジア大手の経済情報紙である『The Daily NNA タイ版』（以下、NNA）にて大々的に紹介された[13]。

パネルディスカッションの後、日本側の参加者から1社1分での自社紹介がパワーポイントを使ってなされた。タイ側の参加者は、事前に日本側の参加者の事業内容をみて、関心のある企業に事前にアポイントをとるという方法がとられた。各社紹介のプレゼンテーションを聞き、その後、事前にアポイントをとっていた日本側の企業と個別に商談に移る仕組みである。タイ側は、筆者とつながりのあるタイ工業省産業振興局中小企業ネットワーク（Department of Industrial Promotion Small and Medium-sized Enterprise Network: DIPSME Network）、ならびにSJCとつながりのあるBOI、タイ下請振興協会、タイ金型協会、そして個別につながりのあるタイの企業から構成されており、タイ側で正式に登録されていた企業数だけで合計33社、約60名程度の参加があり、プレゼンテーションの際には、立ち見がでるほどであった。なお、個別商談は会場の部屋数の問題から、1件当たり30分で、7つの部屋で行われた。

通訳者の数は事前に確保していたものの、マッチングのアポイントが直前の8月末まで入ってきたり、当日になって、空き時間に個別商談をしたいという案件もあったため、通訳者が不足する事態に陥り、臨時にその場に居合わせた太平洋人材交流センターのスタッフが対応した。

タイ側参加者のなかには、タイ工業省の幹部も参加しており、2014年度にビジネスマッチングを開催するならば、タイ側は惜しみない協力を継続することが表明された。その日の夜には、DIPSME Network主催によるDIPSME Networkと日本側のビジネスマッチング参加者との間で交流会が開催された。

ビジネスマッチング2日目の2013年9月4日には、大きく2つに分かれて行動がなされた。1つは、個別相談会と座談会、さらに国家プロジェクト推進会議である。午前中はSJCのコンサルタントとの個別商談会が開催された。午後

からは，SJCの招聘（しょうへい）により，タイ下請振興協会，日経BP社，メディア，日タイの経営者たち，タイ国家経済社会開発委員会（National Economy and Social Development Board: NESDB）政策顧問，阪南大学のインターンシップの学生たちが一同に会した座談会が開催された。まず，NESDB政策顧問による「日タイクラスターリンケージについて」と題した基調講演の後，日タイの中小企業の連携の深耕に向けた意見交換が行われた。NSEDB政策顧問は，経済産業省からの出向であり，国際協力機構（Japan International Cooperation Agency: JICA）が支援する「日タイ・産業クラスターリンケージ強化（「お互い」プロジェクト）のための体制整備調査の中心人物でもある[14]。座談会には，日本側の参加者からCD社をはじめ，RK社，DT社とそれ以外に6社が，またタイ側からタイ下請振興協会会長と製造業の幹部，また「お互い」プロジェクトの事務局である日経BP社が参加した。このときの様子は，翌日の2013年9月5日付でアジア大手の経済情報紙であるNNAのタイ版にて大々的に紹介された[15]。こうした座談会ができるのも，SJCに多くの日本企業から寄付がなされているためである。SJCは，日本企業から寄付された原資を動員して，この活動を充実させている。

　もうひとつは，企業訪問である。訪問地域ごとに3つのグループに分かれた。1つめのグループは，バンコクから北へ車で約1時間のところにあるアユタヤにて，タイローカル企業と日系の合弁企業を訪問した。RK社のタイ現地パートナーであり，日本の企業とタイのローカル企業との国際合弁を仲介するアドバイザーと，大阪府八尾市に立地するマグネシウムのダイカスト加工を手がけるある企業の国際合弁提携先を訪れた。次のグループは，バンコクから東へ車で約1時間のところにあるチョンブリにて，日本の中小企業連携の拠点とローカルの大手企業を訪問した。前者は，タイにおける日本の中小企業連携の拠点として期待されている，愛知中小企業家同友会会員企業が重要な役割を果たしている企業を，また後者は自動車のシート部品をてがけるローカルの大手企業を訪れた。3つめのグループは，バンコク近郊のサムットプラカーンにて，タイの日系を含むローカル小企業を訪問した。ここでは，当時タイ進出を検討し何度もタイを訪れていた（その後，現地生産拠点を設立した）DS社の紹介により，2社を訪れた。

3.3　日タイ中小企業ビジネスマッチング2014

　2014年度のビジネスマッチングは，2014年9月2日と3日の2日間にわたって実施された。日本側の参加企業は31社で，前年のほぼ2倍に増えた。そのうち約半分がものづくり中小企業であった。テーマは，「メコン地域との価値共創」であった。大枠としては2013年度の内容を踏襲しながら，一部内容を変更して実施した。具体的な流れは次のとおりである。

　ビジネスマッチング初日の2014年9月2日は，SJCによる基調講演から始まり，その後，SJCをモデレーターとする特別講演が，午後から2名ずつ，2回にわたって実施された。この日の目的は，ナレッジシェアリングであった。特別講演の1つは消費財の製造企業によるもので，メコン経済圏で売り抜くための取組について語られた。もう1つの講演は産業財の製造企業および旅行関連のサービス企業によるもので，タイビジネスの要諦について語られた。いずれの回も，タイに現地法人を設立してから長い歴史を有する企業と，法人を設立して間もない，あるいは近々法人を設立する予定の企業とが，1名ずつ登壇した。この日は，日本側からだけの参加となった。

　2日目の2014年9月3日には，午前に日タイの企業団体が登壇するかたちで日タイ中小企業団体交流のセッションが，そして午後にビジネスマッチングが行われた。この日の目的は，日タイ中小企業のネットワーキングであった。まず午前の日タイ中小企業団体交流では，大阪同友会，およびSJCが招聘したタイ外国人商工会議所連合会，基盤産業関連協会，タイ裾野産業振興協会の4つの団体により，各団体の自己紹介がなされた。

　2013年度までは初日から開催されていたビジネスマッチングは，2014年度には2日目の午後いっぱいの時間をかけて行われた。開催方法が変更された理由は，日本からの参加企業が大幅に増え，また昨年度の参加企業からもマッチングを充実させた内容にしてほしいなどの要望があったためである。マッチングの仕方は，2013年度と同様に，タイ側の参加者が，事前に日本側の参加者の事業内容をみて，関心のある企業に事前にアポイントをとる方法がとられた。2014年度は，SJCとつながりのあるBOI，タイ下請振興協会，タイ金型協会，そして個別につながりのあるタイの企業から正式に登録されていた企業だけで33社，約60名程度の参加があった。これは2013年度と同じ規模だが，実際に当

日にはそれよりも多くのタイの企業の参加があった。2013年度に惜しみない協力を宣言いただいていたDIPSME Networkは，他のマッチングイベントとスケジュールが重なったために正式な協力はなかったが，同Networkの個々のメンバーからの参加があった。

　2014年度のマッチングでは，個別マッチングのアポイントがない日本側の個々の参加企業のために，別のブースが設置された。ブースの1つは支援機関ブースである。ここでは，日本企業の海外進出支援を手がける日本貿易振興機構をはじめ，ローカル企業であるカシコン銀行や法律事務所，さらにはBOIやSJC，すでにタイに進出している日系企業からマーケティングについて個別相談がなされた。もうひとつのブースは，若手研究者のセミナーブースであり，日本の中小企業ならびに経営学研究者の3名による講演がなされた。

　2日目のネットワーキングの一環として，夜に，日本側参加企業とタイ側参加企業との間で夕食会が行われた。タイ側参加企業の夕食会の参加は任意であったが，10名程度の参加がなされた。

3.4　ビジネスマッチングの暫定的な評価

　ビジネスマッチングのこれまでの取組みを通じて，成果と課題が明らかになった。成果としては，ビジネスマッチングは，日本側の参加企業とタイ側の参加企業との直接的な対話を実施するきっかけとして機能したと考える。ビジネスマッチングのなかで開催された個別商談では，日本側の参加企業にとって具体的な内容に踏み込んだものもあり[16]，有意義に感じる参加企業が少なくなかった。個別商談後に，日本側の参加者がタイ側の参加者と個々に連絡を直接的に取り合い，パンフレットやメール交換を行う企業もあった。ビジネスマッチングの後に，個別に訪問をし続けるところもあった。

　また，2013年度から2014年度にかけて日本側の参加企業が大阪府下だけでなく，東は茨城県や新潟県，岐阜県など，西は広島県など全国へ広がった[17]。これはビジネスマッチングの意義や役割，重要性などが広く全国各地で共有されていったことを示唆している。

　一方で，課題もある。ビジネスという観点から，個別商談がすぐに直接的にビジネスに結びつくことは容易ではなかった。いくつかの理由が考えられる。

第一に，日本側とタイ側の双方の事業内容の情報交換が，事前に十分でなかった。当日，顔合わせによって個別商談をした際に，互いに想定していた事業と異なっていたのである。2013年度には，日本側の参加者がある程度確定した段階で，企業リストを単にタイ側に送るだけでなく，筆者が直接タイに出向き，とくにタイ側の参加団体の1つであるDIPSME Networkに直接的に事前に日本側の事業内容を説明した。この説明が，ある日の限られた時間で行われたこと，また通訳を介して行われたこともあって，十分ではなかった可能性がある。2014年度には，日本側の参加企業の確定に時間を要したため，タイ側への参加企業一覧の告知が非常に遅くなった。募集を開始した早い段階で参加の意思を表明した企業があったにもかかわらず，最終的な申込の期日を延長させながら，日本側の参加企業の応募を行っていたからである。日本企業側の事業概要を事前にタイ側にどのように緻密に正確にしかも早い時期に伝えていくかを今後検討していく必要がある。

　第二に，事業内容をある程度把握できたとしても，日本側から提案された価格がタイ側の要求と合致しなかった。タイ側の参加企業のなかには，タイの労働力不足への対応から設備投資を積極的に行いたいと考える経営者もいたが，現状としては中国製の設備を使用しており，日本製の設備を導入すると中国製と比較して約4倍のコストがかかるという。中国でできることであれば，品質よりコスト面での要求が強くなるために，中国やタイではできない日本独自の技術を売り出していくことが今後必要になろう。

　第三に，日本側には，ビジネスマッチングからビジネスにつながることを期待していなかった参加企業も含まれていた。日本企業は海外視察にあたって，日本以外の国々からNATO（Not Action Talk Only）と批判されることがある。これは，行動（進出）なく対話だけと日本企業のことを揶揄した表現である。今までのビジネスマッチングに参加した企業のなかにNATOと批判されるべき企業が含まれていたかどうかは別にして，ビジネスマッチングから即ビジネスにつなげたいという思いが強い企業を募集することも今後必要になろう。

　このように運営面でいまだ課題が残っているが，ビジネスマッチングへの参加を通じて，着実にタイをビジネス拠点として自社の事業展開に位置づける企業もでてきている。たとえば，キーパーソンでもあるCD社は2012年度から

2014年度までのビジネスマッチングに3年連続，またDS社は2012年度と2013年度の2年連続で参加しているが，両社ともビジネスマッチングでの縁を皮切りに，タイのバンコクに事業活動のきっかけとなる事務所を開設している。RK社は，2012年度のビジネスマッチングに参加してから，タイへの訪問を重ね，タイの大手ローカル企業と国際合弁を締結し，事業活動を始めた[18]。神戸を中心としたものづくりの中小企業グループであるアドック神戸[19]のメンバーであるDT社は，同じく2012年度のビジネスマッチングに参加してから，定期的にタイへの訪問を重ね，2013年度ビジネスマッチングに参加した段階では，工場用地を確保するに至った。2014年度には，タイ側の参加企業としてビジネスマッチングに挑んだ。最後に，NF社は，2014年度の参加こそはかなわなかったものの，2012年度と2013年度のビジネスマッチングに参加してから，タイビジネスの可能性を見出し，進出のためのキーパーソンとなるタイ人労働者を日本で本格的に探している。

このように，継続的にビジネスマッチングに参加しながら，着実にタイで事業活動を進める参加企業がでてきている。これは確実にビジネスマッチングの成果の1つといえよう。もちろん，これらの多くは，SJCが単発のビジネスマッチングだけでなく，その後も継続して支援してきたことによることに留意しなければならない。とくにDT社については，ビジネスマッチングがはじまる前から数年にわたって，筆者やSJC，またタイのローカル企業などと二人三脚でタイビジネスを深化させてきたという経緯がある。ビジネスマッチングはそうしたきっかけを生む機会に，あるいはつながりをいっそう深くさせる出来事となったと考える。

4．タイビジネス実践の留意点[20]

日系企業，とくに中小企業にとって，タイ進出はこんにち新しいステージに来ている。本節では，タイビジネスを実践していく際の留意点，および中小企業の対応策について考察する。

4.1 タイ政府の制度転換

近年,タイ政府は事業展開に影響を及ぼしうる大きな制度転換を2つ行った。以下では,外国企業誘致政策と最低賃金政策の転換について説明する。

4.1.1 企業誘致政策の転換

制度転換の1つは,BOIによる外国企業誘致策である。タイでは,外資系企業がタイ国内に進出する際に,政府に届け出をする必要があり,このタイ政府の窓口がBOIである。BOIは,タイにおける産業振興を目的とした政府による産業政策上の外資誘致施策の執行機関である。

BOIは,これまで①農業および農産物からの製造業,②鉱物,セラミックス,基本金属,③軽工業,④金属製品,機械,輸送用機器,⑤電子・電気機械工業,⑥化学工業,紙およびプラスチック,⑦サービス,公益事業,といった幅広い業種を奨励してきた。また,国内の地域別誘致施策にもとづき,3つのゾーンごとにメリットの程度を変えていた。地域別の3つのゾーンとは,第1ゾーンがバンコク首都圏,第2ゾーンがバンコク首都圏周辺,第3ゾーンがその他の県である。BOIに認定されると,外資系企業は次のようなメリットをえる。第一に法人税の減税,第二に設備投資のための機械等の輸入関税の減税,第三に法人名義による土地所有の許可,第四に容易な労働許可書の取得である。このように,外資系企業にとってBOIに認定されるメリットは大きく,それゆえ外資系企業の多くがBOIの認定を受けてきた。

しかし,タイ政府は2015年1月から,投資政策の大幅な転換を行った。具体的には,BOIは上述したゾーン制を廃止する代わりに,これまで幅広く設定されてきた奨励業種を絞り込む方針を掲げた。新しい投資政策として重工業や付加価値が低い労働集約型産業,また環境問題を引き起こしたり,エネルギーの消費量が多い分野の代わりに基幹インフラ・物流,基幹産業,医療・科学機器,代替エネルギー・環境サービス,工業振興サービス,最新技術,食品・農産加工品,接客サービス・健康,自動車・運輸,電子・電気製品の10分野に代表される「環境」,「ハイテク」,「再生エネルギー」に注力している。さらに,BOIは,投資の集中を促進する地域の産業クラスター形成や,国境を接する国々とのサプライチェーン構築への投資についても注力するとも言われている。

4.1.2　最低賃金政策の転換

　制度転換のもう1つは，最低賃金政策の転換，つまり，最低賃金の引上げである[21]。タイは，ASEAN諸国のなかでも少子高齢化が進展しており，中長期的には生産年齢人口の減少が問題視されている。タイにおける失業率は，2002年から減少傾向にあり，失業率は2012年で0.7％とも言われる。その後も1％を下回る水準が続いている（熊谷［2013］54頁）。失業率については，タイの労働力調査（Labor Force Survey: LFS）を参照した熊谷［2013］の以下の指摘が参考になる。「余剰労働力の受け皿となっている農林水産業での就業者比率が高いこと，自営業比率が高いことなどから，一定程度の幅を持ってみる必要がある……LFSでは調査対象期間中に1時間以上の労働を行っていれば就業者とみなされるため，実質的な失業者が就業者に分類されている可能性もある」など，そのデータについては慎重に検討しなければならない。とはいえ，「週の労働時間が35時間未満であり，かつ，追加的な仕事を希望している『低雇用者』とよばれる就業者の比率も低下傾向にあることから，実態として需給が逼迫傾向にある」（熊谷［2013］54頁）。すなわち，労働力不足が深刻化しつつあるといえよう。

　こうした生産年齢人口の長期的な減少傾向，また労働力不足化現象と相まって，2013年1月からタイ政府は，これまで地域別に異なっていた最低賃金を一律に同一の日額300タイ・バーツ（月額1万タイ・バーツ）に引き上げた。タイの主要な工業団地は，首都バンコクから東へ車で1～2時間程度の場所に集中している。この動きは2011年の洪水以降，選好される傾向にあり，これがさらに労働力不足化に追い打ちをかけている（熊谷［2013］57頁）。日系企業が集積している工業団地もそうした地域に多くあり，日額最低賃金はタイの他地域と比べて高くなっている。そして工業団地内における労働力は，おもに賃金が比較的低いタイの地方からの出稼ぎ労働者が担ってきた。タイでは，工場でのブルーワーカーなどの初任給が最低賃金近辺に設定されることがある（末廣・東［2000］，熊谷［2013］55-56頁）。しかし日額最低賃金がタイ国内のどこでも一律日額300タイ・バーツになると，地方からの出稼ぎ労働者からすれば，出身地で家族と一緒に暮らしながら，仮に農園に従事したとしても同じ日額賃金をえられることになる。このため地方からの出稼ぎ労働者は，わざわざ工業団

地まで出向いて工場労働に従事しなくなり，チェンライやイサーンといった東北地方など出身地に戻り，家族とともに生活をしながら農園を営むようになる[22]。

さらに，労働集約的な産業を担ってきたミャンマー人の出稼ぎ労働者が減少している。これまでタイへは周辺国であるミャンマーをはじめ，ラオスやカンボジアなどの出稼ぎ労働者が多く見られた。『タイ国経済概況（2010/2011年版）』によれば，なかでもミャンマー人（とくにカレン族）は，タイへの移入者の数は，2008年から2009年の間に約47万6,000人から約107万9,000人と，約1.4倍に増えた[23]。たとえば，タイローカルのある電気製品部品メーカーでは，タイの労働者不足化への対応のために，ミャンマー人を登用している。従業員数約60名のうち10名がミャンマー人である。ミャンマー人は一般的にはタイ人と相性が悪いと思われているが，ミャンマー人のなかでもタイとの国境地域に生息するカレン族は，タイ語も通じるとも言われており，カレン族総人口約400万人のうちタイ在住者は約10万人に上ると推察されている[24]。しかしながら，「タイの労働需給のバッファーとして機能してきたミャンマーからの出稼ぎ労働者が，2011年後半以降の（ミャンマー）国内政治経済改革や欧米の経済制裁の解除に伴う今後の高成長期待を受けて，本国に帰郷している……ため，労働集約的な産業での労働力不足を招いている可能性がある」（熊谷［2013］57頁）（筆者略）。バンコク近郊の工業団地では，ブルーワーカーの確保が非常にむずかしくなってきている。

4.2 制度転換への対応

こうしたタイ政府による制度転換を受けて，中小企業がこれからタイで事業展開を行っていくうえでは，次の2点に留意しなければならない。

4.2.1 タイの経済社会に貢献する

1つは，タイの経済社会に貢献する事業分野でなければタイへ進出できない，という点である。タイの投資政策，すなわちBOIの奨励分野の転換にみられるように，従来幅広く設定されてきた日系を含む外資系企業の誘致は，もはや限定的であると言わざるをえない。「環境」，「ハイテク」，「再生エネルギー」

といったキーワードに該当する企業でしか進出することはできない。さらに，タイの経済社会に貢献するためには，タイのローカル企業を顧客とするか，あるいはタイのローカル市場に直接的に売り込む必要がある。

　前者に限って言えば，これまでの日本の中小企業は，従来から日本での取引先の要請を受けて進出したか，あるいは要請がなくとも進出し近郊の日本企業を営業し取引を始めるなど，日本企業同士の取引を行ってきた。これはTDBのデータからも明らかで，「日本村」とも言われる。

　しかし近年の投資政策の転換を鑑みると，このような「日本村」的取引は限界にきていると言わざるをえない。しかも，現実的にタイのローカル企業は着実に技術力を向上させ実力をつけてきており，日本企業のサプライチェーンの，最終製品製造企業から見て2次サプライヤーの地位を獲得しているローカル企業も存在している。こうしたローカル企業と直接的に競争するのでなく，むしろローカル企業と共創し，ローカル企業の技術力をさらに向上させ，新規顧客の開拓（たとえば日本企業のサプライチェーンの一角を担うなど）に大きく貢献するような中小企業が切望されている。いわば，餡子（日本）と饅頭の薄皮（タイ）の関係，すなわち「日本入ってる」モデルを構築することが求められている（松島［2012］200-205，221-223頁）。

　非常に高度な技術やノウハウを持ち合わせ，それが事業の中核として明確になっている中小企業であるとしても，直接的にタイのローカル企業を顧客として開拓することは必ずしも容易ではない。その場合には，日本の中小企業とタイのローカル企業を仲介し，つなぎあわていく仕掛けづくりが必要となる。ただし，ここでの問題はむしろ日本の中小企業が，自らが保有する技術やノウハウがどの程度高度なものであるのかを十分に認識できておらず，このため異国の新規顧客の開拓に意欲的でない場合が多くありうるという点である。この場合には，そうした中小企業が単独で進出を試みるよりも，事業上連関する企業同士を有機的につなげ合わせた集団単位あるいは「産業クラスター」での進出が望ましいと考えられている（藤岡［2013］，松島［2012，2013］）。現在，JICAと経済産業省は，中小企業の集団進出あるいはタイとの産業クラスター同士の連携を図る「お互い」プロジェクトに取り組んでいる。

4.2.2 タイ・プラスワンの発想をもつ

　もう1つは，タイ・プラスワンの発想をもつという点である。すでに述べたが，タイは，いくつかの点で転換期にある。第一は，ブルーワーカーの確保が非常にむずかしくなっており，タイ周辺国あるいは国境地域を中心に生産基地の海外移転を余儀なくされている。第二は，技能を有した専門労働者の確保・育成は従来から引き続き困難で，そうした労働者の賃金は非常に高騰しており，中小企業にとって厳しい状況である。第三は，販売先として中国やインドへも輸送することができる。さらに，第四は，技術を売るという視点からすれば将来的には周辺国であるベトナムやカンボジア，ミャンマーなども今後成長が期待される有望な市場として戦略的な視野に入れることができる。

　これはタイを中心とした東南アジア諸国連合（Association of Southeast Asian Nations: ASEAN）における制度的な下支えがある。1つは，ASEAN経済共同体（ASEAN Economic Community: AEC）の形成である。ASEAN10カ国は，2008年12月にASEAN憲章を制定した際に，ASEANとしての中長期ビジョンとしての「Roadmap for ASEAN 2009-2015」を策定したが，そのなかで，AECは，ASEAN政治・安全保障共同体，ASEAN社会・文化共同体とからなるASEAN共同体の1つとして位置づけられた。AECが取り組むべき主なポイントは，①貿易・投資の自由化・円滑化，②サービス分野の自由化（航空，観光，物流など），③コネクティビティ（物的・制度的・人的連結性），④公正な経済開発（ASEAN域内の経済格差是正）の4点にある[25]。ASEANは，2015年までにこのAECの実現を目指そうとしている。とくに貿易の自由化については，1993年にASEAN6（ブルネイ，インドネシア，マレーシア，フィリピン，シンガポール，タイ）でASEAN自由貿易地域（ASEAN Free Trade Area: AFTA）が始まって以降，デファクト的統合として段階的に進められてきている。さらに，周辺国である中国およびインドとも自由貿易協定（Free Trade Agreement: FTA）を締結しており，ASEAN域内からの輸出については一部例外品を除く貿易の自由化がなされている。ASEANを中心とする中国とインドとを加えた一大市場は，ASEANの人口6億人，中国の人口13億人，そしてインドの人口11億人の30億人市場となり，中間所得者層や富裕層の増大を見据えると，将来的には有望な巨大市場となることは間違いない（藤岡［2013］）。

もう1つは，大メコン圏（Greater Mekong Subregion: GMS）の開発である。これは，アジア開発銀行が中心となって進めている一大プロジェクトで，インドシナ半島の物流インフラの整備である。経済回廊（「陸の回廊」（進藤［2013］179頁）と呼ばれる物流インフラが整備されてきた。南はタイのバンコクから北は中国の昆明まで続く南北経済回廊，東はベトナムのダナンから西はミャンマーのモーラミャインまで続く東西経済回廊，そして南に，東はベトナムのホーチミンから西はタイのバンコクまで続く南部経済回廊の3つの経済回廊がある。現在，開発が急速に進められているのが，タイとミャンマーの国境開発である（田口［2013］）。バンコクの西に300キロメートルにあるミャンマーのダウェーから，タイの国境地帯であるプーナムロン，そしてカンチャナブリを通ってバンコクに至るルートが，日本企業の注目を集めている。ミャンマーのダウェーでは，経済特別区の開発が進められており，2万5,000haの工業団地，深海港の建設，そしてバンコクまでの高速道路の開発が行われている。2012年には，プーナムロンの国境ゲートが公式に開設された。貨物輸送では，これまでタイのバンコクからインドのデトロイトと呼ばれるチェンナイに輸送する場合，マラッカ海峡を越えて運ばねばならなかったため，輸送に約1週間かかっていた。これがダウェーを通すと，バンコクからチェンナイまで約3日で可能となるという（田口［2013］）。まさに「黄金のベンガル湾の時代」の到来である（松島［2012］81-85頁）。

　こうしたGMSの開発により，さらに陸ASEANでの事業展開の可能性が広がることが期待される。ASEANは1つの経済統合体であるが，陸側の陸ASEANと海側の海ASEANとでは状況は大きく異なる。海ASEANはシンガポールやフィリピンなど比較的経済発展が進んだ国々が多いのに対し，陸ASEANは長い紛争の影響もあり貧しい国々が多い。このようにASEANは1つの経済統合体ではあるが，構成する10カ国の経済発展段階はそれぞれ異なっている。AECはこの経済格差の是正を活動目標の1つに据えているが，ビジネスの観点からすると，10カ国（とくにメコン圏）の発展段階の差異を活用した事業が成功の鍵となる[26]。さらにASEANの強みは，国境周辺地域にアクセスしやすいばかりでなく，文化・慣習などが近いこともあり，国境にまたがったクロスボーダー的な事業が展開しやすい点にある。とくにタイは，バンコク

から，どのASEAN諸国へも10時間以内に行って戻れる「1日10時間圏内」と言われるほど，他のASEAN諸国への接近性を強みとしている。

たとえばタイで高付加価値型の生産，またはサービスを提供する。ベトナムに販路を広げるとともに，コストの安い労働集約的なものづくりは周辺国のミャンマーやラオスで行う。このように中小企業は，タイを中心としたASEAN圏内の経済発展の差異を利用した国際分業を構築するタイ・プラスワンの発想を持った事業展開が求められている（大泉［2013］）。

5．新しいタイビジネスのモデルを求めて

本章では，まず，中小企業の海外事業展開，とくにタイにおける機械金属5業種の直接投資について，TDBと共同で行ってきた分析とそのデータに基づきながらその実態をみてきた。これによると，2000年代に入って，中小企業のタイへの進出ブームが起こったこと，またそれを支えているのは中小企業であること，産業を超えてはいるが「日本村」的取引が日本企業にとっての事業上の基盤になっていること，が明らかとなった。

次に，できるだけ早い段階に現地のコミュニティと深くネットワークを形成するために，筆者らが中心となって取り組んでいる日タイ中小企業ビジネスマッチングをケースとして紹介した。日本の中小企業の海外事業展開は，企業経営的にもまた政策的にも大きな課題になっているが，進出候補先の企業や機関と真のネットワークを形成するには障壁がある。そこで，日本側とタイ側の双方の大学とつながりのある企業を，大学同士のつながりを媒介として直接的に対話させ，日タイの企業同士の直接的なネットワークをまず形成する必要がある。事業展開以前に，こうした取組みをとおして，進出希望先・地域でのコミュニティとのつながりを形成することが非常に重要となるのである。

本章で紹介したケースでは，日タイの大学（企業支援機関）同士の関係を1つの軸として，同友会の会員間ネットワークを活用し，参加企業を日本全国から広く募り，ビジネスマッチングに参加するというプロセスがある。このプロセスのなかで，現地の支援機関やローカル企業とつながる。またこれだけではない。現地の新聞記事などに掲載されることによって，ビジネスマッチングの

活動それ自体が社会的に認知されることになる。もちろん勝手に出来事が記事になるわけではない。つまり新聞記者との日頃の親密なつながりや新聞にコラムを提供したり取材を受けたり，また共同企画を立ち上げたりする互いのつながりの過程の賜物が，前述したタイ現地での新聞記事であるNNAの記事での紹介である。これが日タイ中小企業ビジネスマッチングを通じて，中小企業の現地コミュニティと深いネットワークを形成していく過程である。こうしたネットワークの形成と深化それ自体は現在のところ中小企業家と大学との相互の取組みであるが，中小企業支援のための施策として展開の余地が残されている。

最後に，タイ政府の制度転換として，外国企業誘致政策および最低賃金政策の転換の2つを指摘した。その結果，タイにおける事業展開において，次の2点に対応する必要がでてきている。1つは，これからタイに進出しようとする中小企業は，タイの経済社会に貢献する事業分野である必要がある。もう1つは，タイ・プラスワンの発想を持つ必要がある。前者は，日本の中小企業が保有している高度な技術力が強みとなり，それがタイで十分に発揮される可能性が高いが，タイのローカル企業を顧客とするかタイのローカル市場に直接的に売り込む必要がある。後者は，島国である日本にとっては，陸地でつながっている経済的な差異を活用した事業展開を図らなければならない。

このように，日本の中小企業がタイを進出先として事業展開していくうえでは，従前型とは異なるタイビジネスのモデルが必要となる。このモデルは，日本の中小企業が自ら主体的に構築すべきものではあるが，その構築をサポートする施策も同時に必要となろう。中小企業の海外事業展開にかかる支援施策は多くあるが，その有効性については今後の検討課題としたい。

付記

本稿は，科学研究費助成事業 若手研究（B）（研究課題番号24730356）の研究成果の一部である。

✣注

1　経済産業省ホームページを参照。
2　タイ以外にもASEAN諸国，インドなどにも期待が高まっている。

3 それ以外は，主に電話番号が入手できない（2,066社，30.5％），あるいは登記住所に存在していない（873社，12.9％）企業である。残りは閉鎖された数である（183社，2.7％）。
4 本節の記述はおもに関［2014d］にもとづく。
5 TDBでは，訪問調査による信用調査の報告書作成方法以外にも，聞き取り項目の少ないＣ2データを電話調査などにより毎年更新している。Ｃ2データには，「企業所在地」「創業年」「従業員数」「資本金規模」「売上高」「海外拠点の有無」などが入力されている。
6 TDBのデータベースを活用した日本企業の海外事業展開の実態分析とその結果については，関［2013a，2013b，2013c］を参照のこと。
7 ここでの従業員は，日本の本社勤務であることに留意が必要である。
8 データの特性上，系列グループ企業は本社名でしか把握できないため，取引関係がタイにおけるものかどうかは定かではない。しかしながら，産業の垣根を越えた「系列」でない「日本村」の取引関係については，タイでの事業展開をきっかけに構築されたことが筆者らのインタビュー調査によってその実態が明らかとなっている。この点の詳細については，藤岡ほか［2012］の筆者担当章を参照のこと。
9 本節の記述のなかで，日タイ中小企業ビジネスマッチング2013に関する記述は，はおもに関［2014a］にもとづく。
10 ビジネスマッチングは毎年9月頃に開催しているが，別の時期にも小グループを対象としたマッチングセミナーを開催したこともある。実際に，2014年3月に小規模のマッチングセミナーを開催しており，2014年9月のビジネスマッチングは，公式資料では第4回となっている。
11 中小企業家同友会については，SEKI［2011］が詳しい。
12 ビジネスマッチング2013では，個別商談の前に，日本側の参加企業から個々に事業概要とPRについて1分間でプレゼンテーションを実施したが，ビジネスマッチング2014では実施しなかった。
13 「日タイ中小企業がマッチング サシン日本センターと阪南大」『The Daily NNAタイ版』2013年9月4日号，2面。
14 「お互い」プロジェクトは，2010年秋のタイの洪水と2011年3月の日本の震災・津波によって日タイ双方の助け合いをもとに，ミッシングリンクによって日タイ双方の産業クラスターの連携を図ろうとするものである。具体的には，藤岡［2013］，松島［2012，2013］を参照。
15 「日タイ中小企業『互恵関係築け』サシン大学院で松島氏講演」『The Daily

『NNAタイ版』2013年9月5日号，2面．
16 「市場としての成長に高い期待 日系中小40社，地場との提携模索」『The Daily NNAタイ版』2014年9月4日号，25面．
17 広島県からは，広島市や呉市，さらには福山市などから15社の参加があった．これは，2014年2月に，広島市内で中小企業家同友会全国協議会の全国行事が開催され，そのなかの分科会の1つに，SJCの代表から講演がなされたことが大きく影響していると推察される．
18 RK社のタイのローカル企業との国際合弁については，関［2014c］を参照のこと．
19 アドック神戸は兵庫県中小企業家同友会の製造部会を母体として，1999年に設立された共同受注・共同開発をめざす企業のグループである．
20 本節の記述はおもに関［2014d］に基づく．
21 タイでは，1973年以降，地域ごとに日額最低賃金が設定されている．2001年まではタイを3つのゾーンに分けた3段階の賃金体系であったが，2002年以降は，各地域（県）の実情に応じた賃金水準を定めるようになり，各地の物価上昇率が考慮され，全国の平均インフレ率に基づき決定されるようになった．2006年8月1日には，インフレの加速に伴って，消費者物価の上昇やその他政治的要因などから，2006年1月1日発効の法定最低賃金の改定から7カ月後の再改定となった（以上は，Fact-Linkホームページによる）．2012年6月からは，最低賃金300タイ・バーツの導入がなされ，2013年1月から全国一律で300タイ・バーツとなった．
22 大泉［2011b］は，都市部と地方の賃金格差の縮小，農業従事者の高齢化などにより，余剰労働力の都市部への流入が減少していると指摘している．
23 この数は労働者の数でないにせよ，タイ国内において正式に登録された外国人労働者のうち，カンボジア，ラオス，ミャンマーといった周辺国とのMOUに基づく労働許可を取得した登録者数は2012年で826,868人と言われている（竹口［2014］）．外国人労働者といっても，上の数に含まれる合法労働者，半合法労働者のほかに登録を行わず労働を行う不法労働者とがあり，労働者実数を把握することは容易ではない．
24 実際には，ミャンマー人であったとしても，タイ国内である限り，上の最低賃金制が適応されることになるが，ローカル企業の中には，運用面でグレーな部分もあるとの話もある．
25 AECについては，助川［2011］が詳しい．
26 SJC代表の藤岡資正先生の見解による．

❖**参考文献**

大泉啓一郎［2011a］『消費するアジア―新興国市場の可能性と不安』中公新書。
大泉啓一郎［2011b］「タイで深刻化する労働力不足」『アジア・マンスリー』日本総合研究所，第11巻，第127号，1－2頁。
大泉啓一郎［2013］「『タイ・プラスワン』の可能性を考える―東アジアにおける新しい工程間分業」『環太平洋ビジネス情報』日本総合研究所調査部，第51号，1－23頁。
熊谷章太郎［2013］「賃金上昇が続くタイ―高賃金政策の影響」『環太平洋ビジネス情報』第13巻，第48号，50－70頁。
進藤榮一［2013］『アジア力の世紀』岩波新書。
末廣昭［2009］『タイ 中進国の模索』岩波新書。
末廣昭・東茂樹編［2000］『タイの経済政策―制度・組織・アクター』アジア経済研究所。
助川成也［2011］「ASEAN経済共同体に向けて―現状と課題―」山影進編著『新しいASEAN―地域共同体とアジアの中心性を目指して』アジア経済研究所，78－109頁。
関智宏［2008］「都市における産業集積と中小企業―大阪府八尾地域における中小製造業の関係性構築と経営基盤強化―」『企業環境研究年報』第13号，中小企業家同友会全国協議会企業環境研究センター，123－140頁。
関智宏［2011］『現代中小企業の発展プロセス―サプライヤー関係，下請制，企業連携』ミネルヴァ書房。
関智宏［2012］「第6章 産業集積と中小企業の経営行動―大阪府八尾地域をケースとして」大西正曹編著『時代の車窓から見た中小企業』晃洋書房，93－115頁。
関智宏［2013a］「日本企業の国際化（1）―機械金属5業種を対象にした企業規模別分析」帝国データバンク『SPECIA共同研究』。
関智宏［2013b］「日本企業の国際化（2）―機械金属5業種を対象にした進出先分析～中国・タイ～」帝国データバンク『SPECIA共同研究』。
関智宏［2013c］「日本企業の国際化（3）―チャイナプラスワンの実態」帝国データバンク『SPECIA共同研究』。
関智宏［2013d］「中小企業の国際連携をつうじた企業発展のプロセス―タイに進出しようとする日本中小企業をケースとして」日本中小企業学会編『日本産業の再構築と中小企業』同友館，73－86頁。
関智宏［2014a］「中小企業による現地コミュニティとのつながりとアクターネットワーキング―日タイ中小企業ビジネスマッチングをケースとして」『企業環境研究

年報』中小企業家同友会全国協議会企業環境研究センター，第18号，97-114頁。
関智宏［2014b］「第4章第3節　タイの中小企業」植田浩史・桑原武志・本多哲夫・義永忠一・関智宏・田中幹大・林幸治『中小企業・ベンチャー企業論――グローバル化と地域のはざまで（新版）』有斐閣，91-95頁。
関智宏［2014c］「タイの大企業との国際合弁をつうじた日本の中小サプライヤーの価値創出プロセス」アジア市場経済学会編『アジア市場経済学会年報』第17号，13-23頁。
関智宏［2014d］「タイビジネスと中小企業――タイにおける事業展開の現状と課題――」多国籍企業学会編『多国籍企業研究』第7号，63-80頁。
関智宏［2014e］「産業集積と中小企業の海外事業展開――大阪府八尾地域における集積内中小企業のタイ進出――」mimeo.
関智宏編［2012］「タイでの活動成果報告書2012」mimeo.
関智宏編［2014］「タイでの活動成果報告書2013」mimeo.
田口博之［2013］「ASEANの成長を内需とせよ　第1回　国境開発――企業にとっての魅力と課題（タイ・ミャンマー国境）」『企業診断』2013年9月号，50-54頁。
竹口未久［2014］「タイの外国人労働者（1）誰なのか，どこにいるのか」日本タイ協会『タイ国情報』2014年5月号，第48巻，第3号，79-87頁。
中小企業基盤整備機構［2012］「平成23年度中小企業海外事業活動実態調査」報告書要約版，国際化支援センター。
藤岡資正［2013］「ASEANの成長を内需とせよ　最終回　中小企業のASEAN進出――連関性を活かした事業展開――」『企業診断』2013年11月号，68-70頁。
藤岡資正・P．チャイポン・関智宏編著［2012］『タイビジネスと日本企業』同友館。
松島大輔［2012］『空洞化のウソ』講談社新書。
松島大輔［2013］「ASEANの成長を内需とせよ　第2回　日タイ「お互い」プロジェクトから始まる産業クラスター連携」『企業診断』2013年10月号，44-47頁。
Ghemawat, P.［2007］*Redefining Global Strategy: Crossing Borders in a World Where Differences Still Matter*, Harvard Business School Press.（望月衛訳『ゲマワット教授の経営教室　コークの味は国ごとに違うべきか』文藝春秋，2009年）.
SEKI, Tomohiro［2011］"Associations of Small Business Entrepreneurs as "Voluntary" Organizations for SME Managers and their Campaign for the Documentation of Management Principles" 阪南大学学会『阪南論集（社会科学編）』第46巻第2号，pp.193-225。

《ウェブサイト》

経済産業省ホームページ「第43回海外事業活動基本調査結果概要確報―平成24（2012）年度実績」平成26年4月公表
　http://www.meti.go.jp/statistics/tyo/kaigaizi/result/result_43/result_43.html
　（2014年11月22日現在）

帝国データバンクホームページ
　http://www.tdb.co.jp/lineup/cnet/　（2014年11月22日現在）

タイ国政府貿易センターホームページ「タイ投資委員会（BOI）投資恩典を追加」
　http://japan.thaitrade.com/whatsnew/13/1318/index.html　（2013年12月31日現在）

タイ国投資委員会ホームページ
　http://www.boi.go.th/index.php?page=index　（2013年12月31日閲覧）

日本貿易振興機構（JETRO）ホームページ「タイ進出に関する基本的なタイの制度」
　http://www.jetro.go.jp/world/asia/th/invest_03/　（2014年11月22日閲覧）

Fact-Linkホームページ「雇用編―最低賃金」
　http://www.fact-link.com/handbook_307.php　（2013年12月31日閲覧）

（関　智宏）

第6章 ベトナムにおける工業人材育成の現状
——日系中小企業と教育訓練機関の連携の可能性

POINTS

◆ ベトナムにおける工業人材の確保は，工業化が進み外国直接投資が増加するにつれて，以前ほど容易ではなくなっている。特に，製造付加価値と生産性を高めるために必要な，技能者と生産技術者が不足しはじめている。

◆ 工業人材の需要と供給のバランスを取るためには産学連携しての人材育成が必要である。しかし，ベトナムでは教育訓練機関と企業の協力はまだ盛んでない。

◆ ハノイ工業大学技能者育成支援プロジェクトの事例によると，産学連携しての人材育成は大企業に限らない。日系中小企業でも効果的な連携は可能であり，特にインターンシップは人材獲得の有効な手段である。

◆ 日系中小企業とベトナムの教育訓練機関との連携を促進するためには，双方が「つながり」をもつ機会を拡大するとともに，業界団体や工業団地管理会社のサポートを強化することを提案する。

1．日系中小企業のベトナム進出と現地人材の獲得と育成

　企業が海外進出するにあたり，現地での優秀な人材の確保は，企業の規模や国籍にかかわらず重要である。近年ベトナムへ外国直接投資（Foreign Direct Investment: FDI）が増加しているのは，インフラの改善や政治的な安定に加えて，優秀な人材の確保が比較的容易であるとの見込みがあってのことであろう。近畿経済産業局による調査によると，ベトナムとの取引，事業展開を検討する理由として，42％の企業が人材の質が高いことを挙げている（近畿経済産業局

[2013]）。

　しかし，この状況も工業化が進むにつれて徐々に変わりはじめている。進出する企業の増加もあり，長期的には大量のワーカーの確保は以前ほど容易ではなくなると思われる。技能者や技術者に対する産業界の要望も多様化かつ高度化する中，限られた数の優秀な工業人材を企業が奪い合いはじめ，転職率の増加を懸念する声も強まっている。このような中，すでに現地進出している，もしくは今後進出する日系中小企業は，知名度が低く社内リソースにも余裕がないこともあり，人材確保に関して大企業よりも苦労することが懸念される。

　一方，制約があっても，日系中小企業が教育訓練機関と積極的に連携して人材育成を行うケースも存在する。産学連携しての人材育成は大企業だけのものでなく，きっかけをつかみ，特性をうまく活かせば，中小企業だからこそ実施できる連携の形もあるのではないか。本章では，工業人材の需要と供給の現状，産学連携の現状，ハノイ工業大学技能者育成支援プロジェクトの試みと実際の日系中小企業との連携事例，そしてさらなる産学連携促進への課題について考察する[1]。

2．人材の需要と供給の現状

　従来，投資先としてのベトナムの魅力の1つは，安価で良質な工業人材の確保が比較的容易で，定着率も比較的良いことといわれてきた[2]。しかし，工業化が進むにつれて，ベトナムにおける工業人材の需要と供給の状況に少しずつ変化がみられる。

　製造現場で働く工業人材は，図表6－1のように，①生産ラインオペレーター，②ライン長（ラインオペレーターから昇格することが多い）ならびに工作機械や工具を使って作業を行う技能者，③生産現場の改善を指導する生産技術者，④製品設計などに携わる技術者，に大別できる。

　このようにピラミッド型であらわされた人材層の上に行くほど，一般的に高い教育訓練資格が求められ，また下に行くほど多くの人数が必要になる。教育訓練資格と職業が常に結びつくわけではないが，図表6－2のように2013年において82.1％の雇用者が高卒資格以下であることは，ベトナムにおいては生産

図表6−1　製造業における工業人材の構成

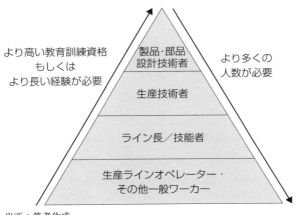

出所：筆者作成。

図表6−2　雇用人口における，雇用者が取得した最も高い教育訓練資格の割合

(単位:%)

	2007年	2009年	2010年	2011年	2012年	2013年
高卒資格以下	82.5	82.6	85.4	84.6	83.4	82.1
職業訓練	5.3	6.2	3.8	4.0	4.7	5.3
中等職業訓練	5.5	4.3	3.4	3.7	3.6	3.7
短大	1.9	1.7	1.7	1.7	1.9	2.0
大学以上	4.9	5.2	5.7	6.1	6.4	6.9

出所：GSO［2012, 2014］より筆者作成。

ラインオペレーターなどの技術的知識が要求されない層がまだ大半を占めていることを示唆している。以下では近年の工業人材の需要と供給の状況を，人材グループ別に見てみたい。

　まず，高校卒業者がほとんどを占める生産ラインオペレーターであるが，不足していると感じる企業が徐々に増えている。日本貿易振興機構（Japan External Trade Organization: JETRO）の調査によると，「一般ワーカーの採用難」に直面していると回答した企業は2005年には14.50％であったが，2010年

には43.69％に達している（**図表6-3参照**）。

　以前は，特に中国と比べて，ベトナムへの投資の優位性は，安価で優秀なワーカーを寮などの居住地を準備しなくとも地元から労働力が確保できること，そして比較的転職率が低いことであった。しかし，こうした状況が今後も長期にわたり継続するとは限らない。大量のラインオペレーターを必要とする組立工程をもつ大手の電機メーカーなどは，労働力を確保すべく，地方にまで出向いて採用活動を行っている。また，他の外資系企業への，もしくは日系企業間の転職も増えており，転職率が高いと感じる企業も増えてきている。2011年以降はワーカーの採用難を訴える企業は減少し，2013年には6.5％まで低下しているが，これは人材供給に関する構造的な変化があったためではなく，景気後退によるものと考えられる。景気が回復すれば長期的にはまた人材不足になる

図表6-3　雇用・労働面での問題点

年	技術職の採用難	中間管理職の採用難	一般ワーカーの採用難
2003	37.20	53.80	
2004	44.70	54.10	
2005	50.60	59.00	14.50
2006	55.20	65.70	10.40
2007	63.00	70.40	22.20
2008	45.58	54.32	25.93
2009	12.95	36.69	13.67
2010	32.04	44.44	43.69
2011	34.21	48.25	34.21
2013	24.00	39.80	6.50

注1：2009年から若干質問の仕方が変わり，一般ワーカー・技術職については製造業のみを対象としている。
　2：2012年度については集計表が公表されていない。
出所：JETRO［2004, 2005, 2006, 2007, 2008, 2009, 2010, 2011, 2013］より筆者作成。

可能性がある。

　次に，技能者の需要・供給の状況であるが，精密加工工程をその競争力の源とする日系中小企業の進出が進むにつれてその需要は増加している。製造業における付加価値を高めるため裾野産業の発展が政府の指針にもなっている現在，優秀な技能者の需要は今後も増加すると思われる。ただし，技能者への需要は，精密加工工程の比較的多い部品サプライヤーにおいて高い一方，組み立て中心のアセンブラーの中にはそれほど技能者を必要としない企業もある。

　高まる需要に対して，優秀な技能者の供給は十分ではない。世界銀行の調査によると，80％以上の企業が，技能者（Technician）のポジションへの応募者は十分な技能をもっていないと回答している（World Bank [2013]）。不足しているがゆえに転職率も高くなっており，他社による技能者の引き抜きに苦しむ企業もいる。この背景には，日系および他の外資系部品サプライヤーの進出が徐々に増えていることと同時に，技能者の供給元である職業技術教育訓練（Technical and Vocational Education and Training: TVET）プログラムが十分に役割を果たせていないという供給側の問題がある。機械，電気，電子などについてある程度の専門知識が必要な仕事を行う技能者は，3年制の職業訓練短大（Vocational College），2年制の中等職業訓練コース（Vocational Secondary），3年制の専門短大コース（Professional College），2年制の中等専門コース（Professional Secondary）の卒業生であることが多い[3]。これらTVETプログラム内容が産業界のニーズに追いついていないという質的な問題，近年TVETプログラムの人気が下降し入学者数が減少しているという量的な問題も起こりつつある。職業訓練コースの入学者数は，2009年には約170万人であったが，2012年には150万人に減少している[4]（NIVT [2012]）。

　最後に，技術者の需要と供給を，生産技術部門に所属する生産技術者と，研究・開発（Research and Development: R&D）および設計部門に所属する技術者に分けて考察したい。

　前者の生産技術者は，多くの企業が必要としている。人件費が徐々に上昇する中，他国にある生産拠点に対する競争力を強化するために，生産性向上を主導する生産技術者の需要は今後も高まることが予測される。生産技術者を供給することが期待されるのは，主に大学（University）コースおよび専門短大コ

ースであり，全国的に卒業者数は増加している。ベトナムにおける大学・短大コースの入学者は，2000年時点では約90万人であったが，2013年には約206万人と2倍以上に増えている[5]。また，高等教育の技術系（工学・生産・建築など）の入学者数の割合は，1999年の17.5％から2012年には23.6％に増えている[6]。

　残念ながら，これらのコースの卒業生は，生産技術者に必要な現状分析能力および問題解決能力が低いことが多い。また，大卒，特に有名大学卒の学生は現場に入るのを嫌がる傾向がある。学歴に対する意識が高いベトナムでは，大卒は卒業と同時に設計者や管理職候補になれると勘違いしている学生が多い。これらが，上述のJETROの調査において，2007年に技術職の採用難に直面していると回答した企業が63.0％に達した理由であろう（**図表6－3参照**）。その後は景気後退もあり割合は低下しているが，ラインオペレーターと同様に，景気が回復すれば採用難を訴える企業が増加すると思われる[7]。

　R&Dに携わる技術者の需要は，徐々にではあるが増加している。以前は，ベトナムで工業製品もしくはその部品を設計する企業はあまりみられなかった。しかし，近年，R&D部門を強化する大手企業も出てきている[8]。金型メーカーなどの部品サプライヤーの中でも，コストや生産リードタイムの削減のため，ベトナムにて製品設計をある程度行う企業も見受けられる。このように，工業化が進むにつれて，ベトナムでも設計人材の需要は徐々に増加しているが，それが工業人材の需要全体に占める割合はまだ小さい。大阪府商工労働部による調査では，現地工場の主な役割を研究開発とみなす企業の割合は，現在で2.5％，今後の見通しでも9.8％にとどまっている（大阪府商工労働部［2013］）。

　一方，供給側の状況に関しては，既存の大学が入学者数を拡大し，また新たに大学が設立された結果，技術系の大学コース卒業者の数は上述のように急速に増加している。しかし，急速な量の拡大に対して教育の質が確保されていないとの批判も強い。この事情を考えると，R&D部門への就職を目指す大卒者は量的には不足はないものの，質的には産業界の需要を満たしていないと考えられる。

　このように，一般的には評判が良く他国と比べると潤沢といわれているベトナムの工業人材も，階層別にみると需要と供給のミスマッチが現れはじめている。特に，工業発展の次のステップに進むために必要とされている技能者と生

産技術者は，十分に供給されているとは言いがたい。こうした状況は，タイやマレーシアといった東南アジア諸国連合（Association of Southeast Asian Nations: ASEAN）の先進国も経験している。しかし，ベトナムにおいて特徴的なのは，ワーカーの不足や技能者を輩出すべきTVETプログラムの人気の低下，大卒者の増加などが，工業化の早い段階で顕著になりはじめていることである。

3．ベトナムにおける産学連携の概要

3.1　産学連携発展のステップ

　工業人材の需要と供給のバランスを取るためには，産業界と教育訓練機関が連携して人材育成に取り組むことが重要となる。ベトナムにおける産学連携が現在どのようなステージにあるのかを分析するにあたり，技能者および生産技術者育成を目的とした産学連携発展のステップを図表6－4を参照しつつ考察したい。

　産学連携の第1段階は人材の採用から始まる。優秀な人材の採用は，企業が教育訓練機関にコンタクトする最大の動機である。採用に関する具体的な活動としては，求人票の掲示や就職フェアの開催などが挙げられる。

　第2段階として，就職支援活動がある。学生に企業の事業内容や求められる知識・技能を知る機会を与える，卒業生による講演会や企業見学などが含まれる。

　第3段階として，学生の能力向上に関連した活動がある。特に，企業でのインターンシップは，学生が実践的な技術や社会人としての勤務態度を学ぶ重要な機会であり，教育訓練機関での実習授業を補完する役割を果たす。一方で，企業はインターンシップ期間中に，学生の知識や技能だけではなく，やる気や勤務態度などもある程度は見極めることができる。学生の学習を支援しながら採用にも間接的に結びつく他の手段としては，企業による奨学金の供与や，企業が講師や機材などを提供して教育訓練機関で行う特別講座の開催などがある。

　第4段階は，教育訓練機関の能力向上である。企業からの貢献としては，社内研修への受け入れなどを通じた教育訓練機関の教員への訓練，企業内専門家

図表 6 − 4　産学連携発展のステップ

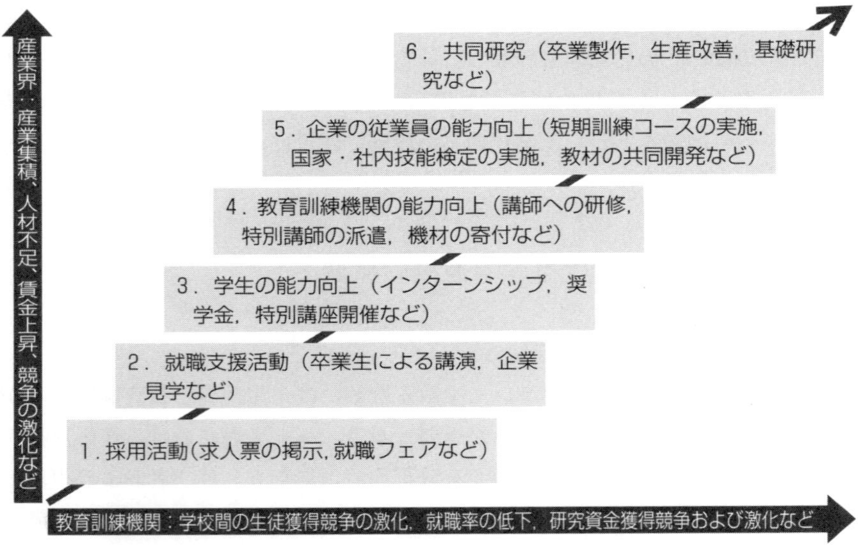

産業界：産業集積，人材不足，賃金上昇，競争の激化など

6．共同研究（卒業製作，生産改善，基礎研究など）
5．企業の従業員の能力向上（短期訓練コースの実施，国家・社内技能検定の実施，教材の共同開発など）
4．教育訓練機関の能力向上（講師への研修，特別講師の派遣，機材の寄付など）
3．学生の能力向上（インターンシップ，奨学金，特別講座開催など）
2．就職支援活動（卒業生による講演，企業見学など）
1．採用活動（求人票の掲示，就職フェアなど）

教育訓練機関：学校間の生徒獲得競争の激化，就職率の低下，研究資金獲得競争および激化など

出所：筆者作成。

を特別講師として教育訓練機関の授業に派遣すること，そして機材の供与などがある。教育訓練機関の能力が向上して優秀な学生が増えることは，長期的には産業界の利益となる。

　第5段階は，教育訓練機関による企業の従業員の能力向上への貢献である。特定分野の短期訓練，国家および社内技能検定の実施，さらには教材の共同開発などもこれにあてはまる。特に，社内に体系的な新人教育研修プログラムをもっていない中小企業の中には，従業員の能力向上のために教育訓練機関による短期訓練コースを活用したい企業も多いであろう。この段階になると，教育訓練機関は企業の従業員よりも特定分野についての優れた知識や技能，もしくは幅広い見識をもっている必要がある。

　最終段階は，企業と教育訓練機関による共同研究である。具体的には，学生の卒業研究課題への企業からの情報提供や，生産改善につながる実践的な研究，そして材料工学などより高度な基礎研究の共同実施実などが挙げられる。この段階に至っては，教育訓練機関は高度な知識，実験設備，さらには研究内容の

秘密事項を厳守する仕組みをもつ必要となる。

　上述のようなステップにもとづいて産学連携が発展するためには，いくつかの経済的・社会的条件が必要となる。産業界側は，①工業化が進み，産業集積がある程度進んでいる，②人材不足が深刻になり，賃金が上昇し，企業間での人材の奪い合いすらはじまっている，といった状況があてはまる時期に産学連携により積極的になると考えられる。一方，教育訓練機関は，学校間の競争が激しくなり，優秀な学生を確保するために就職率の改善や研究の強化が必要な状況になると，産学連携にその活路を見出そうとする傾向があると思われる。ベトナムにおいても近年こうした条件があてはまりはじめており，産学連携への意欲が高まる気配がある。

　ベトナムにおける産学連携は，一般的には第1段階の採用についての連携にとどまっている。世界銀行による調査では，企業が教育訓練機関にコンタクトする理由として，83％が採用，45％がインターンシップや徒弟制度，38％が従業員訓練を挙げている（World Bank［2013］）。第2段階の就職支援活動については，企業見学を受け入れたものの，教員と学生の態度が芳しくなく，今では受け入れたくないという企業も存在する。第3段階の学生の能力向上については，必修科目となっているため多くの学生が企業でのインターンシップに参加しているが，それが実習を補完する教育の一部として行われているかは定かでなく，時に臨時工として扱われているだけといったケースも見受けられる。第4段階の教育訓練機関の能力向上については，機材の寄付や特別講義はしばしばみられるものの，教育訓練機関は受動的であり，企業側からの働きかけを十分に活用する，もしくは自ら積極的に具体的かつ互恵的な提案をしていくというケースは多くない。第5段階の企業の従業員への訓練に関しては，産業界の需要はあるものの，企業から教育訓練機関への信頼度が低い。最終段階の共同研究については，ハノイ工科大学などトップクラスの工科大学には専門知識をもった研究者がいるという話も聞くが，目立った成果は知られていない[9]。

　シンガポール，タイ，マレーシアなどのASEAN先進諸国では，産学連携が進展している例も見受けられる[10]。たとえば，タイでは，泰日工業大学（Thai-Nichi Institute of Technology: TNI）が，バンコク日本商工会からの多大な支援を受けて，教育訓練プログラムを改善している[11]。また，TNIの母体となった

泰日経済技術振興協会（Technology Promotion Association: TPA）が企業向けの訓練コースを1970年代より行っている。対外開放の歴史を考えると，現時点でそれらの国とベトナムとの間に差があるのは仕方がないが，今後，産学連携しての工業人材育成を加速するにはどうしたらよいか。次節では，ベトナムにおける産学連携しての技能者育成の実例として，筆者が従事したハノイ工業大学技能者育成支援プロジェクトにおける取組みを紹介したい[12]。

4．ハノイ工業大学技能者育成支援プロジェクトの試み

4.1 プロジェクトの概要[13]

産業界の需要にみあう工業人材の供給を加速するため，国際協力機構（Japan International Cooperation Agency: JICA）は，ハノイ工業大学（Hanoi University of Industry: HaUI）において，「ハノイ工業大学技能者育成支援プロジェクト」（以下，HaUI-JICAプロジェクト[14]）を2010年から2013年まで実施した。同プロジェクトの主な成果と活動は以下のとおりである。

第一の成果は，産業界のニーズに応えて，「訓練プロセス管理」と呼ばれる恒常的に教育訓練を改善するためマネジメントサイクルをHaUIに導入したことである[15]。教育訓練，とりわけ職業訓練活動は，**図表6－5**に示す7つのプロセスで構成されている。産業界のニーズを取り入れて効果的な訓練を行うためには，各プロセスにおける活動を確実に実施することが必要である。

HaUIにおいては，2000年から2005年まで第1期技術支援として「ハノイ工科短期大学（Hanoi Industrial College: HIC）[16]機械技術者養成計画」（通称HIC-JICAプロジェクト）が実施された。このプロジェクトの成果として，日本のカリキュラムおよび指導法を取り入れた，機械加工・金属加工・電子制御分野の職業訓練コース（2年間）が新設され，これらのコースはベトナム日本センター（Vietnam Japan Center: VJC）として，プロジェクト終了後も引き続き運営されている。この第1期のプロジェクトにおいて，VJCの教員はプロセス管理の中でも訓練の実施に向けた準備，訓練の実施，そして訓練の評価の一部についてある程度の指導を受けた。そのため，第2期のプロジェクトであるHaUI-JICAプロジェクトでは，第1期プロジェクトが完全にはカバーしなかった，

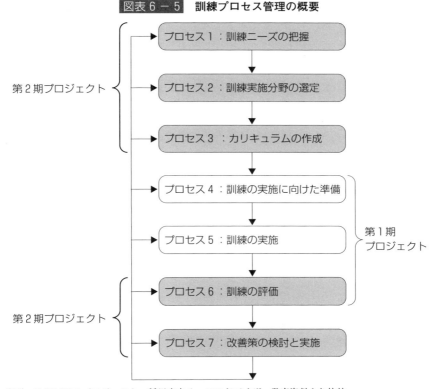

図表6－5 訓練プロセス管理の概要

出所：HaUI-JICAプロジェクト・稲川文夫チーフアドバイザー発表資料より抜粋。

図表6－5のプロセス1からプロセス3およびプロセス6と7に関してHaUIの能力向上を目指した。具体的な活動としては，企業を訪問してのHaUI卒業生および訓練プログラムに対する評価の調査，調査結果に基づいての企業向けもしくは学生向け短期コースの形成と実施，長期コースのカリキュラムの改善，5S導入を通じた学習・勤務環境の改善などを行った[17]。

第二の成果は，マシニングセンター作業技能検定試験の試験的実施である。2012年8月にVJCの機械加工コース2年生を対象にしたベトナム国家技能基準のレベル2に相当するパイロット技能検定を実施し，受験者10名中9名が合格した[18]。この活動を通じて，実施要領，試験問題，採点基準，採点要領等の実施に必要な書類の作成，そして評価者の能力向上を行った。特に試験課題の

作成にあたっては，数社の日系企業の意見も参考にしている。さらに，同年12月には，リコーイメージングプロダクトベトナム社の社員10名を対象に，国家技能検定試験を実施するに至った。これらの成果を糧にして今後ベトナムで技能検定が普及することにより，多くの場合大卒資格のない技能者が，社内で正当な評価を得てキャリアを築く道が開け，そして社会的な地位を向上することが望まれる。

第三の成果は，学生向けの就職支援体制の改善である。当初の計画は実技および実務経験を補うためのインターンシッププログラムの改善に焦点を当てたものであったが，内部での議論を重ねて，インターンシップの改善を含む包括的な就職支援システムの確立を目指すに至った。具体的な活動としては，企業見学や卒業生による特別講義などを通じたインターンシップおよび就職準備の支援，教員によるインターンシップモニタリング制度導入，キャリアカウンセリングの試行的実施，学生の就職状況調査実施体制の整備，などを行った（図表6－6参照）。

現在，2期8年に及んだHaUIにおける活動の成果を，他校へ横展開しようという取組みがJICAの支援により進んでいる。2013年6月には「ハノイ工業大学指導員育成機能強化プロジェクト」が，HaUIによる他の職業訓練校の指導員の能力向上を目標として開始された。現在，HaUIの教員は，JICA専門家

図表6－6　就職支援システムの概要

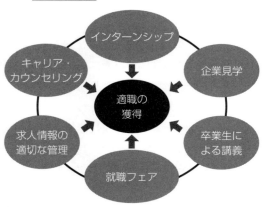

出所：筆者作成。

の支援を得て，ハノイ技能技術職業訓練短大（Hanoi Technique and Technology Vocational College: TTC）を中心とする他の職業訓練校の指導員に対して，機械および電気・電子分野の指導能力向上研修を実施している。加えて，JICAは円借款スキームによるさらに多くの職業訓練校の能力向上の支援を検討中である。

4.2　日系中小企業との連携

HaUI-JICAプロジェクトでは，企業との連携を活動の大きな柱とした。日本の政府開発援助（Official Development Assistance: ODA）プロジェクトであること，そして大学側の意向もあり連携対象の多くは日系企業で，その中には中小企業も多く含まれた。実際の連携活動を通して感じた，教育訓練機関側から見た大企業と中小企業との連携における利点と難しさの相違は以下のとおりである。

大企業との連携における利点は，主にその規模と組織的な強さによるところが多い。まず，当然のことながら採用人数が多い。次に，充実した社内研修システムをもっている。中には日本に社内学校をもち，技能五輪の選手を長年育成している企業もあり，それらの企業はその研修プログラムの多くをベトナムの現地法人も活用している。このような企業は，入社する学生に体系的な訓練を与えることができるだけでなく，社会貢献の一環として外部からの参加者を社内研修に受け入れることもある。実際，プロジェクト実施中に，トヨタベトナム社，デンソーベトナム社，ホンダベトナム社，パナソニックベトナム社には，HaUIの教員を特別に社内研修に受け入れてもらった[19]。これらは体力のある大企業ならではの優秀な人材を獲得するための長期的な投資ともいえる。また，卒業生による特別講義や企業見学などの就職支援活動に関しては，類似のイベントを行った経験が豊富であり，また関連部署に十分な人員が配置されていることから，手慣れた対応をしてもらえることが多かった。

一方で，大企業と連携する難しさもまた，その規模によるものである。大人数を採用してもらえる一方で，個々の卒業生の詳しい評価を得ることは難しい。インターンの採用に関しても，大人数で雇われることもあり，研修というよりはアルバイトという形になるケースも見受けられる。また，一般的に，企業見

学や卒業生による特別講義などの就職支援活動に関しても，話がまとまれば非常にきめの細かい対応をしてもらえるが，当初の内部手続きに時間を要することもある。

　大企業と比べて，中小企業との連携における利点は，第一に，意思決定が比較的早いことである。中小企業の場合，教育訓練機関の対応をするのも現地法人の経営陣，つまり組織の最終意思決定者であることが多いため，議論の進みが早く，また革新的な活動を作り上げることもできる。第二に，個々の学生へ目の行き届く活動が可能なことである。最後に，中小企業は加工工程をもつサプライヤーであることが多く，TVETプログラムの学生が学んだことを直接活かせる現場をもっていることである。後述する企業・教育訓練機関・学生の3者に有益なインターンシッププログラムの形成は，このような利点が顕著に現れた例である。

　一方で，中小企業と連携する場合の一番の難しさは，採用人数が比較的少ないため，教育訓練機関内の関連各学部・部署から協力を得るのに苦慮することである。HaUI-JICAプロジェクト実施中も，日系中小企業から少人数の採用の問い合わせを多く受けたが，残念ながら結果を出せないことが多かった。少人数の募集の場合，学校側の関係者もあまり組織的に動く意欲がわかないようで，学生に直接応募を勧めることはせず，掲示板に募集案内を貼る程度の行動にとどまることが多かった。また，中小企業側から送付された職種や必要事項などの募集に関する情報があいまいであったことも一因である。さらには，企業側の日本人スタッフと現地人スタッフの意思が一致しておらず，正確な情報を得るのに時間がかかったケースもあった。たとえば，日本人スタッフが「技術者」を採用したいという場合，時に大学卒にこだわらず現場上がりでも将来的に技術者になり得る候補者をさす場合がある。これに対して，ベトナム人スタッフは「技術者」はすなわち大卒資格が必須条件と考えるため，HaUI側には「大卒の採用希望」と伝えられることもあった。

　このように大企業・中小企業との連携にはそれぞれ利点と難しさがあり，教育訓練機関にとっては，目的によってパートナーを選択することが望ましい。逆に言えば，日系中小企業も，教育訓練機関との連携を構築することは可能である。一般的に，大企業の方が中小企業よりも人材育成には積極的であるとい

われる。確かに大企業の方が人材育成に割ける財的および人的リソースが多いかもしれないが，筆者のベトナムの経験では，企業規模と人材育成へのコミットメントの強さは必ずしも比例しない。中小企業でも，意思決定の速さや加工技術など，自らの特性を活用して人材育成に取り組んでいる例は存在する。むしろ，人材育成へのコミットメントの強弱は，企業もしくは経営者がいかにベトナムに根を張って事業展開しようとしているかに関連すると考えられる。以下に，HaUIと日系中小企業との連携事例を紹介する。

4.2.1　トーホーベトナム社との連携
──採用を前提としたインターンシップの実施

　第一の例は，適した人材の獲得を目指したインターンシップである。パートナーとなったトーホーベトナム社はハノイ市タンロン工業団地にある射出成型金型メーカーで，キャノンベトナム社，ホンダベトナム社などへの金型を製造している。親会社は群馬県安中市の東邦工業株式会社である。同社は創業以来，定期的にHaUI・VJCの卒業生を多数採用しており，2012年2月時点で57名のVJC卒業生が勤務している。これは全従業員約120名の約48％にあたる。もともとは第1期のHIC-JICAプロジェクトにおいて日本人専門家の橋渡しにより関係が始まったが，2005年のプロジェクト終了以降も，日本人専門家なしでVJCとトーホーベトナムは良好な関係を保ち続けていた。

　トーホーベトナムは，毎年約20名から30名のVJC在学中の学生に対して，インターンシッププログラムを提供している。2010年度までは座学中心のプログラムであったが，2011年からはVJC所長と日本人専門家からの依頼により，現場実習を取り入れ，これにより実施期間を従来の4週間から8週間に延長することとなった。インターンシップに実習を組み込むことは，受け入れ企業側の負担も大きいため，特に高額の工作機械を操作する部署などではなかなか受け入れてもらえないのが実情だが，2004年から採用やインターンシップを通じて積み重ねた相互信頼関係があったがゆえにトーホーベトナムもこれを了承したものと思われる。

　現場実習をインターンシップに取り入れるにあたり，トーホーベトナムは学生の能力評価とモニタリングの仕組みも改善した。学生の希望と能力を考慮し

て適切な部署を決めるため，まずは1週間の座学講義および終了時の簡易テストを行うこととした。それに続く現場実習中も，中間，そして最終試験を行い，学生の能力の変化を測った。テストの結果は，トーホーベトナムが学生の適性・能力を見るのに有効な資料となるだけではなく，VJCの教員にとっては学生の強みと弱みを知る重要な資料となった。また，学生とトーホーベトナムの教育担当者が，理解度および疑問を共有するため，週次の報告書を導入した。さらに，インターンシップが双方の同意したように進んでいるかを確認するため，VJCは担当講師による中間評価のための訪問を義務付けた。これらの改善の結果，座学と現場実習，そして評価制度と定期的なモニタリングを組み込んだ包括的なインターンシッププログラムが形成されたのである。

　このようなきめの細かいインターンシップを行うことは理想だが，受け入れ企業側は通常どおりの業務をこなしつつ訓練も行うので，負担が増えることは確実である。トーホーベトナムがこうした負担を受け入れたのには，いくつかの理由が考えらえる。第一に，優秀かつ金型製造に興味のある学生をインターン期間中に見つけられることである。トーホーベトナムも他社同様に，通常は入社試験により採用するが，一発勝負の採用試験ですべてを見極めるのは容易ではない。しかし，2カ月あれば，学生の適性を見極めることができ，将来的な生産性および品質向上を望めるだけでなく，早期の転職を減らすことができる。第二に，HaUIとの長期的な関係の構築である。良い関係を築くことにより，HaUIが優秀な学生を優先的に同社に推薦するようになれば，効率的に適性のある人材を採用することができる。企業に関する情報が少ない中，ベトナムの学生は有名な企業もしくは親類が働いている企業を就職先として好む傾向がある[20]。こうした社会的状況の中で，あまり名の知られていない日系中小企業が優秀な学生を確保するにはインターンシップは有効な手段である。

　2012年度も同様の形でインターンシップが実施されたが，1つ新しい工夫として，インターンシップ開始前にトーホーベトナムへの企業見学が実施された。これにより，VJCの教員はどの学生が本当に同社の仕事に興味があるのかを見極め，適切な学生を推薦することができた。一方で学生は仕事の内容を知る機会を得ることができた。その他に，VJCとトーホーベトナムは，今後女性の機械技能者を増やすためのPRや，将来的な金型設計基礎コース形成へなどにつ

いての連携などを協議中である[21]。

4.2.2　タカギベトナム社との連携
──新工場立ち上げのための人材確保

　第二の例は，新部門の人材獲得を目指したインターンシップである。連携相手となったタカギベトナム社は，ベトナム北部フンィエン省の第2タンロン工業団地に工場をもつ，園芸関係の射出成型製品および金型メーカーである。親会社の株式会社タカギは福岡県北九州市に所在する。

　2011年5月に，しばしば情報交換を行っていた日系IT企業であるニューシステムベトナム社の紹介を受け，VJCの教員と日本人専門家が同社を訪問したことからコンタクトが始まった。タカギベトナムは，当時金型工場を立ち上げており，HaUIおよびVJCの教育訓練内容に興味をもった。その後，将来的な金型設計および加工技能者の採用のための相談を2011年11月に開始し，2012年4月に金型部門の日本人およびベトナム人スタッフがHaUIを訪問した。さらに議論を重ねたのちに，2012年5月から6月の2カ月間，VJC機械加工コースのフンィエン省周辺出身の学生を4名インターンとして受け入れ，金型設計・加工・仕上げについての訓練プログラムを実施した。

　タカギベトナムによるインターンシップは，金型設計から製造，そして仕上げまでを含む包括的な訓練プログラムであった。まだ工場が稼働していないため，実際の製品の製造工程を行うOJT（On-the-job Training）は組み込まれていなかったが，すでに設置された機材や工具を使用しながら，実践的な訓練が行われた。また，報告書については週報ではなく日報を導入し，訓練生の理解の状況を日々細かくフォローしてもらった。インターンシップ終了後には，適性があると判断された2名の学生が採用された。その結果，タカギベトナムから，インターンシップを通して教育係としてのベトナム人スタッフも学んだことが多く，また今後も核となる人材を採用したいため，毎年インターンを受け入れたいとの意向を受けた。VJC側もタカギベトナムの社員教育に熱心な社風に感心し，今後も良好な関係を続けていきたいと考えている。

　このような連携が構築できた主な理由としては，金型部門の現地進出時点からタカギベトナムがHaUIとの連携を模索しはじめたことが挙げられる。まだ

規模も小さく細かいフォローができ，お互いに偏見をもたないことが良好な関係を生んだと思われる。前述のトーホーベトナムとの連携の場合も，工場立ち上げ時から始まったものである。さらに，タカギベトナムの日本人担当者には，海外展開をきっかけに日本でも確立していない活動を行っていく意欲があった。また，VJCも同社が所在するフンイエン省出身の学生を選んだことも採用まで至った理由の1つである。一般的にベトナム人は出身地もしくは大都市での就職を好むため，技能者レベルでは遠隔地出身者が定着することは難しい。

4.2.3　ナガツベトナム社との連携
──従業員の能力向上

　第三の例は，HaUIが日系中小企業の新人教育の一部を行ったケースである。この連携のパートナーとなったナガツベトナム社は，ハノイ市第1タンロン工業団地に工場をもち，日系大手建設機械メーカー向けの精密機械部品を製造している。親会社は京都市にある長津工業株式会社である。

　ナガツベトナムとのコンタクトは，2011年4月にHaUI-JICAプロジェクトの活動の一環として開催した全校5S週間の際，日系工業団地と協力して開催したキャンパスツアーに同社の日本人社員が参加したところから始まる。5S週間での会話を通じて，同社の生産工程がVJCの機械加工コース卒業生には適したものであると判断し，日本人専門家とVJC教員が後に同社を訪問した。その後，同社の日本人社員より，新入社員向けの研修の一部をVJCに委託することは可能かとの問い合わせがあった。引き続き議論を重ね，2012年4月にVJCおよびHaUI機械工学部の教員が「マシニングセンター段取りおよび操作の基礎」に関する短期コースを，ナガツベトナムの新人社員2名を対象に3週間（60時間）同社にて実施した。2名のうち1名は，VJCの卒業生であった。コースは測定工具の使用方法，ワーク材の取り付け，機械製図，数値制御（Numerical Control: NC）プログラム，工具長補正，ワーク座標のオフセット量設定などを含んだ。これをきっかけに，ナガツベトナムとVJCは新人研修への連携の継続を協議している。また，同社は後にHaUI機械工学部の教員と大学生による企業見学も受け入れている。

　ナガツベトナムとの連携が進んだ主な理由は，次のとおりである。第一に，

同社の事業が，VJC機械加工コースで教えている内容と，直接に関連するものであった。同社に設置されている工作機械に関しても，VJCおよび機械工学部の教員はそれなりの知識があった。VJC所長と担当講師が主導してコース内容を形成しており，日本人専門家は大枠のアドバイスを行うにとどまっている。

　第二に，ナガツベトナム側が，教育訓練機関に対して具体的な要望をもっていたことである。同社がHaUIに期待したのは，マシニングセンターによる機械加工の基礎的な知識を体系的に新人従業員に教えることである。もちろん同社の日本人スタッフは知識も経験もあるが，教育に時間を割きすぎては通常業務が滞ってしまう。また，現地スタッフはある程度の知識と技能があったが，まだ確立した教育方法をもっていなかった。このような状況の中，ナガツベトナムは，社内訓練の一部をHaUIに外注するとともに，当該コースを通じてHaUI教員の訓練手法を従業員が学び，将来的に自社スタッフによる社内研修制度を確立するきかっけにしたいとの意図もあった。同社社長が日本において社内訓練コース運営の経験をもっていたこともスムースな連携に寄与した。

　第三に，HaUI側は，企業向けの訓練により収入を得ることができた。ベトナムの公的教育訓練機関は政府から十分な予算を得ておらず自活しなければいけない場合も多く，企業向け訓練により追加の財源を得ることは，経営陣にも教員にも大きな魅力であった。

4.2.4　フジ矢株式会社との連携
　　　　——実習改善のための高精度工具の供与

　最後の例は，企業からの機材供与である。供与元であるフジ矢株式会社は，高品質のニッパーやペンチなどに特化した工具メーカーである。日本国内での市場シェアは40％と高い。本社は大阪府東大阪市にあり，ベトナム南部のビンズオン省でも2007年から製造をはじめており，2012年には同地に自社工場を建設した。

　同社とHaUIとの関係は，筆者が2012年7月にアジア太平洋研究所「中小企業の東南アジア進出に関する実践的研究」プロジェクトの一員として，同社を訪問したことから始まった。面談中に，学校内には品質の良い工具を使うことの重要性を理解していない職員も多いことを説明したところ，同社社長は快く

製品の寄贈を了解してくれた。フジ矢としてはベトナムの工業化に貢献したいとのことであった。もちろん，同社の工具の品質を理解する技術者・技能者が増えれば，将来的に自社製品の市場拡大にもつながることを，多少は期待してのことでもあった。その後，実際にどのような工具がHaUIでの教育訓練にて有用かを内部で議論しつつ供与対象となる工具を選定し，2012年10月には同社社長も来校して，8種類72丁の工具の贈呈式が行われた。式にはHaUI経営陣，そして地場企業も数社参加した。式の後は工具の試用会が開催され，HaUI教員および数社の地元企業からの参加者がフジ矢の工具の高品質を実体験した。

本件が進んだ理由としては，まずは高品質の工具を使用する重要性を内部で促したいHaUIと，現地で長期的な市場開拓に取り組みたいフジ矢の方向性がうまく合致したことが挙げられる。また，フジ矢経営陣の素早い決断と対応があったことも強調したい。このような機材供与はおそらく多くの教育訓練機関が望むことであろうが，一方的に寄付を求めることは企業側の心証を悪くすることも理解する必要がある。ベトナムの教育訓練機関は，企業側は互恵的な活動にのみ投資することを十分理解したうえで，魅力のある提案をする必要がある。

5．日系中小企業と教育訓練機関の連携拡大への施策

前節で紹介したように，有名でなくとも技術力をもつ日系中小企業との連携は，教育訓練機関にも有益である。しかし，上述のような産学連携事例は，ベトナムではまだ多くない。本節では，今後産学連携を拡大するために，教育訓練機関，日系中小企業，政府および公的機関に求められる役割を，現時点で特に重要と思われる①双方向の交流を拡大する仕組みづくり，②学生の能力向上に関する連携，③企業の従業員の能力向上に関する連携，に絞って考察する。

5.1 双方向の交流を拡大する仕組みづくり

産学連携しての人材育成を開始するためには，企業と教育訓練機関との交流が進むことが大事である。しかし，ベトナムにおいては両者の交流の機会が乏しい。さらに，一方が連携に興味をもっても，コミュニケーションが円滑に進

まない。この現状を打開するためには，企業と教育訓練機関の双方が情報を発信し，回答する仕組みを作らなければならない。

(1) 教育訓練機関の役割

第一に，企業からの問い合わせ窓口を設置することが必要である。担当部署は，情報を受けるだけでなく，企業と関連学部・部署をつなぎ，戦略的に重要なパートナーシップを見極め，その進行状況を確認する機能をもたなければならない。また，担当学部が企業をその知名度だけで判断しないように，日系中小企業との連携のメリットを関係者に周知させる必要がある。HaUI-JICAプロジェクトでは，日系中小企業との連携事例をまとめて学内で配布するなどの活動を行った。

第二に，教員や職員の企業訪問を奨励するべきである。ただし，学校側は技術力のある日系中小企業を訪問したいとの意図があっても，その情報をもっていない場合が多い。適切なパートナーを見つけるためには，仲介機関となりうる政府・公的機関や業界団体からの情報収集が必須となる。

最後に，企業が定期的に教育訓練機関を訪れるイベントを開催するべきである。HaUI-JICAプロジェクトでは，一度に多くの企業を招く機会として５Ｓ週間や就職フェアなどを開催し，そこから日系中小企業との連携が始まった例もある。また，従業員として勤務する卒業生の紹介によりHaUIにコンタクトしてくる日系中小企業が多かったことを考えると，卒業生との交流会なども有効な手段である。

(2) 日系中小企業の役割

第一に，教育訓練機関からの面談依頼に対応をする体制を整備する必要がある。コミュニケーションを円滑にするために，社内もしくは部内で教育訓練機関への対応方針などをあらかじめ決めておくのも一案である。また，日本人マネージャーは，ベトナム人同士であれば意思疎通がうまくいくとは限らないことを認識して進捗確認をする必要がある。HaUI-JICAプロジェクトの実施中に，ベトナム人教員から企業のベトナム人スタッフに問い合わせをした際，忙しいと断られるか，日本人専門家から日本人の経営陣に問い合わせをしてほし

いといった回答を得ることがしばしばあった。

　第二に，積極的に教育訓練機関を訪問することを勧めたい。HaUI-JICAプロジェクトにおいて企業との連携が活発になりはじめたのは，プロジェクト2年目に入り，企業による学校訪問が増えてきてからである。授業や設備を見学しつつ具体的な議論をすることにより，良い点と課題について相互理解が深まり，その後のコミュニケーションが円滑になったケースもしばしばあった。教育訓練機関の情報がない場合，工業団地管理会社に相談するのも一案である。

(3) 政府・公的機関の役割

　教育訓練機関と企業側が双方向のコミュニケーションを確立するために，お互いを知るための支援をすることが望ましい。多くのベトナムの教育訓練機関は組織的に企業のコンタクト先などを収集していない。また，現地進出したばかりの日系中小企業も，教育訓練機関との接点がない場合が多い。前述の近畿経済産業局による調査において，政策的支援が望まれる分野として「優秀な現地人材採用のための取組み支援」を選んだ企業が全体の41.4％に上っていることをみても，現地でのコネクションが限られている中小企業が人材確保のルートを見つけるのは容易ではないことが想像できる（近畿経済産業局［2013］）。その目的に応じて適切な教育訓練機関もしくは企業を紹介できる仕組みがあると，産学連携はさらに進むであろう。

　産学をつなげる役割を担いうる地場の組織として，業界団体，地方政府，商工会議所などが候補になるが，ベトナムではそのどれもまだ産学連携を推進する能力をもっていない。そのため現状では，さまざまな情報をもつ日系の公的機関の役割は大きい。実際，筆者の在任中に，大使館，JICA，JETROのような経済協力・援助機関に紹介されてHaUIを訪問した日系企業も多かった。また，日系商工会の今後の活動にも期待がもてる。ベトナム日本商工会（Japan Business Association Vietnam: JBAV）は人材確保のための教育訓練機関との連携について目を向けはじめており，2012年12月には，人材育成特別委員会を設置した。また，2014年4月には，日越共同イニシアチブの一環として，12の職業訓練校と同イニシアチブ作業部会を主導する5社の日系企業とのマッチングセミナーを開催している。同作業部会は，今後はこうしたイベントに日系中小

企業の参加も促していく計画である。

　さらに，日系中小企業が主体となっている団体が補完的な役割を果たせればなお望ましい。実際，日系中小企業の場合，公的機関の紹介よりも，同業者や取引相手からの推薦によりHaUIにコンタクトをしてくる場合の方が多かった。ベトナム北部では，日系企業が中心となり「日越金型クラブ」が2013年に発足している。こうした中小企業が主体的に活動する業界団体が徐々に増えれば，情報共有のチャンスも広がる。その他，中小企業の多く入居する工業団地の管理会社も，教育訓練機関との橋渡しをする媒体となりうる。たとえば，2013年に開所した南部ドンナイ省のロンドウック工業団地の管理会社は，入居予定の企業に地元の職業訓練校の見学を手配している。

5.2　学生の能力向上に関する連携

　ベトナムでの知名度が低く，また採用人数も少ない日系中小企業は，募集広告だけで適材を確保するのは難しい。これに対して，インターンシップであれば，教育訓練機関の協力を得やすく，また適材を見極める期間ともなる。そのため，本項ではインターンシップに絞って考察する。

(1)　教育訓練機関の役割

　第一に，効果的なインターンシップを実施するためその手続を改善しなければならない。インターンシップを提案する際に，まず企業側から質問されるのは，①希望するプログラムの内容の詳細，②発生するコストとその負担先，である。多くの教育訓練機関は，組織として目指すインターンシップの指針を明確にせずに，それぞれの教員のやり方に任せている。HaUIで見られたのは，それぞれの教員がその都度提案書を作成するため，まず提案書作成に時間がかかり，その質にばらつきがあることであった。そのため，HaUI-JICAプロジェクトでは，学校として目指すインターンシップの形にもとづいた定型の提案書のフォーム，そしてインターンシップの計画，実施，評価に関する基準手続を作成した。教育訓練機関が具体的な要望と過去のプログラムを提示すれば，日系中小企業もイメージがつかみやすく，プログラムをゼロから作成する手間を省くこともできる。

第二に，特に日系中小企業と交渉する際には，採用人数が少ないことを理解する必要がある。学校側にとっては，小ロットで学生をインターンに送ることは管理業務を増やすことになるが，中小企業ならではの学習機会の提供や家族的なサポートなどのメリットがある場合，柔軟に対応することが必要である。

(2) 日系中小企業の役割

　第一に，主体的に適切な研修プログラムを作成することが望ましい。もちろんプログラム作成には教員も積極的に貢献しなければいけないが，最終的にその内容を決定するのは受け入れ企業である。HaUI-JICAプロジェクト実施中には，前節にて紹介したように包括的なプログラムを提示してくれる企業が存在する一方で，研修プログラムやスケジュールを明確に示してもらえない場合もあった。プログラムがなければ進行状況や学生のパフォーマンスを確認することが難しい。そして，企業側も学生を正当に評価できず，学習機会がなければ学生もその企業へ就職したいという気にならない。こうした事態の発生を防ぐために，企業が教育訓練機関と相談を重ねて，双方が納得する研修プログラムを作成することが必要である。

　第二に，企業の教育担当者が，学生に定期的に報告書を提出させ，講義や実習の内容を理解しているか確認し，必要に応じて本人や担当教員にフィードバックする体制を構築することが望ましい。もちろん教員も，学生に報告書作成を徹底させ，また可能な限り頻繁に企業を訪問して状況を確認すべきである。HaUIでは，こうしたきめ細かく家族的な対応は，日系中小企業に学生を派遣する利点の1つと認識されており，受け入れ人数が少なく多少の手間がかかっても，インターンシッププログラムを実施する価値があるとみなされていた。

(3) 政府・公的機関の役割

　教育訓練機関がより柔軟に学生をインターンシップ派遣できるよう，関連する制度の改善を検討すべきである。基本的にインターンシップは各教育訓練コースにおいて必須科目になっているが，学校側はその受け入れ企業探しに苦心している。HaUIを例にとると，特に大学コースおよび専門短大コースの学生向けの受け入れ先を十分に確保できていない様子である。インターンに送り出

す時期を職業訓練コースほど柔軟に変えられないことが，その主な理由である．管轄省庁はこうした学校側の声に耳を傾けて，カリキュラムや必修科目などをより柔軟にする，企業側にインターンシップ受け入れへの理解を促すなどの側面支援策を実施することが求められる．より多くの企業を引き付けるためのインターンシップの助成金なども考えられるが，南部では省政府が試みたがあまりうまくいかなかった例もあるので，慎重な検討が必要である[22]．

5.3　企業の従業員の能力向上に関する連携

教育訓練機関による企業の従業員の能力向上訓練にある程度の需要があることは，HaUI-JICA プロジェクトが実施した機械保全短期コースへ，当初の枠の倍の応募があったことが示唆している[23]．また，同短期コースの事後評価においては，このような訓練コースの機会がもっと増えればよいとのコメントも数社の企業から聞かれた．特に，社内研修をする余裕がない中小企業には，教育訓練機関による短期コースは，社員教育の手段として有効であろう．

(1) 教育訓練機関の役割

前節で述べた訓練プロセス管理を導入して，企業ニーズに応えるマネジメント体制を築くことが重要である．HaUIでは，今後は訓練された教員と職員が指導員となり，他の教員に訓練プロセス管理手法を伝達する予定である．前述のJICAが実施・計画している技術支援などを通して，こうした取組みが多くの教育訓練機関に波及すればなお理想的である．

(2) 日系中小企業の役割

従業員訓練のニーズをできるだけ正確に教育訓練機関にフィードバックすることが求められる．また，訓練コースの内容を吟味して，適切なレベルの従業員を訓練に派遣することも重要である．もし不適切なコースに参加してしまった場合，参加者もそれを受け入れる教育訓練機関も違和感をもち，満足な効果が得られず，今後の協力関係を阻害しかねない．

(3) 政府・公的機関の役割

　企業による従業員の能力向上訓練を奨励する政策の立案を検討するべきである。たとえば日本では，従業員の能力向上に関する社内・社外訓練を行う企業を支援するための政策が存在する。事業主向けの支援としては，キャリア形成促進助成金や，社内訓練を公式に認定する認定職業訓練制度がある。特に，前者の制度は中小企業を優遇している[24]。また，マレーシアでは，日本の制度などを参考に，人的資源開発基金（Human Resource Development Fund: HRDF）という仕組みを作り，企業による従業員教育を奨励している[25]。

6．産官学パートナーシップの必要性

　本章では，ベトナムにおける工業人材の需給状況，産学連携の現状，ハノイ工業大学におけるプロジェクトと日系中小企業との連携事例，そして今後の課題を考察した。今後は他の途上国の追い上げも起こりうる中，これまでのように安価な労働力のみに依存していては，ベトナムの工業発展は停滞してしまう恐れがある。付加価値の高い製造工程を国内に増やし，競争力を向上し工業化を加速するためには，産業界，教育訓練機関，そして政府の三者が協力して工業人材の育成に取り組むことが必要である。特に，製造付加価値を高めるために裾野産業の発展は重要であり，そのためには技術力のある日系中小企業と教育訓練機関の関係強化が望まれる。

　ベトナムの教育訓練機関は，工業化が進展するに従い変化する産業界のニーズに対応すべく，教育訓練プログラムを恒常的に改善しなければならない。以前に比べると，産業界のニーズを意識する教育訓練機関も現れはじめている。今後は，それを具体的な行動に移すことが必要である。

　これに呼応して，日系中小企業も長期的な視点で教育訓練機関側との連携を模索していくことが重要である。本章が示したように，中小企業も産学連携への参加は可能であり，特にインターンシップは人材獲得のために有効な手段である。教育訓練機関と連携するにあたり，日本での経験を活用することも大事であるが，たとえ日本で行っていない活動であっても海外進出を機に実施することも決して不可能ではない。

日越の政府・公的機関には，産学双方の歩み寄りを促進する活動が望まれる。地場の業界団体などがまだ十分に機能していない現状では，日本の経済協力・援助機関や商工会による，日系中小企業と教育訓練機関との「つながり」を形成するための支援が期待される。ベトナムにおける日越金型クラブは，日系経済協力機関の後押しもあり設立されたが，こうした中小企業団体への支援もオプションの1つとなり得る。もちろん，大都市周辺だけでなく地方への投資も拡大していることを考えると，長期的には，地場の業界団体などがこうした役割を引き継いで拡大しなければならない[26]。

　ベトナムにおける産学連携は形成途中であり，最適な形はまだはっきりと見えていない。日本や他国の例なども参考にしつつ，ベトナムの経済・社会・文化に最も適した産学連携の形を作り上げることが，工業化を加速するためには必要である。

✤注

1　本章における工業人材とは，二輪・四輪産業，電気・電子産業，他の機械系産業に必要な人材を主に指しており，繊維縫製，水産加工，木材加工などは含んでいない。
2　国際協力銀行（Japan Bank for International Cooperation: JBIC）による調査では，58.8％の企業はベトナムが投資先として有望な理由を「安価な労働力」と回答している（国際協力銀行［2012］）。
3　専門（Professional）コースは，教育訓練省（Ministry of Education and Training: MOET）の管轄であり，職業訓練（Vocational）コースは，労働・傷病兵・社会省（Ministry of Labour, Invalids, and Social Affairs: MOLISA）の管轄である。詳しくは，大野ほか［2008］およびMoriほか［2009］を参照。
4　うち，職業訓練短大および中等職業訓練コースの入学者は，2009年には約2万9千人であったが，2012年には約2万1,000名に減少している（NIVT［2012］）。
5　GSOホームページ参照。
6　World DataBankホームページから筆者計算。
7　世界銀行の調査によると，約80％の企業が，専門職（Professional）のポジションへの応募者は十分な技能をもっていないと回答している（World Bank［2013］）。
8　大手企業では，日産自動車株式会社の子会社である株式会社日産テクノが2001年

にNissan Techno Vietnamを設立した。同社は毎年人員を増強しており，2012年8月時点では1,724人の従業員をもつ（日産テクノホームページ参照）。また，Denso Manufacturing Vietnamは，Denso R&D Centerをハノイに設立している。

9 JICAが支援するASEAN University Network/Southeast Asia Engineering Education Development Network（AUN/SEED-Net）プロジェクトは，ASEAN各国と日本の工科系大学間のネットワーク強化を行っており，産学連携しての共同研究もその活動に含まれている。ベトナムでは，ハノイ工科大学およびホーチミン市工科大学において，2011年から14年（9月現在）までに，14件の共同研究が同プロジェクトの支援対象として承認された（うち日系企業が連携相手の研究は3件）。ただ，まだ研究の成果が実用化・商用化されるまで至った例はない（AUN/SEED-Netプロジェクトホームページおよび筆者による聞き取り調査参照）。

10 ベトナムとASEAN諸国との比較の詳細は，森［2013］を参照。

11 TNIの詳細は，森［2010］，および本書の第7章（大野）を参照。

12 本章にて紹介する例の他にも，特に南部において産学連携しての人材育成を促進している例もある。詳しくは，Moriほか［2009］を参照。

13 さらなる詳細は，プロジェクト最終報告書（Moriほか［2013］），森［2013］，稲川［2013］を参照。

14 正式名称はProject for Human Resource Development of Technicians at Hanoi University of Industry（HaUI）である。

15 訓練プロセス管理はPDCA（Plan, Do, Check, and Action）サイクルとも呼ばれる。

16 ハノイ工科短期大学は，2005年にハノイ工業大学に昇格した。

17 5Sとは，整理・整頓・清掃・清潔・しつけの略。多くの日系企業で職場環境改善，生産性向上の手段として使用されている。

18 ベトナムの技能評価制度はレベル1からレベル5までの5段階に分けられている。レベル2は中等職業訓練コースの卒業者を主な対象とし，日本の技能検定の2級と3級の間くらいのレベルに相当する。

19 詳細は森［2013］を参照。

20 GSO［2014］によると，53.8％の雇用者が友人もしくは親類を通じて職を探したと回答している。

21 一般的に，ベトナムでは機械系のコースに女性が少ない。一方で，勤勉で優秀な女性社員を，機械加工の現場でも増やしたいという企業が増えている。

22 ホーチミン市人民委員会はインターンシップを支援するスキームを行ったようだ

23 当初の定員は38名であったが，その倍の76名の応募があったため，2回に分けてコースを開催した（Moriほか［2013］）。
24 詳しくは，厚生労働省ホームページ参照。
25 マレーシアでは，従業員50人以上の企業は，総従業員の月給の1％を課徴金としてHRDFに支払う義務がある。従業員教育を行う際には，HRDFに補助金を申請することができる（Mori［2005］）。
26 FDIの地方への拡散に関しては，森［2014］参照。

❖参考文献

稲川文夫［2013］「ハノイ工業大学における産学連携による技能者育成支援プロジェクトの概要」『ベトナムにおける工学系学生の職業への移行と産学連携に関する調査研究』JILPT資料シリーズ，No.127，労働政策研究・研修機構。

大阪府商工労働部［2013］「国内中小製造業とアジアの日系製造業との関係構築に向けて」大阪府。

大野健一・森純一・グエン・ティ・スァン・トゥイ［2008］「ベトナムFDI誘致型成長を支える工業人材育成を目指して」岡田亜弥・山田肖子・吉田和浩編著『産業スキルディベロプメント：グローバル化と途上国の人材育成』日本評論社。

近畿経済産業局［2013］「平成24年度 中小企業の海外展開支援に向けた，関西とアジア新興国の地域間における戦略的経済交流促進のための調査研究」ダン計画研究所（調査委託機関）。

国際協力銀行（JBIC）［2012］「わが国製造業企業の海外事業展開に関する調査報告—2012年度海外直接投資アンケート結果（第24回）」JBIC。

日本貿易振興機構（JETRO）［2004，2005，2006，2007］「在アジア日系製造業の経営実態—ASEAN・インド編」JETRO海外調査部。

日本貿易振興機構（JETRO）［2008，2009，2010，2011，2013］「在アジア・オセアニア日系企業活動実態調査」JETRO海外調査部。

森純一［2010］「日本の『ものづくり』を内在化した技術教育を目指して—泰日経済技術振興協会と泰日工業大学の事例」『国際開発戦略と日本型成長支援アプローチの情報収集と分析にかかる調査報告書』政策研究大学院大学・国際協力機構研究所。

森純一［2013］「ベトナムにおける産学連携の現状と課題」『ベトナムにおける工学系学生の職業への移行と産学連携に関する調査研究』JILPT資料シリーズ，No.127，労働政策研究・研修機構。

森純一［2014］「第6章　タイとベトナムにおける産業人材育成の状況―日系中小企業の振興の視点から」アジア太平洋研究所編『日本型ものづくりのアジア展開―中小企業の東南アジア進出と支援策―』（中小企業の東南アジア進出に関する実践的研究2013年度報告書）．

General Statistics Office（GSO）［2012］*Report on Labour Force Survey 2011*, GSO.

General Statistics Office（GSO）［2014］*Report on Labour Force Survey 2013*, GSO.

Mori, J.［2005］"Development of Supporting Industries for Vietnam's Industrialization: Increasing Positive Vertical Externalities through Collaborative Training," Master Thesis, Fletcher School, Tufts University.

Mori, J., Nguyen, X. T. & Pam, T. H.［2009］"Skill Development for Vietnam's Industrialization: Promotion of Technology Transfer by Partnership between TVET Institutions and FDI Enterprises,"『スキルディベロプメント分野の教育協力と経済発展に関する調査研究』広島大学教育開発国際協力研究センター．

Mori, J., Vu, D. T., Nguyen, V. T. & Vu, T. K.［2013］"Final Project Report on the Project for Human Resource Development of Technicians at Hanoi University of Industry（HaUI），" Hanoi University of Industry and Japan International Cooperation Agency.

National Institute for Vocational Training（NIVT）［2012］*Vietnam Vocational Training Report 2012*, Labour and Social Publishing House.

Vietnam News［2012］"All Eyes on Imminent Education Reforms," *Vietnam News*, Edition of 11 October, 2012, p. 4.

World Bank［2013］"Skilling up Vietnam: Preparing the Workforce for a Modern Market Economy," *Vietnam Development Report 2014*, World Bank.

《ウェブサイト》

厚生労働省ホームページ
　http://www.mhlw.go.jp/seisakunitsuite/bunya/koyou_roudou/shokugyounouryoku/for_employer/index.html（2012年2月28日現在）

日産テクノホームページ
　http://www.nissan-techno.com/company/ntv-outline.html（2012年2月28日現在）

AUN/SEED-Netプロジェクトホームページ
　http://www.seed-net.org/program_research_cr.php（2014年9月29日現在）

General Statistics Office（GSO）ホームページ
　http://www.gso.gov.vn/default_en.aspx?tabid=474&idmid=3&ItemID=15322

（2014年9月18日現在）

World DataBank ホームページ

　http://databank.worldbank.org/data/home.aspx （2014年9月18日現在）

　　　　　　　　　　　　　　　　　　　　　　　　　　　　　（森　純一）

第7章 アジアとの「ものづくりパートナーシップ」に向けて
——進出後の支援と現地とのつながり構築

POINTS

◆ 海外進出する日系中小企業はますます小規模化しており，進出後の現地ベースの支援の重要性が増している。

◆ 中小企業の進出コストやリスクを軽減するうえで，現地ベースの支援として，工業用地（ハード・ソフト面），工業人材，販路開拓・調達先の3つの確保がエントリーポイントとなる。

◆ 日々の操業上の課題などへの対応に加えて，長期の視点から相手国の政策制度や人材・地場企業を強化し，ひいては彼らを担い手として協働していくという，ツートラック・アプローチをとることが重要である。

◆ 新しい国際化の時代において，日本はアジアとの「ものづくりパートナーシップ」をビジョンとして提示し，共創関係にもとづいて，日本型ものづくりのアジア展開に取り組むべきである。

1．なぜ，現地とのつながりが重要か

リーマンショック以降，系列関係を脱して自立的に海外進出する中小企業の数が増えている。加えて，最近は，進出企業の規模がますます小さくなっている。たとえば，日本のベトナムへの新規直接投資（認可ベース）は，2010年から2013年の間に，件数は114件から352件へ3倍増になったが，1件当たりの投資額は約1,800万ドルから約400万ドルへと逆に小規模化している[1]。

我々は2014年9月にベトナム調査を実施したが，現地で会った多くの日本人専門家から，2年前と比べて「現地の日本商工会に入っていない中小企業から突然，相談を受けることが多い」「海外の経験が少ない企業が増えている」，と

の指摘をうけた。また，苦労して海外進出しても，「レンタル工場のリース料を支払うだけで精いっぱいの企業や，中には撤退せざるを得ない企業がでてきている」，という話も聞いた。

そもそも，中小企業は大企業よりはるかに大きな経営資源の制約に直面している（久保田［2012］，山本［2012］）。現地拠点の開設，駐在員の派遣，現地の人材確保や部材調達など，どれ1つとっても，大企業と同じ視点で海外展開を論じることはできない。事業当たりの投資規模がますます小さくなるなか，進出前（計画策定段階）や進出時（事業準備段階）だけでなく，進出後（事業開始・拡大段階）においても現地で継続的な支援体制があるか否かは，中小企業にとって死活問題になってくる。

具体的に述べよう。

第一に，進出後は，企業が日々，自力で行わねばならない判断・対応が多数ある。日本国内では適切な助言・サービスの提供者（組織）は容易に見つかるが，途上国においてはそうはいかない。駆け込み寺的な機能，コンサルテーション，人材確保・育成，庶務事項などへの支援が重要になってくる。やらなければならないことは日本もベトナムも同じだが，国内なら日本語で対応でき，協力者の情報にも困らない。海外ではそうはいかず，税務，法務，会計，労務などにおいて，信頼できる協力者を探すことから始めなければならない。

第二に，進出先が新興国や途上国なので，日本と比べて国・自治体による企業支援体制やサービスが不十分で裾野産業や人材が育っていない。しかし，個々の日系企業が相手国の政策制度の課題に踏みこむことは困難である。日本政府や公的機関による政策改善の働きかけや，政府開発援助（Official Development Assistance: ODA）や経済協力を通じた相手国の能力向上の支援が重要になるゆえんである。

確かに，公的機関による中小企業の海外展開支援はかなり拡充された。その一方で，事業展開の段階や課題によって，充実度に濃淡があるのも事実である。特に進出後の支援は，進出前や進出時における支援に比べてまだ十分でなく，今後も強化すべきという指摘がある（近畿経済産業局［2013］，安積［2014］）。現地ベースで求められている支援とは，いかなる内容のものだろうか。また，誰が担い手となり，どのように提供すればよいのか。

本章の構成は以下のとおりである。まず，進出後の現地ベースの支援について，工業用地，人材，販路・調達先の確保という，中小企業がコストやリスクを軽減するうえで鍵となる3点を中心に考える。次に，アジアとの「ものづくりパートナーシップ」というビジョンを提示し，相手国の政策制度や現地の組織・人材を強化し，ひいては彼らを担い手として協働していくという，長期の視点から支援のあり方を考える。最後に，日本型ものづくりのアジア展開に向けて，中小企業の海外進出支援のあり方を総括する。とりあげる事例はベトナムが中心であるが，より進化したものづくりパートナーシップとして，タイの事例にも着目する。

2．現地ベースの支援――3つのエントリーポイント

進出後の現地ベースの支援について，①工業用地（土地・インフラなどのハード面，およびマネジメントサービスなどのソフト面），②人材，③販路・調達先の3つの確保をエントリーポイントとして考えたい。なぜならば，用地確保は工場建設など，初期投資コストの大きな部分を占めるし，準備に時間を要する。また，途上国では日々の操業・マネジメントに労力がとられ，中小企業は生産活動に専念しづらいという問題もある。さらに，ベトナム進出に関心がある中小企業へのアンケート調査によれば，現地マネージャー人材の育成・確保，現地でのワーカーなどの確保・定着，および部材調達先の確保・発掘が，進出後の重要課題の上位3つになっている（近畿経済産業局［2013］）[2]。以下，2012年8月と2014年9月に実施したベトナム調査をふまえて考察する。

2.1　工業用地の確保
2.1.1　中小企業専用レンタル工場とマネジメントサービスの具体例

従来型の海外進出では，中小企業は大規模工業団地の一部の区画に工場を建設したり，デベロッパーが提供するレンタル工場に入居する例が多かった。一般的に，大手の工業団地は，給水・排水処理，電力の安定供給などのハード・インフラ面で安心感がある。中小企業にとっては，工業団地に入居する大企業を顧客にできる可能性もある。その一方で，既存のレンタル工場の面積は

2,000㎡〜3,000㎡と大きすぎ,「小さく始めて大きく育てる」ことを望む中小企業にとっては,コストやリスクが大きいという課題があった。

　こうした課題を克服するために,近年,中小企業専用の小規模なレンタル工場や,専用のマネジメントサービスを提供する取組みが増えている。有名な先駆例が,東京都大田区が営業支援するタイのオオタ・テクノパークである。オオタ・テクノパークはタイのアマタ・ナコーン工業団地に2006年に設置された,中小企業専用の小規模集合レンタル工場である。敷地面積は約7,800㎡で,1区画320㎡で1社4区画まで使用できる。現在,25区画に12企業が入居している（2014年10月時点,空きなし）。事務所棟と呼ばれる共用ファシリティもあり,工場立ち上げから操業後まで大田区およびアマタ・ナコーン工業団地から支援サービスを受けることができる。

　具体的には,大田区産業振興協会のサービスとして,①投資ライセンス取得申請,②法人登録などの進出に必要な手続き,③工場内装設計や輸出などのビジネス相談,④展示会出展や定期的な商談会開催など,⑤タイでの企業PRや市場開拓などの支援がある。アマタ・ナコーン工業団地のサービス（一部有料）としては,①タイ国内の会計・税務・労務などのアウトソーシング相談,②法人設立や工場立ち上げに関する各種相談,③常駐スタッフによるオオタ・テクノパークの施設使用への日常サポートがある。

　こうした取組みが参考になり,ベトナムのハノイやホーチミン近郊では,工業団地内に250㎡〜1,000㎡の小規模区画のレンタル工場を整備し,入居企業に対してマネジメントサポートを提供する民間サービスが広がっている。なかには,先行して海外進出した中小企業が自らの経験にもとづいてサービスを提供したり,目利き役となって現地で進出支援のコンサルティングをしている例もある。

　図表7−1は,ベトナムで調査した事例である。以下で具体的にみていくが,工業団地やレンタル工場ごとに,（立地や賃料はもちろんであるが）開発主体,管理運営体制,区画規模,サポートサービスの種類・範囲など,実に多様である。レンタル工場の形態も,長屋型のアパートタイプと戸建ての両方がある。長屋型のアパートタイプの多くは,ニーズに応じて工場面積を変更（細分化）できる。戸建ての場合は,労働環境（トイレ,更衣室,食事スペースなど），

第7章　アジアとの「ものづくりパートナーシップ」に向けて――進出後の支援と現地とのつながり構築　205

図表7－1　日系中小企業専用の施設・サービスの類型（例示）

類　型	開発主体	中小企業専用施設	中小企業専用ワンストップ・サービス
現地工業団地と日本の自治体が連携（タイ）	現地民間資本 ・アマタ・コーポレーション	アマタ・ナコーン工業団地内に専用レンタル工場エリアを設置 ・オオタ・テクノパーク ・長屋型（1ユニット：320㎡）	大田区産業振興協会によるマネジメント支援
日系工業団地と日系中小企業が連携（ベトナム）	主に日系民間資本（日系民間88％，現地国営企業12％の合弁） ・ロンドウック投資会社	ロンドウック工業団地内に専用レンタル工場エリアを設置 ・長屋型（1ユニット：512㎡，768㎡，960㎡，1,042㎡）	ザ・サポート社（日系中小企業）が同エリアに入居，マネジメント支援 ・インキュベーション・ファクトリーあり（100㎡～）
現地工業団地と日系中小企業等の合弁事業（ベトナム）	日越合弁事業，日系民間（55％）とホーチミン市直轄工業地（45％） ・ビーパン・テクノパーク	ヒェップフォック工業団地内に専用レンタル工場エリアを設置 ・ビーパン・テクノパーク ・長屋型（1ユニット：250㎡，500㎡，1,000㎡） ・業務委託契約で入居可能	ビーパン・テクノパークによるマネジメント支援
現地工業団地と日系コンサルタントが連携（ベトナム）	現地民間資本 ・VIDグループ	ドンバン2工業団地内に専用エリアを設置 ・長屋型（250～500㎡） ・独立型（1,000㎡～） ・土地使用権付きの標準工場（サブリース可能）	BTDジャパン社（日系コンサルタント）によるマネジメント支援 ・ハナム省の日系企業優遇策
他の参考になる取組			
日系中小企業が共同出資して，共同進出	・ユニカ・ビーパン社（1996年～，ベトナム南部ホーチミン市） ・V.I.T.社（2011年～，タイ　サムットプラカン工業地域）		
先行進出企業による，中小企業専用工業団地の目利きと進出支援	・ソルテック・トレーディング社（ベトナム南部工業団地，10カ所と代理店契約）		

注：あくまでも例示であり，全ての類型を示すものではない。
出所：ベトナム・タイ現地調査による収集情報をふまえて，筆者作成。

在庫や搬入・搬送用スペースなど，柔軟に設計できる。どちらのタイプが適切かは，業種や企業の業務形態によって異なるだろう。

(1) 日系工業団地が設置した中小企業専用レンタル工場で，中小企業がマネジメント・サポートサービスを提供──ロンドウック工業団地とザ・サポートベトナム社

ロンドウック工業団地は，ホーチミン市から通勤圏内でベトナム南部ドンナイ省に位置する日系工業団地である。双日株式会社，大和ハウス工業株式会社，株式会社神鋼環境ソリューション，およびベトナム国営企業の合弁事業である[3]。2013年7月に完成し，同年9月に開所式が行われた。総土地面積270ha，分譲面積は200haで，このうち第1期は9,664㎡を中小企業専用エリアとしてレンタル工場が設置されている。レンタル工場は面積4,608㎡と5,056㎡の長屋タイプで，1ユニット512㎡，768㎡，960㎡，1,042㎡の区画が選べる。第2期のレンタル工場は2015年半ばに完成予定である。

電気・給水・工場排水処理といったインフラは，ベトナム人エンジニアが24時間常駐で管理している。電力は工業団地が入居企業と直接契約し，電線などの電気設備を自社で整備している。停電リスクを抑えるために年3回総点検し，維持管理に努めるとともに，二系統で団地内に引き込んでいる。その他，通信インフラや物流倉庫も備えている。

ベトナムにターゲットした官民をあげた進出支援として，関西ベトナム経済交流会議による「関西裾野産業集積支援モデル事業」を第2章で紹介した。その第1号案件が，ロンドウック工業団地への関西中小企業の共同進出支援である（図表7−2）。2014年11月時点で，レンタル工場13区画のうち8区画に中小企業の入居が決まっている（計8社，過半数が関西企業）。このうち1区画（1,042㎡）に大阪の中小企業が立ち上げた，ザ・サポートベトナム社が中小企業専用のマネジメントサービス会社として入居している。

ザ・サポート株式会社は，小規模レンタル工場を中核とした中小企業の共同進出，「ものづくり中小企業ネットワーク計画」をベトナムで実現するために，2012年9月に設立された[4]。この旗振り役が，1997年にベトナムに進出した中小企業，富士インパルス株式会社（大阪府豊中市）の社長，および彼を支える有志である。富士インパルスは米国，中国，そしてベトナムに生産拠点をもっているが，「今，日本の中小ものづくり企業は未曾有の危機にあり，このまま見過ごすことはできない。」との思いから，他の中小企業のベトナムへの共同

第7章 アジアとの「ものづくりパートナーシップ」に向けて――進出後の支援と現地とのつながり構築　207

図表7-2　関西裾野産業集積支援モデル事業の体制

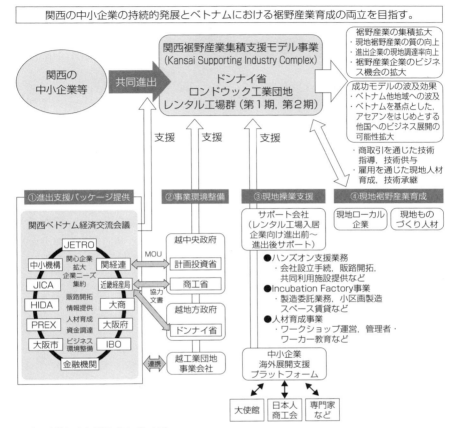

出所：近畿経済産業局［2014］3頁。

進出支援を始めるに至った。

　2013年に南部ドンナイ省ロンドウック工業団地内に現地法人，ザ・サポートベトナムを設立して，同工業団地レンタル工場に進出する日系中小企業がものづくりに専念できるように，会社設立から設立後の運営まで支援している。ザ・サポートベトナムの主な業務は3つで，①インキュベーション・ファクトリー運営業務（100㎡からの小区画レンタル工場）のサブリース，製造請負業（生産受託），②コンサルタントなどのサポート業務（投資ライセンス取得など

写真はロンドウック工業団地のレンタル工場群
提供：近畿経済産業局

の会社設立支援，共同利用施設（食堂，会議室など）の提供，③人材育成事業（日本語教育，ワーカー教育など）である。

　この大阪の中小企業発のイニシアティブが官民の関係者を動かし，関西ベトナム経済交流会議による支援につながった。関係機関は，共同進出に関心ある関西企業を対象とした勉強会開催，相手国政府・自治体への働きかけといった側面支援をしている。たとえば，ザ・サポートベトナムの設立にあたり，当初ドンナイ省人民委員会は前例のない事業という理由で慎重であったが，近畿経済産業局がベトナム政府やドンナイ省当局と協議し，またロンドウック工業団地事業者からの協力を得た結果，ザ・サポートベトナムは投資許可を円滑に取得することができた。

(2) ローカル工業団地と中小企業などの日越合弁事業として，中小企業専用の工業団地を設置――ビーパン・テクノパーク

　ビーパン・テクノパークは，ホーチミン市人民委員会と同市輸出加工区・工業団地管理委員会（Ho Chi Minh City Export Processing Zones and Industrial Parks Authority: HEPZA）の全面的支援のもと，ホーチミン市最大のヒェップフォック工業団地内に設置された日系中小企業専用の工業団地である。日越合弁で設立されたビーパン・テクノパーク社には，ベトナム側からはヒェップフォック工業団地が45％出資し，日本側からは日越中小企業工業団地が55％出資している。日越中小企業工業団地には日本側の旗振り役である，電動先端工具メーカーのユニカ・ホールディングス株式会社（本社・東京），および西武信

用金庫や中小企業数社が出資している[5]。

　ユニカ・ホールディングスは，1996年にホーチミン市のタントゥワン工業団地に進出した中小企業である。当時からマネジメント機能付きのレンタル工場を構想し，複数の中小企業に共同出資を呼びかけてユニカ・ビーパン社を現地に設立，共同進出した[6]。多業種の生産活動やマネジメント機能をもつ会社として設立申請し，その一角に，工具メーカーである自社も入居した。ユニカ・ビーパンは床面積6,000㎡で，レンタルスペースや，さまざまな事務代行サポートや共用施設を備えている。その後，自社の工具メーカーは同じ工業団地内に別棟工場を新設して独立（現在のユニカ・ベトナム社），他の入居企業も次々と独立して，入れ替わっている（2014年9月現在，8社が入居）[7]。

　ホーチミン市は，裾野産業育成のために，高い技術力をもつ日本の中小企業の進出を推進している。そこで，すでに実績のある共同進出モデルを拡大発展させたいと，HEPZA傘下のヒェップフォック工業団地（面積2,000ha）の土地13haを日系中小企業専用エリアと指定し，市が無償供与することを決めた。これが日越合弁事業のビーパン・テクノパークである。第1期として，3haにマネジメント機能付きレンタル工場（管理棟・共用施設つき）が設立され，2014年12月に開所式が行われた。

　ビーパン・テクノパークは，3つのパターンで入居できる。すなわち，①マネジメント機能付きレンタル工場に入居する（会社設立は不要で，ビーパン・テクノパークと業務委託契約をして同社の一事業部門として入居），②ベトナムに会社を設立してビーパン・テクノパークに入居する（自社名義で，ビーパン・テクノパークとレンタル契約して入居），③会社を設立し，ヒェップフォック工業団地内の工場用地の分譲をうける（自社名義で土地使用権を取得し，ビーパン・テクノパークの敷地内に別棟の工場を独自に建設・運営），という選択肢である[8]。いずれの場合も，マネジメントサービスをうけられる。①と②については，レンタル面積は250㎡，500㎡，1,000㎡から選べ，組み合わせも自由である。管理業務は日本人または日本語がわかる現地スタッフが行うので，日本語環境で仕事が可能である。

　ビーパン・テクノパークの社長は日本の大学工学部で学び，帰化したベトナム人で，ユニカ・ベトナムの社長も務めている。彼によれば，この工業団地が

めざすのは，中小企業が「スイッチ・オン」で生産関連業務に専念できる支援体制をつくることである。マネジメントサービスには，社員募集（募集から一次面接まで），労務保険，食事・福利厚生，経理業務，勤務カードのチェック・給与計算，通関，警備，防災訓練への対応，社員が病気になった際の病院との連携，アパート探し，現地調達，環境ライセンスの申告，排水・処理ユニット（ただし，一定基準を超える場合は入居企業が実費負担）などが含まれる。

　ビーパン・テクノパークは2014年から，関西裾野産業集積支援事業の第2号モデル案件になっている。近畿経済産業局は上述したドンナイ省との協力に続き，2014年6月にホーチミン市人民委員会との間で協力文書を締結した。

(3) ローカル工業団地に日系中小企業専用エリアを設置して，日系コンサルタントがマネジメント支援――ドンバン2工業団地

　ドンバン2工業団地はハノイ南部近郊のハナム省に位置する，100％現地民間資本による工業団地である。総開発面積320ha，分譲面積は200haで，ハノイから通勤圏内にありながら，近郊の安い人件費と豊富な労働力を背景に日系企業が進出している。ハナム省は知事を筆頭にして，日系企業の誘致にきわめて熱心である。ジャパンデスクに日本語が堪能な知事直属の職員を配置しているほか，後述するように，日系企業に対する特別優遇策もある。

　ドンバン2工業団地で日系企業を担当しているのが，ベトナムで20年余の経験をもちハナム省と連携して日系企業誘致を行っている日系のコンサルティング会社，BTD Japan社である。BTD Japan社の提案により，ドンバン2工業団地は一角を中小企業専用エリア（11ha）として，①独立型（床面積1,000㎡から），および②長屋型（床面積250~500㎡）のレンタル工場の設置，あるいは③土地使用権付きの標準工場の設置（1,000~2,000㎡）ができるようになっている。このほか，2,000㎡以上であれば，土地使用権付きでオーダーメイドの工場も提供可能である。（2014年10月時点で，独立型のレンタル工場に1件入居，土地使用権付き標準工場に5件入居。）今後，中小企業専用サポートセンターとして，日本食堂，研修室，会議室などを備えた共用施設の設置が予定されている。ベトナム人スタッフ2名や日本語通訳が常駐し，事務作業の外注

も手配する。

　さらに同工業団地では，進出に伴うリスク・コストを軽減するために，中小企業は必要に応じて，設立時に不動産業のライセンスを同時に取得できるサービスを利用できる。これによって自社スペースを有効に活用して，協力業者を自社工場内に呼び込むことが可能になる。また，空きスペースをレンタル工場としてサブリースすることも可能である（いわゆる「軒先貸し」）。実際に，我々が訪問した入居企業は，当初はレンタル工場を考えていたものの，最終的に1,500㎡の標準仕様の工場を建設し，その後，空きスペースに別棟を増築して他の日系企業に貸している。（中小企業側に資金的余裕があれば，3年以上のレンタル工場を借りるよりは，自分で工場建設したほうが安いという計算もある。）

(4) 先行進出企業による，中小企業専用の工業団地の目利きと進出支援──ソルテック・トレーディング社

　株式会社ソルテック工業は，各種プラント設備制作据付・配管工事，環境関連設備工事などを手がける企業である（本社・大阪府）。2010年9月にベトナムに現地法人を設立し，2011年6月に南部ドンナイ省のニョンチャック3工業団地に工場を設立した。経済発展を続けるベトナムにおいてインフラ整備や重厚長大産業が拡大することを見込んだ進出で，日本の品質基準に準じたプラント設備政策・据え付け工事・配管工事などを行っている。

　こうした本業に加えて，2012年4月にホーチミン市にソルテック・トレーディング社を設立し，日系中小企業の誘致，会社設立サポートを行う工業団地代理店業務を開始した。ベトナム進出時に培ったノウハウ，および現在入居企業としての経験を活かして取り組みたいとの思いからである。他の日系企業が同工業団地に進出する際に，視察案内，団地管理会社との折衝・仲介，材料調達先などの相談・紹介，工場建設に伴うゼネコンの紹介，そのほかの進出にかかわるサポートを提供している。最近は，進出した中小企業が成功できるように，誘致のみならず，マーケティング支援を強化したいと考えている。

　ソルテック・トレーディングは，当初は自社が操業するニョンチャック3工業団地のみと代理店契約を結んでいたが，企業の事業形態や業種に応じて最適

な工業団地案内ができるよう，しだいに契約先を増やしている。2014年9月時点でベトナム南部（ホーチミン市近郊）の10カ所の工業団地と代理店契約を結んでいる[9]。それぞれ，立地・面積・価格・インフラ・地盤などの面で多様である。

2.1.2　地方レベルへの働きかけと能力強化
(1)　地方省や工業団地管理者の能力強化

ベトナムでは地方レベルの人民委員会（各省・特別市）が，外資誘致，法人登記，経営支援の機能をもっている。地方人民委員会の計画投資局が投資許可証を発給し，工業団地管理委員会または経済区管理委員会が工業団地・輸出加工区・経済区に進出する企業の投資ならびに環境に関する諸手続の窓口になっている。環境に関する窓口は天然資源環境局で，別になっている（近畿経済産業局［2013］）。

各人民委員会は，国是である工業化と外資誘致で実績をだそうと競い合っており，日系中小企業の誘致に積極的である。しかしながら，日系中小企業を誘致するために工業団地がどのような条件を備えておくべきかについて，日越間で認識の乖離がある。たとえば，地耐震，レンタル工場の規模，電力安定供給，環境配慮・集中排水処理施設について日本側が求める水準と，省や工業団地管理者側が理解している水準とは大きく異なる。この点については引き続き，対話を通じてベトナム側に気づきを促し，能力強化を図っていく必要がある。

こうした点をふまえ，国際協力機構（Japan International Cooperation Agency: JICA）は「中小企業支援機能強化プロジェクト」（2011年8月～14年8月）を通じて，ベトナムの①中小企業政策立案・実施へのアドバイス，②中小企業支援機関（中央と地方の行政機関）の支援機能の強化，③外資企業とのビジネスマッチングなどを支援してきた[10]。特に③については，裾野産業育成のために日本の中小企業などの進出を積極的に受け入れる能力を高めようと，計画投資省の企業開発局が指導して，いくつかの地方人民委員会の計画投資局内にワンストップ・サービスの設置が始まっている。これを補完して，JICAは別途，北部ではハノイの外国投資庁とハイフォン市，南部では外国投資庁南部事務所とバリア・ブンタウ省にジャパンデスクを設けて日本人専門家を配置している。

(2) モデル的取組みとしてのハナム省

地方レベルで際立っているのが、北部のハナム省の取組みである。ハナム省には、日本に加えてオランダ、中国、台湾、米国、欧州などの外資企業が操業しているが、ズン知事は、投資の質、技術力、競争力、投資実行率などの点で、日本企業を最も高く評価している。また、日本企業相互の協力のよさもよく理解している。

ハナム省は、日系企業に限って「知事の10のコミットメント」という、各種優遇策を与えている（図表7－3）。ズン知事が日系企業誘致の陣頭指揮をとり、電力安定供給、労働者の寮建設の土地の無償供与、迅速な投資ライセンス許可、知事室へのホットラインなど、日系企業のニーズをふまえた優遇策を講じている。（上述したJICA支援ではなく、自らのイニシアティブで）ジャパンデスクを設置し、日本に留学経験があるハナム省職員を配置し、同職員がズン知事への24時間ホットラインを担当している。さらにハナム人民委員会において、日系企業を対象とした勉強会を開催するなど（たとえば、ベトナム警察の種類・機能）、特別の計らいがなされている。こうした意欲ある省の投資環境整備の取組みは、注目に値する。

このように、日本の政府・公的支援機関、および地方自治体が、やる気のある地方省や特別市と関係を強化し、官民で実務的な課題を協議できる体制を作っておく意義は大きい。

図表7－3　ハナム省　ズン知事の10のコミットメント

1. 十分な電力の供給（24時間）
2. 基本インフラの充実（上下水道、インターネット、銀行など）
3. 労働者の寮施設などの土地の無償提供（工業団地の外）
4. 行政手続きの効率化（2～3日で投資ライセンス許可）
5. 十分な人材の供給、大学タウンを整備中（ハノイから移転する大学に1000ha用意）
6. 企業設立や運営に関わる手続きでの便宜、税優遇、ベトナム人従業員教育費の補助
7. 治安、企業の安全確保
8. 柔軟な行政対応で、投資企業の生産戦略で突然ビジネスプランに変更が生じても、臨機応変に対応
9. ストライキの防止（地場および外国企業）
10. 24時間対応のホットラインで、知事室に直結

2.1.3 工業用地の確保に関する留意事項

紹介した事例から得られる示唆として，4点あげたい。

第一に，近年の現地ベースの支援について，先行進出した日本の中小企業のイニシアティブで，工業団地のデベロッパーや管理会社などと協力して，現在，困難に直面している日本の同業者のために，専用のレンタル工場やマネジメントサービスの提供，あるいは進出時のコンサルティングを行う取組みが始まっている。これは，中小企業の目線にたった支援という意味で，注目される。

第二に，ハード・インフラだけでなく，ソフト面の支援の重要性である。通常の工業団地では，管理会社が入居企業に対して一定の範囲でワンストップの業務支援を行っているが，現地環境に不慣れな中小企業にとっては，次のような手厚い支援体制があることが望ましい[11]。最近は，こうしたマネジメントサポートを備えた中小企業専用工業団地が増えている。

(1) 中小企業専用の業務支援——入居する中小企業を対象に，専用の管理棟・共用施設を作ってマネジメントサポートを行う。具体的には，①会社設立，レンタル工場の内装設計や工場建設に関する諸手続支援，②ワーカー，幹部社員などの人材確保支援，③会計事務や税務手続を含む，種々の総務，④資材調達支援，⑤マーケティング支援，⑥通訳確保支援について，現地の専門企業や専門家を紹介したり，事務代行（有料）をする機能が含まれる。さらに最近は，インキュベーション，サブリースを認めるサービスも出てきている。
(2) 日本語対応のできる専門家の常駐——現地操業で日々生じる問題に相談にのり，対応策をアドバイスできる専門家（日本人または日本語が堪能な現地人材）を配置する。これは駆け込み寺的な機能として，中小企業にとって安心して進出できる要素になる。
(3) 情報交換のための会合——入居企業が定期的に集まって情報交換したり，現地の法律の変更や賃上げ交渉などへの対応方法について意見交換する会合を主催する支援も重要である。

第三に，ベトナムの地方自治体の中には，地場企業の発展のために日系中小

企業の誘致に強いリーダーシップを発揮している省・市がある。こうした，やる気のある自治体と日越の官民が連携する意義は大きい。上述したハナム省，ホーチミン市，ドンナイ省は，工業団地の入居企業が生産以外の活動（コンサルティング，不動産業など）を営むことをケースバイケースで認めている。中小企業専用のマネジメントサービスを提供する企業が団地区画内に入居できたり，入居企業が空きスペースをサブリースできるのは，これらの自治体が日系中小企業のニーズを理解していることによる。他の自治体が必ずしも同じ能力や問題意識をもつわけではないが，日本としては，やる気ある自治体との対話や連携を推進していくべきである。

　第四に，日本側の行政支援の方法についても，いくつかの選択肢がある。ひとつは，タイのオオタ・テクノパークのように，特定工業団地のレンタル工場群に対し，自治体が直接，営業支援をするものである。もうひとつは，近畿地域の「関西裾野産業集積支援モデル事業」のように，民間のイニシアティブに呼応して，特定工業団地への中小企業の共同進出を集中支援するものである。この場合，中小企業専用のレンタル工場や営業支援は民間が行い，官の役割は，相手国政府や地方自治体，団地管理会社などに事業環境の改善を働きかけたり，地元中小企業に共同進出を呼びかけることが中心になる。

　最後に，他の選択肢として，専用レンタル工場などを利用する中小企業に賃貸料を補助する可能性を指摘しておく。これは，特定工業団地を対象とした支援ではない。専用のレンタル工場やサービスが増え，中小企業にとって選択肢が広がりつつある昨今，賃貸料の補助は，特定工業団地の支援より多くの中小企業に恩恵をもたらす可能性がある。また，レンタル工場をもつ工業団地間の競争を促すという効果もあるのではないか。

2.2　工業人材

　進出する中小企業にとって，現地の教育・人材育成機関，人材派遣機関と連携して，有能な技能者や製造技術者，幹部候補生を確保することはきわめて重要である[12]。とりわけ中小企業は知名度が低いので，人材確保では大企業より困難な状況におかれている。また，中小企業は大企業のように体系的な社員教育システムを整備する余裕もない。現地の教育訓練機関が進出企業と産学連携

を進めていく重要性については，第6章で述べたとおりである。同時に，これは各層の工業人材を育成するという，息の長い取組みに支えられて実施されなければならない。

図表7－4　JICAのベトナム工業人材育成支援

目 的	内 容	具体的な事業
日本式職訓モデルの横展開	・熟練技能者の育成（品質・生産・現場管理改善，ビジネスマッチング，就職促進等）	・ハノイ工科短大機械技術者育成プロジェクト（2000～05年） ・ハノイ工業大学技能者育成支援プロジェクト（2010～13年） ・ハノイ工業大学指導員育成支援プロジェクト（2013～16年） ・職業訓練機能強化事業（2014年～，円借款）
日本式高専モデルの試行的導入	・実践的技術者の育成（製油所や製鉄所等の重化学工業や裾野産業に貢献する，実践的かつ創造的な人材育成）	・ホーチミン工業大学重化学工業人材育成支援プロジェクト（2013～16年）
高度産業人材の育成	・企業経営者，IT技術者等の育成	・ベトナム日本人材協力センター（2000～05年） ・ベトナム日本人材協力センター・フェーズ2（2005～10年） ・ベトナム日本人材協力センタービジネス人材育成プロジェクト（2010～14年）
技能実習生等の派遣前・帰国後研修	・派遣前（日本語，ものづくりマインド，ビジネスマナー等） ・帰国後（カウンセリング，レベルアップ研修等）	・エスハイ社（ベトナム民間の人材派遣機関），JICAは海外投融資で事業拡大に伴う人材育成校の校舎建設・移転を支援
その他	・日越の自治体連携によるものづくり人材育成（例示）	・ハノイ市職業訓練短大への，ものづくり人材育成のための指導力向上支援（千葉県：2009～12年，2013～16年） ・ハイフォン市製造業の工場管理能力や技術力・経営力の向上支援（北九州市：2011～13年，2013～15年） ・バリア・ブンタウ省金属関連産業振興・人材育成支援（三条市：2013～16年） ・ホーチミン市職業訓練短大ものづくり人材育成支援（川崎市：2013～16年） ・ドンナイ省ものづくり人材育成支援（大阪府：2014～16年）

出所：JICAベトナム事務所からの提供資料を参考にして，筆者作成。高等教育支援は含めていない。

日本はベトナムにとって最大の援助国であり，20年余にわたりインフラ整備，人材育成，制度構築，政策支援などに取り組んでいる。工業人材育成や中小企業・裾野産業育成は重点支援分野の1つで，**図表7－4**が示すように，JICAは技能者，技術者，経営層，技能実習生など，多様な層の工業人材の育成に支援してきている。こうした取組みをベースにベトナムの教育訓練機関が，日系中小企業との連携を含めた産学連携に積極的に取り組めば，進出企業の操業環境の改善に貢献する。相手国の人材を育て，能力を高めていくことは，日系中小企業の進出後の重要課題に応えることにもつながるのである。

(1) 日本式の職業訓練校モデルの横展開（製造技術・技能者育成）

　ハノイ工業大学（Hanoi University of Industry: HaUI）は商工省傘下の教育訓練機関で，工業人材として，日系企業の需要が高い製造技術・技能者，生産ラインリーダーの育成に取り組んでいる。JICAは「機械技術者養成プロジェクト」（2000～05年，前身のハノイ工科短期大学時代）を通じて機械加工・金属加工・電子制御分野の2年間の職業訓練コースの新設を支援し，続いて「ハノイ工業大学技能者育成支援プロジェクト」（2010年1月～13年1月）を通じて産業界の人材ニーズに沿った教育訓練プログラムの策定・実施支援，パイロット技能検定の実施，就職支援システムの構築などを支援した。

　JICAの協力をうけて，HaUIは産学連携にも積極的に取り組んでおり，人材採用，インターンシップ，短期訓練コース，共同訓練，共同研究において日系企業との連携実績を重ねている。第6章のとおり，大企業は言うまでもなく，中小企業との連携も進めており，①採用を前提としたインターンシップ，②新工場立ち上げのための人材確保，③従業員の能力向上のための短期訓練，④実習改善のための高精度工具の供与，といった具体例がある。

　この協力成果をふまえ，JICAはHaUIを拠点とした後継事業，「ハノイ工業大学指導員育成支援プロジェクト」（2013年6月～16年6月）を新たに開始した。これは，HaUIを日本レベルの職業訓練校の先行モデルとして，機械および電気・電子職種において他の職業訓練校に対して適切に移転・普及していくことを支援する事業である。産学連携の取組みについても，HaUIに蓄積された経験を他の職業訓練校に移転する。また，今後，円借款の「職業訓練機能強化事

業」を通じて，複数の職業訓練校に機材を供与する予定である。

(2) 日本式の高等専門学校モデルの試行的導入

ホーチミン工業大学（Industrial University of Ho Chi Minh City: IUH）は，HaUIと同様に，ベトナム商工省傘下の教育訓練機関であり，実践的な技術者・技能者を養成している。大学のほか，短大コース，職業訓練コースが併設されている。

JICAは「ホーチミン工業大学重化学工業人材育成プロジェクト」（2013年11月～16年10月）を立ち上げ，同大学における日本の高等専門学校（以下，高専）モデルの導入試行や，産業界との連携強化に取り組んでいる。この背景には，ベトナム中部タインホア省の大型投資案件，ギソン製油所（日系企業も資本参加）が2017年から稼動することに伴い，製油産業分野で実践的，創造的な人材を育成する必要性が高まっていることがある。重化学工業は大規模かつ危険なプラントを運営管理するので，単に指示をうけて業務を遂行するだけでなく，自ら業務を創造，改革できる能力をもつ技術者が必要になる。このため，既存の職業訓練校が教える「理論と実技」に加え，「問題解決能力」の開発に取り組む日本の高専レベルの教育訓練が有用になってくる。

IUHのタインホア分校では，企業と連携して，重化学工業分野の人材育成を行う。ホーチミン本校では，裾野産業向けの人材育成，および産学連携を目的とした支援をする。IUH内には日本人専門家が駐在するプロジェクトオフィスがあり，たとえば，IUHからの求人やインターンシップにかかる同大学教職員の紹介，ベトナムにおける人材や人材育成一般にかかる意見交換などの点で，ベトナムに進出している日系企業との連携も可能である。

(3) ベトナム日本人材協力センターによる経営層の育成

上述した2つは教育訓練機関による就職前の人材育成であるのに対し，「ベトナム日本人材協力センター」（Vietnam-Japan Human Resource Cooperation Center: VJCC）は社会人向けの訓練である。JICAは2000年にハノイとホーチミン市にVJCCを設置，フェーズ1（2000年9月～05年8月），フェーズ2（2005年9月～10年8月）を経て，「ベトナム日本人材協力センター・ビジネス

人材育成プロジェクト」（2010年9月〜15年8月）を実施中である。ハノイ・ホーチミン市の両センターともに，①ビジネス人材育成，②日本語人材育成，③相互理解促進事業・留学支援が3本柱になっている[13]。

ビジネス人材育成については，管理職，実務担当者を対象にした短・中期の実践的なビジネスコース（人事管理コース，生産管理コースなど），今後のベトナムの産業界を牽引していく若手経営者を育成するための「経営塾」，および企業のニーズに沿ったカスタマイズした研修などが行われている。経営塾はベトナム企業経営者を主な対象として，マーケティング戦略，人材開発・育成，経営戦略，日本型ものづくり，ビジネスプランなどを指導するものである。1年間に10コース程度開講され（1コースは月に5日間程度の集中研修），約2週間の日本研修も行われる。経営塾の受講生は2009年から5年間で119名にのぼり（2014年9月時点），結束力も強い。

さらに日本語教育や，相互理解を深める取組みとして，日系企業との交流，ベトナム日本商工会との共催で就職説明会の開催，中小企業からの求人情報の提供など，日本留学・大学間交流支援などが行われている。現在，VJCCはこうして築いたベトナム企業・人材とのネットワークを活かして，進出検討中や進出後の日系中小企業への支援を行う可能性について検討を始めている。

(4) 技能実習生・技術者の派遣前研修，帰国後のフォローアップ

日本各地にはアジア諸国から技能実習生が来ており，多くは中小企業で働いている。なかでも，忍耐強く現場作業を厭わず，往々にして日本人より習得が早いベトナム人技能実習生の評価は高い。一方で，3年以上は滞在できないこと，帰国後に日本で習得した技能を活かした就職機会が限られていることなど，課題も指摘されている[14]。その意味で，人材派遣機関として派遣前研修から帰国後のフォローアップ，さらに「人財」をコアとした日系企業のベトナム進出支援を行っているエスハイ社の取組みは，現地発の民間イニシアティブとして興味深い。なお，エスハイ社は，JICAの海外投融資をうけて，事業拡大に伴う校舎建設・移転を行っている（2013年9月に新校舎が竣工）[15]。

エスハイ社は，日本留学経験をもつレ・ロン・ソン社長が，日系企業向けの人材育成支援を通じてベトナムの工業発展を支援したいとの志をもって，2005

年にホーチミン市に設立した人材派遣機関である。技能実習生・技術者の事前教育、帰国後のレベルアップ、日系企業への人材紹介やベトナム進出サポートなどを行っている。これまで約3,000名を育成した。内訳で多いのは技能実習生で、国際研修協力機構のスキームのもとで、監理団体を通じて企業に人材を派遣している。2013年は518名の技能実習生を日本に派遣し、2014年は750～800名程度が見込まれている。

　事業内容としては、技能実習生（高卒、勤務経験あり）と技術者（大卒）に対しては、派遣前には日本語だけでなく、ものづくりマインド、ビジネスマナー（大きな声で挨拶する、話を聞く時にメモをとる）、キャリア教育などを実施する。帰国後のフォローアップとしては、技能研修からの帰国者全員に案内を出し、カウンセリング（有料）を行い、関心ある者にレベルアップ研修を行っている。3年間の技能研修は現場実習が中心なので、レベルアップ・コースではパソコンスキルなど、将来、管理職やリーダーとして働くために必要なスキルを習得させている。帰国後、日本企業で工場長になったベトナム人もいる。

　また、ベトナム進出サポートも始めており、会社設立後の事業展開において必要な人材・組織・マネジメントを支援している。人材を紹介した企業には、土地・建設・ライセンス取得などを含めた進出支援も行う。最近では、日本の地方自治体からの依頼により、日系中小企業とベトナム企業とのビジネスマッチングも行っている。

(5) 地方自治体レベルによる、ものづくり人材育成支援

　加えて、日本の地方自治体がベトナムの自治体と連携して、産業人材育成支援を行う事例が増えてきている。JICAの草の根技術協力の仕組みを活用して、職業訓練校などで熟練技能者を育成する場合が多い。

　具体的には、①ハノイ市職業訓練短期大学に対するものづくり人材育成のための指導力向上支援（千葉県、2009～12年、2013～16年）、②ハイフォン市製造業の工場管理能力や技術力・経営力の向上支援（北九州市、2011～13年、2013～15年）、③「バリア・ブンタウ省金属関連裾野産業振興ならびに人材育成支援（三条市、2013～16年）、④ホーチミン市職業訓練短期大ものづくり人材育成支援（川崎市、2013～16年）、⑤ドンナイ省ものづくり人材育成支援

（大阪府，2014〜16年），などがある。このうち大阪府によるドンナイ省の工業団地管理会社や職業訓練校への支援は，関西裾野産業集積支援モデル事業と連携しており，工業団地に共同進出する中小企業への人材供給を念頭においたものである。

2.3 販路，調達先

販路開拓は，近年のものづくり中小企業の海外関心の最大要因である。加えて，進出後は，製造コストを削減するために，多くの企業が現地調達率を引き上げることに関心をもっている。しかし，ベトナムでは裾野産業が十分に発達しておらず，進出企業は原材料・部品調達の課題に直面している。日本貿易振興機構（Japan External Trade Organization: JETRO）の「在アジア・オセアニア日系企業実態調査」によると，進出日系企業によるベトナムでの現地調達率は32.2％で，タイ（52.7％），インドネシア（40.8％）と比べて低い。さらに地場企業からの調達率に絞ると，ベトナムは13.2％で，タイ（21.4％），インドネシア（21.2％）と比べて低い（JETRO［2013］）。

JETROやJICAは現地において，販路確保やパートナー企業の発掘支援，さらにベトナムの裾野産業育成支援をさまざまな方法で実施している。こうした情報を日頃から，日本国内の支援組織や地方自治体を通じて，関心ある中小企業に提供していくことは重要である。以下，販路や調達先確保において有用と思われる現地の取組みを紹介する。

(1) JETROによる裾野産業「優良企業ダイレクトリー」の作成

JETROは裾野産業育成支援の一貫として，2004年より，ハノイ市とホーチミン市で毎年交互に，「部品調達展示商談会」を開催している。この商談会には，ベトナムでの部品・部材などの調達を希望する日系企業（調達側）と，部品・部材などの供給を希望するベトナム企業（供給側）が出展する。開催時期は，工作機械展「Metalex Vietnam」やエレクトロニクス関係見本市「Nepcon」（いずれもタイの展示会最大手のReed Tradex主催）に前後する場合が多い。

この商談会にあわせて，JETROはベトナム裾野産業「優良企業ダイレクト

リー」を毎年改定・紹介している。優良企業ダイレクトリーには，将来的に日本企業が求める品質水準で部品を供給する可能性がある地場企業の情報が掲載されている（北・中部ベトナム編と南部ベトナム編の2種類）[16]。たとえば，北部・中部編は，訪問審査にもとづいて，日本企業とビジネスが可能と想定される「Excellent Company」と，将来的に可能性を秘めている「Potential Company」とに分類している。評価項目として，経営者の意識（日本企業との協業意識，ものづくりへの思いなど），5S（整理，整頓，清掃，清潔，しつけ），品質保証体制，技術力などを使っている[17]。このダイレクトリーは，後述するJICAシニア海外ボランティア（Senior Volunteers: SV）による地場企業支援の際にも使われており，日系企業がベトナムでパートナー企業を探す場合の基礎情報になる。

(2) JETROとHEPZAの共同運営による「日越裾野産業フォーラム」

JETROホーチミン事務所とHEPZAは，ベトナムの裾野産業の発展のために2014年7月に「日越裾野産業フォーラム」を立ち上げた。本フォーラムの特徴は，日越の官民が一体となった取組みという点にある。今までは政府と民間企業が独自に裾野産業育成に取り組んでいたため，成果が十分でなかったとの反省による。民間からニーズを吸い上げて政策に反映させ，官民一体で日系およびベトナム企業の裾野産業を発展させていく仕組みを作る試みである。

本フォーラムはJETROとHEPZAが会長を務め，共同運営する。このほか，ホーチミン市日本商工会，VJCC，ホーチミン市商工局，タントゥワン工業開発社，サイゴンハイテクパーク，現地企業ミントランを含め8社・団体がコアメンバーとなって，フォーラム運営を行う。フォーラム事業の第一弾として，2014年7月に日越裾野産業ビジネスマッチング会が開催された。機械加工，熱処理，表面処理関連企業に特化し，JETROがコーディネータを配置し，それぞれのコーディネータが日系企業の要望を聞き，そのうえでベトナム企業を紹介する形で日越企業のビジネスマッチングを支援した。今後は，ホーチミン周辺省関連機関や工業団地なども組み入れて，ホーチミンおよび南部における裾野産業発展のための支援策を検討していく予定である[18]。

(3) JICAシニア海外ボランティアによる地場企業支援

JICAも，2010年度から2013年度にかけて，約20名のシニア海外ボランティア（SV）チームを派遣して金型・金属加工分野の地場企業支援を実施した。支援対象の地場企業はSVチームが選定するが，絞り込む過程で，ベトナム商工会議所，日系企業からの提案，JETRO優良企業ダイレクトリーなどを活用した（ベトナム資本が入っていることが条件なので，日系100％の企業は対象外）。3年間の協力を通じて，SVチームはハノイとホーチミン近郊で，当初予定の100社を大きく上回る，174社の地場企業に対する支援を行った。今後，JICAはより小さな数名グループの派遣形態で協力を継続する予定である。

SVチームは，1社につき6カ月～1年間かけて月1回程度，訪問指導する。対象企業は金属製品，プラスチック，電気機械，非鉄金属，機械などの業種である。指導内容は5S，品質管理（これらが4割），生産性向上，技術管理が中心である。企業訪問のほか，セミナー，日本での研修，VJCCでの研修，資料作成なども行う。支援完了後に達成度を評価し，フォローアップを行う。支援結果は毎年，JETROにフィードバックされている。SVチームの支援をうけた地場企業リストや関連情報は，日系企業が部品・部材の調達先候補を探すときの参考になると思われる。

3．アジアとの「ものづくりパートナーシップ」構築に向けて

3.1 ツートラックによるアプローチ

前節では，ベトナムの事例を通じて，進出後に現地で必要となる支援について考えた。得られた示唆は，①工業団地やマネジメントサポートといった，日々の操業を支えるうえで不可欠なインフラやサービスを提供すること（短期の課題解決）と，②工業人材や裾野産業の育成，地方レベルの外資誘致・企業支援体制の強化など，相手国の能力を高めていく支援をすること（長期の課題解決），というツートラックで取り組んでいく必要性である。

国内需要が減少するなか，成長著しいアジア新興国などをターゲットとして，本格的な海外展開をめざす中小企業が増えている。さらに高齢化・後継者問題も加わり，日本のものづくり中小企業の海外展開は，技能伝承という観点から

も考慮に値する。一方でアジア、特に東南アジア諸国連合（Association of Southeast Asian Nations: ASEAN）加盟国は、2015年の経済統合を控えて、産業高度化や競争力強化を最優先課題に掲げている。ASEANの先発国と後発国はそれぞれの発展段階に応じて人材、インフラ、技術などを強化していく必要があり、日系企業との連携、技術移転に対する期待は大きい。つまり、ものづくり中小企業のアジア展開は、日本とASEAN諸国双方の産業ニーズに合致したものと言えよう。

そこで提案したいのが、アジアとの「ものづくりパートナーシップ」というビジョンである。これは、目の前の課題である海外進出支援と、相手国の産業能力を高めていくという長期の視点をあわせ、ツートラックでアジアと互恵的な関係を構築していく提案である。このビジョンのもとで、時代的要請ともいえる中小企業の海外展開の流れを好機ととらえ、相手国と協働しながら、日本型ものづくりのアジア展開を推進していけないだろうか。

3.2　タイにみる、ものづくりパートナーシップの進化形

第2章で述べたように、タイはベトナムに比べ、産業集積の充実、日本のものづくりの良さを理解する人材の蓄積の度合いではるかに進んでいる。一方、ベトナムはいまだ発展途上で、事業環境などの障害が大きい。ものづくりパートナーシップの観点から言えば、日本がODA・経済協力や官民協力を通じて、ベトナムの官民の能力を高めていく意義はある。タイでは、こうした人材・組織の蓄積をネットワーク化して、日系中小企業と協働していくことが重要になっている。この点は、第5章で現地のタイ・コミュニティとの深いつながり形成を提唱しているとおりである。

本節では、2013年9月に実施したタイ調査で観察した3つの例を紹介するが、タイで展開中のこうした動きをみると、「進化形」としてのものづくりパートナーシップの方向性と形がみえてくる。

タイではJETRO（1959年にバンコク事務所設立）、JICA（前身組織が1954年に技術協力、1968年に円借款を開始）とともに、こんにちの海外産業人材育成協会（The Overseas Human Resources and Industry Development Association: HIDA）の前身の海外技術者研修協会（Association for Overseas Technical Scholarship:

AOTS）が1959年から，ODAと民間資金を活用して現地企業の技術者・管理者研修をタイで行っている（2011年度まで累計43,562名）。タイのHIDA（旧AOTS）研修生の同窓会は，他国と比較しても活発で，同窓会ネットワークを活用したビジネスネットワーキング，コンサルタント事業も行っている。また，アジア学生文化協会は1957年に設立以来，民間ベースでアジアから留学生受け入れ事業を行っており，とりわけタイと深い交流がある。次に述べるように，こうした仕組みで学んだタイ人の研修生や留学生のイニシアティブで，日本の協力を得つつも，自己資金でタイ人の技術者・ものづくり人材を育てる努力を脈々と続けていることは感慨深い。

(1) 泰日経済技術振興協会（Technology Promotion Association（Thailand-Japan）：TPA）による，タイと日本が協働したものづくり人材の育成

　泰日経済技術振興協会（TPA）は，1970年代当時に経済摩擦で悪化した対日感情の悪化を憂いた，元日本留学生・研修生の有志が集まり1973年に設立された公益法人である。日本からタイへの最新技術と知識の移転・普及，人材育成を目的として，工業技術・日本語の研修・出版，検査，企業診断などの活動を実施している。TPA設立に先んじて，日本側にカウンターパート機関として，日・タイ経済協力協会（Japan-Thailand Economic Cooperation Society: JTEC，経済産業省所管の一般社団法人）が設立された。2007年には，JTECの取組みが泰日工業大学（後述）へと発展し，タイの日系企業の担い手創出に貢献している。

　TPAは診断士の研修も行っており，生産性やカイゼンなどを教えている。研修後，実際に活躍している診断士は十数名いるという。ただし，企業側の要望をふまえ，診断よりもコンサルティング業務の仕事が多いようである。近年はタイ企業においても設備のオートメーション化が進み，管理体制の基盤強化が重要になっており，企業向け研修では高度な技術よりは基礎的な能力向上に重点が置かれている。

　こうした人材育成事業に加えて，TPAは2013年夏から「泰日投資促進プロジェクト」（Thailand-Japan Investment Promotion Project: J-SMEs）を開始している。これは，約400社のタイと日本企業を会員にもち（うち6～7割はタイ

企業），ものづくりに習熟しているTPAの強みを活かして，タイ進出を希望する日本の中小企業に各種支援を提供する試みである。タイ企業と日系企業の協力を促進し，競争関係ではなく合弁事業を組むなど，一緒に成長していくことをめざしている。その際，タイの診断士を活用して企業をランク付けする可能性など，TPAの知識・情報力，信頼にもとづくネットワーク力を基盤に，日系中小企業のタイ進出を支援することが検討されている（第3章）。

(2) **タイ側の主体性で実現した日本型ものづくり大学，泰日工業大学**
 　　（Thai-Nichi Institute of Technology: TNI）

　泰日工業大学（TNI）は，TPAの活動を母体として2007年に開学した，タイ人によるタイ人のための「日本型ものづくり大学」である。現場・実践重視のものづくり教育を目標として，タイ産業界で需要の高い分野（自動車，電気電子，情報通信技術，生産技術）において，日本のものづくりに直結する実務，かつ実践的な技術と知識を備えた学生を育成している。産業界やタイ国内外の各種日本機関と強い協力関係をもち，この強みを活かして，現場のインターンシップ教育も実施している。創設に際してはバンコク日本人商工会議所が全面的に協力し，開学から今まで，会員企業およびタイ企業からの募金活動で奨学金を提供している。生徒は毎年増えており，現在は年間1,400名以上の入学生がいる。また，TNIは毎年，タイ企業，日系大企業・中小企業を対象に就職フェアを開催している。卒業生は日本語が話せるため，日本企業からの引き合いが多い。

　さらに，近年の日系中小企業のタイ進出の増加をうけて，TNIは，タイ地場企業と日系中小企業が互恵的に成長できるように，自ら技術・研究開発面で両者のコーディネーター役になりたいとの意欲をもっている（たとえば，TNIが施設を提供して，日系中小企業とタイ中小企業が共同で研究開発する場を設けるなど，双方にメリットがあるビジネスマッチングの機会を作る可能性）。

(3) **中小企業診断士**

　1999年からJICAやHIDAは専門家派遣や技術協力を通じて，中小企業診断士を育成してきた。これは，アジア通貨危機後のタイ支援策の1つとして中小

企業振興が重視されたことによる。日本の協力で育ったタイ人企業診断士が約450名いると言われている。その後，タイ側は引き続き簡易な研修を継続し，2,000～3,000名の企業診断士を育成した[19]。その後も，JICAは「地方中小企業振興制度確立計画（2009～11年）」，「中小企業診断士再教育プロジェクト（2010年）」，「地方レベルの統合中小企業支援普及プロジェクト（2013～16年）」を通じて，診断士制度の確立・普及を支援している。

タイ人企業診断士は，日本とタイのものづくりを橋渡しする専門家人材であり，日系中小企業と現地企業とのビジネスマッチングなどを行うコーディネータとなりえる。こうした人材の動員可能性について，上述したTPAのJ-SMEsや，第3章で述べた「日タイ・産業クラスターリンケージのための体制整備調査」（通称，「お互い」プロジェクト）で検討が始まっている。

4．日本型ものづくりのアジア展開

本書において，われわれは「海外進出ありき」ではなく，国内での市場開拓，輸出，現地生産委託など，さまざまな可能性を考えながら段階的に海外展開を準備していくべき，という認識で進出支援を論じてきた。また，オンリーワン企業の中には，あえて海外の特定国に生産拠点をもつ必要がない企業もあろう。

同時に，総合的な検討をへて海外進出を決意した中小企業に対しては，進出後の支援を含め，しっかりと体制を整えるべきである。本章で紹介したベトナムとタイの事例をふまえて，日本が中小企業の海外展開支援において今後，重視すべき点を整理する。

第一に，中小企業が必要とする情報や支援内容は，進出前・進出時・進出後といった事業展開の段階ごとに異なる。今後は，官民ともに，進出後の現地ベースの支援をより強化することが重要になっている。

第二に，中小企業は大企業より経営資源の制約が大きく，現地ベースの支援においては，海外進出のコストやリスクを軽減する取組みが重要になる。具体的には，①工業用地，②工業人材，③販路・調達先の確保について，一定水準を満たした工業団地（中小企業専用のレンタル工場，マネジメントサービスなど），教育訓練機関・人材派遣機関などの目利きや紹介，地場の優良企業や進

図表7-5　現地ベースの支援，3つのエントリーポイント

エントリーポイント	短期の課題解決のための取組み	長期の取組み（ものづくりパートナーシップ）
工業用地の確保（ハード・ソフト面）	・日系中小企業専用の工業団地（小規模レンタル工場等）の設置 ・進出済の日系企業による工場スペースの提供（軒先ビジネス） ・複数企業による共同進出 ・工業団地内で専用ワンストップ・サービスを提供 ⇒会社設立から操業後の会計事務・税務手続，人材確保，資材確保等を日本語で支援，共用ファシリティの提供	・国レベルの投資環境整備 ・地方省や工業団地管理者の能力強化（インフラ高度化，ワンストップ・サービス機能等） ⇒やる気のある地方省との選択的パートナーシップ
人材の確保	・現地の工業人材の育成・日系企業との就職促進・マッチング ・帰国した技能実習生や留学生，他の研修生の活用 ⇒優良パートナー，中堅管理者，技術者等の発掘・関係構築	・各層の工業人材，経営人材の育成 ・産学連携の機能強化 ⇒自国人材による主体的な，ものづくり人材育成と産学連携（タイの経験）
販路・調達先の確保	・現地の日系バイヤーリスト（販路），ローカル・サプライヤーリスト（調達先）等に関する情報提供，ビジネスマッチング，商談会 ・複数企業による共同進出（受注領域の拡大をめざす） ・大企業（アンカー）との連携（ただし，1次・2次下請けに限定される可能性）	・相手国の官民をまきこんだ裾野産業育成 ⇒日本のものづくりを習熟した現地人材を担い手としたビジネスマッチング，地場企業育成（タイの経験）

出所：筆者作成。

出している日系大手企業とのビジネスマッチングなどの支援は有用と思われる。ベトナムの事例が示すように，最近は，先行進出した中小企業が現地・日系の関係者と連携して，中小企業の目線で情報提供や支援を行う取組みも出てきており，注目される。

　第三に，アジアとの「ものづくりパートナーシップ」というビジョンのもとで，日々の操業支援という短期の課題解決に加えて，相手国の政策制度や人材・地場企業を強化し，ひいては彼らを担い手として協働していく，という長期の視点をもって，ツートラックで協力関係を構築すべきである。長期の課題は個々の企業だけでは解決が難しく，日本の政府や公的機関，地方自治体を含

めた協力が求められる。たとえば，相手国の裾野産業育成や外資誘致に関する課題に対して政策的働きかけや必要な能力強化を行うこと，外資受け入れに積極的でやる気ある現地の自治体との連携・交渉を強化すること，などである。これらは，事業環境の障害がいまだ多いベトナムにおける，ものづくりパートナーシップの形といえよう。

　第四に，より進化した，アジアとのものづくりパートナーシップの形としては，タイの経験に学び，日本型ものづくりに習熟した現地の人材・組織と日系中小企業と協働すべきである。

　新しい国際化の時代に日系中小企業がものづくりをアジアで展開していく際に，現地のさまざまな関係者とのパートナーシップ構築が不可欠になる。各国の発展段階に応じた方法と内容で，日本は短期と長期の視点にたって，アジアとものづくりパートナーシップを構築すべきである。これはアジアの産業ニーズに合致し，また日本型ものづくりのアジア展開にも寄与すると信じる。

✣注

1　JETRO［2014］をもとに計算した。2014年も対ベトナム投資案件の小規模化の傾向は続いており，同年6月時点で新規認可件数は128件で，1件当たりの投資額は約340万ドルになっている。
2　近畿経済産業局が2012年9月に実施した，ベトナム進出に関心をもつ関西ものづくり中小企業へのアンケート調査結果による。同様の見解は，筆者ら研究チームが2012年8月にベトナムの工業団地に進出した中小企業の幹部とインタビューした際にも示された。
3　事業主はLong Duc Investment Co. Ltd.で，出資比率は双日が50.2％，大和ハウスが39.9％，神鋼環境ソリューションが9.9％，ベトナム国営食糧公社のドナーフードが12％となっている（日本側の出資比率は合計で88％）。
4　ザ・サポート株式会社ホームページを参照。
5　加えて，西武信用金庫は国際協力銀行との協調融資により，ビーパン・テクノパーク社に直接融資を行っている（2014年8月）。
6　Unika Vie-Pan社という社名のうち，Vie Panとは，Vietnam-Japanを略である。
7　1996年以来，過去17年間でユニカ・ビーパンに延べ25社が入居し，うち13社が成功して独立した（2014年9月に行ったユニカ・ホールディングスとの面談による）。

8 さらにビーパン・テクノパークは，ホーチミン市で初の「特別区」に指定され，「輸出加工区」（外地企業とみなされる）と「工業区」（ベトナム国内での販売が可能）の2種類の認定をうけている。
9 具体的には，ニョンチャック3工業団地（中小企業専用レンタル工場あり）に加えて，ホーチミン市のビーパン・テクノパーク（日越合弁事業の中小企業専用レンタル工場，ヒェップフォック工業団地内），ドンナイ省のロンドウック工業団地（日系工業団地，中小企業専用レンタル工場あり），アマタ工業団地（レンタル工場あり），ロンアン省のキズナ工業団地（中小企業専用レンタル工場のみ，タンキム工業団地内），ロンハウ工業団地（環境配慮型，中小企業専用レンタル工場あり），トゥアンダオ工業団地（環境配慮型でメッキ工場も可，レンタル工場あり），フーアンタン工業団地（日系企業基準のインフラ整備，レンタル工場あり），ビンズオン省のアセンダス・プロトレード・シンガポール・テックパーク（レンタル工場あり）およびメープルツリー工業団地（レンタル工場専用）の10カ所を紹介している（2014年9月のベトナム現地調査時のインタビューによる）。
10 宮本幹［2012］発表資料参照。
11 JICA・三菱総合研究所［2012］による，日系中小企業の進出の観点からベトナムとインドネシアの工業団地を調査した報告書も参考にしている。
12 近畿経済産業局が2012年9月に実施した調査においても，中小企業にとって，ベトナム進出後の最重要課題（上位1，2位）は現地でのマネージャー人材の育成・確保，およびワーカーなどの確保・定着となっている（近畿経済産業局［2013］，前掲書）。
13 2014年9月のベトナム調査時に行ったVJCCからのヒアリングによる。
14 技能研修生を受け入れている大阪の中小企業とのインタビューにもとづく。
15 JICAの海外投融資の再開第1号で（約2億円の融資，JICAとベトナムのアジア・コマーシャル・ジョイント・ストック銀行との融資契約），エスハイ社が運営する人材育成校の事業拡大に伴う移転と校舎建設費に充てられた。
16 JETRO優良企業ダイレクトリーのうち，「北・中部ベトナム編」は2009年に始まり最新版は2013年9月，「南部ベトナム編」は2008年に始まり最新版は2013年10月となっている。
17 JETROホームページ「ベトナム裾野産業の優良企業情報」を参照。
18 JETROホームページ「現地調達率の向上目指し，官民一体で裾野産業育成へ—日越裾野産業フォーラムを設立—（ベトナム）」を参照。
19 2013年9月に実施したタイ現地調査時に工業省裾野産業振興課からのヒアリング

による（以前，中小企業診断士育成の担当者であった）。ただし，日本と異なり，国家資格として制度化されていないので，中小企業診断士として工業省の事業に参加した人材のみ，データベースに登録されている。

※ **参考文献**

安積敏政［2014］『実態調査で見た中堅・中小企業のアジア進出戦略「光と陰」』日刊工業新聞社。

近畿経済産業局［2013］「中小企業の海外展開支援に向けた，関西とアジア新興国の地域間における戦略的経済交流促進のための調査研究」平成25年2月，ダン計画研究所（調査委託機関）。

近畿経済産業局［2014］「関西とベトナムとの経済交流の取組」通商部国際事業課。http://www.kansai.meti.go.jp/2kokuji/glocal_PT/vietnam/kansai_vietnam_conference2014_3.pdf（2014年9月11日閲覧）

久保田典男［2012］「第2章 中小企業の海外生産展開」『中小企業の国際化戦略』額田春華・山本聡編著，同友館。

国際協力機構（JICA）・三菱総合研究所［2012］「アジア地域ベトナム及びインドネシア工業団地への本邦中堅・中小企業進出支援に係る基礎情報収集・確認調査報告書」平成24年6月。

日本貿易振興機構（JETRO）［2013］「在アジア・オセアニア日系企業実態調査（2013年度調査）」2013年12月12日，海外調査部アジア大洋州課・中国北アジア課。

日本貿易振興機構（JETRO）［2014］「2014年ベトナム一般概況―数字で見るベトナム経済」JETROハノイ事務所，2014年7月。

宮本幹［2012］「ベトナムにおける中小企業支援機能強化JICAプロジェクトについて」第3回中小企業の海外展開勉強会発表資料，東京，2012年7月12日。

山本聡［2012］「序章 はじめに」『中小企業の国際化戦略』額田春華・山本聡編著，同友館。

《ウェブサイト》

ザ・サポート株式会社ホームページ
http://www.thesupport.jp/network/page1-1.html（2014年10月1日閲覧）

日本貿易振興機構（JETRO）ホームページ「ベトナム裾野産業の優良企業情報」
http://www.jetro.go.jp/world/asia/vn/company/（2014年10月1日閲覧）

同ホームページ「現地調達率の向上目指し，官民一体で裾野産業育成へ―日越裾野

産業フォーラムを設立（ベトナム）」
http://www.jetro.go.jp/world/asia/vn/biznews/53db2ed0003e8 （2014年10月1日閲覧）

（大野　泉）

あ と が き

　本書は，2012年から2014年にかけて，大阪を拠点としたシンクタンク，一般財団法人アジア太平洋研究所（APIR）で３年にわたり取り組んだ研究プロジェクト，「中小企業の東南アジア進出に関する実践的研究」および「中小企業の東南アジア進出に関する比較研究」の成果をとりまとめたものである。APIRは，アジア太平洋地域が直面している諸問題に対し，課題解決型シンクタンクとして多様な知的貢献活動を通じて，日本とアジア太平洋地域の新たな活力創出，持続的な発展に寄与することを目的として，2011年12月に設立された。

　編著者はAPIR設立直後から主席研究員を務め，執筆者メンバーをコアとした研究チームでさまざまな活動に取り組んできた。１年目は，関西のものづくり中小企業のベトナム進出支援に関わるさまざまな問題に焦点をあてて調査を行った。２年目以降は，関西にとどまらず国内他地域の産業集積地を訪問して，地域の特色を活かした中小企業の海外展開支援の取り組みについて調査した。また，ベトナムに加えて，日系中小企業の関心が高いタイでも現地調査を実施し，ベトナムとの比較分析を行った。

　関西は，わが国有数のものづくり拠点である。国レベルの行政や支援組織の拠点の多くが大阪に所在することもあり，官民ともに活発な活動が展開されている。われわれは研究を進めるにあたって，関西の自由闊達な環境を最大限に活かして，実践とネットワーキングを意識したオープンな研究会を運営した。そのプロセスで，企業，研究者，行政・経済協力機関，NPOをはじめとする多くの参加者の方々から溢れるエネルギーと知的インプットをいただいた。さらに，いくつかの産業集積地への訪問を通じて，ものづくり新時代の到来をうけとめ，地元の企業に寄り添いながら新しい「つながり」を創る連携ハブとなり取り組んでいる自治体，企業，NPO関係者等に出会い，その情熱と努力に強い感銘をうけた。

また，本研究プロジェクトは，私が所属する政策研究大学院大学（GRIPS）との共同研究として実施された点も特記しておきたい。GRIPS政策研究センターリサーチプロジェクト（「中小企業の海外展開に関する研究」）とJSPS科研費（基盤研究（B）25283004）の研究助成をうけて，東京でも勉強会やセミナーを開催したり，補完的な調査を実施した。これにより，関西のみならず，東京においてもネットワーキングや発信，政策的な働きかけを効果的に行うことができた。大阪でのオープン研究会は8回開催，平行して開催したGRIPSでの勉強会とセミナーは，APIRとの連携企画を含め10回にのぼる。

　研究の実施において，APIRの林敏彦研究統括（大阪大学名誉教授）に内容面で数々の貴重な助言とご指導をいただいた。事務局のマネジメントチームやスタッフには大変お世話になり，とりわけ，松居英明氏（当時，プロデューサー）と石田博之氏（総括プロデューサー）には全プロセスを通して，研究会の運営や知的ネットワーキング構築など，強力なサポートをいただいた。桜井靖久氏（尼崎産業地域経済活性化機構研究員），遠原智文氏（大阪経済大学准教授）および前田充浩氏（産業技術大学院大学教授）にも，さまざまな局面でご協力いただいた。

　国内各地のさまざまな組織・関係者，地方自治体からも多大な支援と助言をいただいた。すべての協力者を列挙することは非現実的であり，一括して深くお礼を申し上げたい。なかでも，近畿経済産業局，大阪府商工労働部，関西経済連合会には，3年間にわたりご協力をいただいた。近畿経済産業局国際事業課の青井登志子氏（当時，課長）や藤田力氏（当時，係長）とは連携して現地調査を実施し，細川洋一氏（課長）や片瀬眞悟氏（係長）からも引き続き貴重な助言をいただいた。研究会ではコラボレーション企画を通じて，国際協力機構の関西研修センター（JICA関西），太平洋人材交流センター（PREX）の関係者や専門家に大変お世話になった。なお，大阪府は，2014年から3年計画で，「関西ベトナム経済交流会議」の枠組みのなかでPREXと連携し，JICA草の根技術協力（地域経済活性化特別枠）として，ドンナイ省でものづくり人材育成事業に取り組んでいる。これも，本研究プロジェクトの「つながり」から生まれた，嬉しい副産物である。

あとがき

　私は，アジアやアフリカ，中南米などの途上国や新興国をフィールドとし，経済開発や開発協力政策についての実践的研究や政策提言に長年，取り組んでいる。中小企業の海外展開という研究テーマは新たな領域に足を踏み入れるもので，チャレンジだった。新たな国際化を迎え，日本のものづくりは大きな転換期にある。開発協力においても官民連携が推進されている。他方，タイやベトナムは「中進国の罠」を回避する方策を模索中で，日本の中小企業の進出を通じた技術移転への期待は高い。この新しい時代に，途上国や新興国の現場を知るものとして何ができるか——こう問いかけながら3年間，走り続けた。そして，国内各地を訪問するうちに，日本の産業政策と産業開発協力をシンクロナイズさせ，アジアとのものづくりパートナーシップを具体化していく意義を確信した。

　この意味で，本研究プロジェクトに取り組むきっかけをつくってくれたAPIRの宮原秀夫所長，澤昭裕副所長，岩城吉信代表理事に心からお礼を申し上げたい。「Think Tank」のみならず「Do Tank」もめざそうという研究所の方針は，長年，政策と実践をつなぐ活動に取り組んできた私の考えに合致するものである。関西で多くの組織や人々との出会いがあり，自分にとっても新しい「つながり」ができた。これは，今後活動していくうえでかけがえのない財産になると信じる。

　最後に，出版社の中央経済社は『グローバルビジネスの隠れたチャンピオン企業』（Hidden Champions）で高名なハーマン・サイモン氏の著書の日本語版の出版を手掛けられ，この企画の意義を理解し本書を世に出すことを快諾してくれた。特に，経営編集部の市田由紀子さんは，本書を読みやすく構成し，仕上げてくれた。飯塚美恵子さんは，私が主宰するGRIPS開発フォーラムの一員で，研究開始から出版にいたるあらゆるステージの作業を辛抱強く，かつテキパキと支えてくれた。彼女たち二人の貢献なくして，本書の誕生はなかった。深く深く感謝している。

大野　泉

索引

【欧文】

AEC（ASEAN経済共同体）…… 159, 160
APIR→アジア太平洋研究所
ASEAN→東南アジア諸国連合
　——4 ………………………………… 17
　——6 ………………………………… 159
　——10 ……………………………… 159
　——経済共同体→AEC
B to B→企業間取引
B to C→消費者向け販売
BOI→タイ投資委員会
DIPSME Network→タイ工業省産業振興局中小企業ネットワーク
DTF→デスクトップファクトリー
F/S→事業化可能性調査
FDI→外国直接投資
FTA→自由貿易協定
GMS→大メコン圏
GNI→グレーター・ナゴヤ・イニシアティブ
GNT→ニッチトップ
HaUI→ハノイ工業大学
HaUI-JICAプロジェクト→ハノイ工業大学技能者育成支援プロジェクト
HEPZA ………………… 208, 209, 222
HIDA→海外産業人材育成協会
IUH→ホーチミン工業大学
JBIC→国際協力銀行
JETRO→日本貿易振興機構
　——優良企業ダイレクトリー …… 223
JICA→国際協力機構
KITA→北九州国際技術協力協会
KTI→北九州貿易・投資ワンストップサービスセンター

MOBIO→ものづくりビジネスセンター大阪
　——-Cafe ………………………… 50
M/P→マスタープラン
NPO→非営利団体
ODA→政府開発援助
OJT（On the Job Traning）………… 185
QCD ……………………… 9, 24, 74
RIT事業→地域間交流支援（RIT）事業
SJC→チュラロンコン大学サシン経営大学院日本センター
SV→シニア（海外）ボランティア
TDB→帝国データバンク
TNI→泰日工業大学
TPA→泰日経済技術振興協会
TVET→職業技術教育訓練
VJC→ベトナム日本センター
VJCC→ベトナム日本人材協力センター
Y-PORT事業 ………………… 54, 58

【あ行】

あいち国際ビジネス支援センター …… 52, 58, 112
あいち産業振興機構 ……… 52, 53, 58, 109, 111, 112
アジア太平洋研究所（APIR）……… 36, 82, 187, 233, 234
アジア低炭素化センター … 55, 56, 58, 90, 117, 119, 128
アベノミクス ……………………… iii
尼崎国際ビジネス交流会 ……… 51, 57, 63, 126, 129
尼崎信用金庫 ……… 51, 57, 125, 126, 129, 132
尼崎地域産業活性化機構 …… 29, 57, 124, 125, 129, 132, 133

インキュベーション・ファクトリー
　……………………………… 205, 207
インターンシップ …… 150, 169, 175-177,
　180, 183-185, 191-194, 196, 217, 218,
　226
　――派遣 …………………………… 192
　――プログラム …… 180, 182-184, 192
ウィンウィン（型）………………………… 17
エスハイ社 …………………… 62, 219, 230
オオタ・テクノパーク …………… 88, 89, 100,
　204, 205, 215
「お互い」プロジェクト … 83, 92, 93, 150,
　158, 163, 227
オンリーワン ……………………… 21, 23, 24
　――企業 ………………… 105, 116, 227

【か行】

海外産業人材育成協会（HIDA）…… ii, 27,
　32, 38, 42, 44, 62, 65, 82, 95, 100, 207,
　224-226
海外事業活動基本調査 …………………… 138
海外展開一貫支援ファストパス制度 …… 43
外国人技能実習制度 ……………………… 21
外国直接投資（FDI）……… 59, 85, 169, 197
外務省 ………………… ii, 38, 43-45, 60, 65
隠れたチャンピオン企業 ………………… 14
関西経済連合会 ………………… 48, 61, 76
関西裾野産業集積支援モデル事業 …… 48,
　57, 88, 206, 207, 215, 221
関西ベトナム経済交流会議 …… 46-48, 57,
　63, 206, 207, 208, 234
企業間取引（B to B）……… 71, 72, 80, 110
企業城下町 ……………………… 9, 24, 114
企業城下町型 ……………………………… 109
技術移転 ………………… 17, 61, 224, 235
北九州国際技術協力協会（KITA）…… 55,
　56, 58, 59, 63, 65, 116-119, 128
北九州市アジア低炭素化センター …… 90

北九州市国際ビジネス政策課 … 116, 117
北九州貿易協会 ……… 53, 54, 58, 117, 118
北九州貿易・投資ワンストップサービス
　センター（KTI）…… 53, 56, 58, 117, 128
北九州モデル ……… 55, 58, 66, 90, 91, 119
技能実習生 …… 62, 74, 216, 217, 219, 220
技能者 ……… 169, 170, 171, 173-175, 178,
　186, 188, 215, 217
技能伝承 ……………………… 74, 98, 223
教育訓練 ………… 178, 185, 188, 217, 218
　――機関 ……… 169, 170, 175-177, 181,
　182, 187, 188, 189, 191-195, 215, 218,
　227
　――資格 ………………………… 170, 171
　――プログラム ………………………… 194
行政支援 ……………………………… 25, 215
共創プロセス ……………………………… 64
共同進出 …… 48, 57, 63, 206, 208, 209, 215,
　221, 228
近畿経済産業局 …… 46-48, 57, 61, 63, 65,
　75, 76, 88-90, 169, 190, 202, 203, 208,
　210, 229, 230, 234
空洞化 … ii, 3, 12, 28, 29, 33, 123, 129, 133
　――議論 ………………………………… 98
　――懸念 ………………… i, 9, 11, 28, 129
　――対策 ……… 103, 107, 110, 129, 130
　――問題 ………………………… 129, 130
　――論 …………………………………… 28
草の根技術協力 ………………… 45, 48, 220
草の根技術協力事業 ……………… 57, 118
グレーター・ナゴヤ・イニシアティブ
　（GNI）…………………………………… 111
グローバル（化）……… 8, 14, 31, 122, 138
　――企業 ……… ii, 3, 14, 15, 21, 23, 31
　――競争 ………………………………… 74
　――人材 …………………………… 97, 108
　――ニッチトップ→ニッチトップ
　――マーケティング …………………… 23

経営戦略 …………………… 12, 14, 20, 99
経済協力 …… ii, iii, v, 37, 39, 64, 190, 195, 202, 224
経済協力機関 ………………… 36, 37, 62, 195
経済産業省 …… ii, 27, 28, 37, 38, 42, 72, 73, 114, 115, 121, 125, 131, 138, 158, 162, 225
現地キーパーソン …………… iv, 36, 37, 82
5S …… 17, 57, 83, 186, 189, 196, 222, 223
工業人材 …… 169-171, 174, 175, 178, 194, 195, 201, 215, 216, 223, 227, 228
──育成 … 169, 178, 194, 216, 217, 228
工業統計調査 ……………………………… 73
後継者不足 ……………………………… 3, 13
神戸市アジア進出支援センター … 52, 57, 121-123, 128
公民連携 ………………………………… 54
効率的なたらい回し ………………… 36, 78
高齢化 …………………………………… 3, 223
国際協力機構（JICA）…… ii, 10, 27, 32, 38, 41, 44, 45, 48, 55, 56, 59, 62, 65, 83, 92, 93, 96, 99, 100, 116, 117-119, 122, 127, 128, 131, 150, 158, 178, 180, 181, 190, 207, 212, 213, 216-219, 221, 224, 226, 230, 234
国際協力銀行 ………………………… 43, 195
互恵的（な）… 37, 54, 59, 64, 177, 188, 224

【さ行】

最低賃金 ……………………………… 156, 164
──政策 ……………… 137, 155, 156, 162
──引上げ ………………………… 60, 156
ザ・サポートベトナム（社）…… 206-208
サプライチェーン ………………… 92, 93, 158
──構築 ………………………………… 155
産学連携 …… 87, 130, 148, 169, 170, 175-178, 188, 190, 195, 215, 217, 218, 228
産業空洞化 ………… 28, 103, 129, 130, 132

産業支援財団 ………… 77-80, 83, 84, 85
産業集積 ……… 49, 98, 103, 104, 108, 109, 114, 177, 224
──地 ……………… 37, 63, 103, 104, 233
支援策 …… iii, 37, 39, 40, 46, 49, 63, 93, 98, 222
事業化可能性調査（F/S）…… 40, 55, 99, 111, 119, 128, 131
実証モデル ……………………………… 91
シニア（海外）ボランティア（SV）…… 83, 222, 223
地場産業 ……………………………… 61, 120
ジャパンデスク ……………………… 212, 213
集団FDI ………… 85, 88-90, 93, 94, 100
自由貿易協定（FTA）……………… 3, 159
自由貿易地域 ………………………… 159
勝者バイアス ………………… 24, 29, 30
消費者向け販売（B to C）…………… 71
職業技術教育訓練（TVET）…… 173, 175, 182
新興国 …… 6, 10, 11, 54, 120, 202, 234, 235
──進出個別支援サービス …… 41, 53, 64, 118, 123
人材（の）育成 …… 36, 47, 59, 62, 76, 78, 89, 95, 98, 106, 107, 169, 170, 175, 182, 183, 215, 217-219, 225, 228
人材（の）確保 ……… 26, 27, 41, 76, 78, 89, 106, 129, 169, 170, 215, 217, 228
人材確保・育成 ……… 76, 78, 89, 106, 202
迅速なたらい回し …………………… 26, 27
信用金庫 ………… ii, 43, 44, 53, 63, 76, 125
スクリーニング ………… 19, 27, 36, 80, 83
裾野産業 … iii, 8, 13, 17, 18, 47, 59, 60-62, 64, 173, 194, 202, 207, 209, 212, 217, 218, 221-223, 229, 230
諏訪圏工業メッセ …… 50, 51, 57, 107, 108, 127
諏訪圏ものづくり推進機構（スワモ）……

　　　　　50, 51, 57, 63, 106-108, 131
生産技術者 ……………… 169-171, 173-175
生産拠点 … 20, 22, 28, 50, 72, 73, 150, 206
　――構築 ………………………………… 29
生産展開型支援 …… 71, 72, 79, 85, 87, 88
生産ラインオペレーター ………… 170, 171
政府開発援助（ODA）…… ii, iii, 10, 32, 36,
　37, 44, 62, 64, 181, 202, 224, 225
ソルテック・トレーディング … 205, 211

【た行】

タイ工業省産業振興局中小企業ネットワーク（DIPSME Network）…… 149, 152, 153
タイ投資委員会（BOI）… 61, 66, 122, 140, 142, 149, 151, 152, 155, 157
タイ日・お互いプロジェクト …… 83, 92, 93-96, 98, 99
泰日経済技術振興協会（TPA）…… 62, 82, 178, 225, 226, 227
泰日工業大学（TNI）…… 61, 62, 177, 225, 226
タイ・プラスワン ……… 60, 137, 148, 159, 161, 162
大メコン圏（GMS）………………………… 160
地域間交流支援（RIT）事業 … 41, 56, 57, 58, 66, 118, 120
地方銀行 …………………… ii, 43, 63, 76
地方自治体 … 9, 26-28, 36, 44-46, 49, 61-63, 71, 103, 113, 220, 221
チャイナ・プラスワン …………… 94, 139
中小企業海外事業活動実態調査 …… 138, 139
中小企業海外展開現地支援プラットフォーム ……………… 42, 65
中小企業海外展開支援会議 …… 9, 10, 37, 40, 111, 113
中小企業海外展開支援大綱 …… 9, 38, 44

中小企業家同友会 ………… 147, 163, 164
中小企業基盤整備機構 …… i, 38, 78, 109, 138
中小企業診断士 ……… 20, 62, 95, 226, 231
中小企業専用エリア ……… 206, 209, 210
中小企業専用サポートセンター …… 210
中小企業庁 ……… ii, 28, 32, 37, 39, 64, 74
中小企業白書 …………………… i, 29, 31, 74
中小機構 ………… 28, 38-40, 46, 64, 109, 111, 122, 131, 138, 207
チュラロンコン大学サシン経営大学院
　……………………………………………… 95
チュラロンコン大学サシン経営大学院日本センター（SJC）…… 87, 147-152, 164
つながり …… iv, v, 37, 46, 49, 59, 63, 169, 195, 233-235
　――力 …………………… 35, 37, 49, 62, 63
帝国データバンク（TDB）… 60, 138-142, 144, 145, 158, 161, 163
低コスト追求型輸出拠点構築 ………… 8
デスクトップファクトリー（DTF）
　………………………………………… 107, 127
撤退 ………………………… 20, 29, 31, 33, 41
東南アジア諸国連合（ASEAN）…… 6, 52, 65, 87, 94, 96-99, 108, 118, 124, 131, 156, 159, 160-162, 175, 177, 196, 224
ドンバン2工業団地 …………… 205, 210

【な行】

長野県テクノ財団諏訪レイクサイド地域センター（長野県テクノ財団）…… 51, 106-108
ニッチトップ（GNT）……………… 32, 126
ニッチ分野 ………………………………… 91
日本型ものづくり …… 3, 11-15, 18, 19, 25, 201, 203, 219, 224, 229
　――大学 ………………………………… 226
日本再興戦略 …………………… i, 35, 44

日本式生産モデル ················· 8
日本貿易振興機構（JETRO）···· ii, 10, 27, 32, 38, 40, 41, 43, 46, 51-54, 56, 59, 60, 64-66, 78, 83, 86, 100, 109, 117, 118, 120, 121, 123, 127, 128, 131, 152, 171, 174, 190, 207, 221-223, 229, 230
「日本村」的取引 ········ 137, 147, 158, 161
ネットワーキング ····· 137, 139, 151, 225, 233
ネットワーク ···· 10, 14, 26, 37, 49, 54, 55, 56, 58, 63, 64, 76, 80, 88, 107, 118, 122, 161, 219, 226
　　──化 ···· 26, 27, 41, 47, 49, 53, 58, 95, 224
　　──型 ························· 77
　　──強化 ······················ 196
　　──（の）形成 ····· 88, 106, 161, 162
　　──（の）構築 ············· 47, 57, 98
　　──づくり ············· iv, 51, 112, 119
軒先貸し ························ 211
軒先ビジネス ················· 94, 95, 228

【は行】

花形産業 ························· 11
ハノイ工業大学(HaUI)···· v, 62, 178-180, 183, 184, 186, 187, 190, 194, 196, 217, 218
ハノイ工業大学技能者育成支援プロジェクト ········ 169, 170, 178, 181, 182, 186, 189-193, 216, 217
ハンズオン ······················ 41
　　──支援 ····· 10, 36, 40, 41, 53, 58, 111, 118
　　──制度 ····················· 111
　　──体制 ······················ 63
ハンドホールディング ·········· 26, 27, 32
販売促進 ························ 27
販路開拓 ············· v, 20, 26, 36, 75, 103, 107, 108, 129, 130, 201
販路拡大 ················· iii, 51, 112
販路確保 ······················ 221
販路共有 ······················· 95
販路追求型 ······················· 9
ビーパン・テクノパーク ···· 48, 205, 208, 209, 210, 229
非営利団体（NPO）······· 37, 46, 49, 50, 57, 63, 106, 107, 127, 233
ビジネスマッチング ····· v, 55, 58, 62, 71, 80-85, 88, 98, 100, 137, 139, 147-149, 151-154, 161-163, 212, 216, 220, 222, 227, 228
ひょうご海外ビジネスセンター ······· 52, 121, 124, 128
ひょうご・神戸国際ビジネススクエア ······························ 121
ピラミッド型企業集積 ············ 15
不可逆的変化 ················ 4, 8, 30
プラットフォーム ······ 36, 41, 63, 99, 100, 118, 128
フルセット型の集積 ················ 72
ベトナム日本人材協力センター（VJCC） ········ 62, 216, 218, 219, 222, 223, 230
ベトナム日本センター（VJC）··· 178, 179, 183-185, 186, 187
貿易障壁回避型現地生産 ············ 8
ホーチミン工業大学（IUH）········ 62, 216, 218

【ま行】

マスタープラン（M/P）······· 56, 119, 128, 132
町工場モデル ······················ 9
モジュール化 ················ 74, 77, 107
ものづくりクラスター ·············· 23
ものづくりパートナー ············ 17-19
ものづくりパートナーシップ ······· v, vi,

201, 203, 223, 224, 228, 229, 235
ものづくりビジネスセンター大阪（MOBIO）
　……………………… 49, 50, 57, 63, 65, 80

【や行】

優良企業ダイレクトリー ……… 221, 230
輸出有望案件支援サービス ……… 41, 118, 120, 123
横浜ウォーター（株式会社）… 54, 55, 58
横浜水ビジネス協議会 ……………… 55, 58
寄り添い型 …………………………… 122
　──支援 ……… 49, 52, 58, 63, 122, 128

【ら行】

リーマンショック …… i, ii, 3, 6, 9, 29, 30, 31, 74, 75, 105, 120, 201
レンタル工場 ……… 48, 203-207, 209, 210-212, 214, 215, 227, 228, 230
労働者不足 …………………………… 157
労働力不足 …………………………… 156
ロンドウック工業団地 …. 48, 88, 89, 191, 205, 206, 207, 208, 230

【わ行】

ワンストップ ……… 26, 41, 53, 58, 76, 117, 121, 214
　──化 ………………… 26, 27, 49, 53, 58
　──拠点 ……………………………… 117
　──・サービス … 26, 39, 48, 52, 53, 58, 124, 128, 205, 212, 228

■執筆者紹介（執筆順）

大野　泉（おおの　いずみ）　［編者，第2章・第7章担当］
プリンストン大学ウッドロウ・ウィルソン・スクール公共政策大学院　修士（MPA）
現在：政策研究大学院大学教授，一般財団法人アジア太平洋研究所　主席研究員（2013〜2014年度）
主要業績：*Eastern and Western Ideas for African Growth: Diversity and Complementarity in Development Aid*（co-edited with Kenichi Ohno, Routledge, 2013）．『BOPビジネス入門―パートナーシップで世界の貧困に挑む』（菅原秀幸・槌屋詩野と共著，中央経済社，2011年）．『日本の国際開発協力』（後藤一美・渡辺利夫と共編著，日本評論社，2004年）．

大野　健一（おおの　けんいち）　［第1章担当］
スタンフォード大学大学院　経済学博士（Ph.D）
現在：政策研究大学院大学教授
主要業績：『産業政策のつくり方―アジアのベストプラクティスに学ぶ』（有斐閣，2013年）．*Learning to Industrialize: From Given Growth to Policy-aided Value Creation*（Routledge, 2012）．『途上国ニッポンの歩み―江戸から平成までの経済発展』（有斐閣，2005年）．

領家　誠（りょうけ　まこと）　［第3章担当］
佛教大学文学部英文学科中退
現在：大阪府商工労働部中小企業支援室経営支援課　課長
主要業績：「大阪のものづくり中小企業の現状，海外展開ニーズと支援における課題」第3章『日本型ものづくりのアジア展開―ベトナムを事例とする戦略と提言』（2013年3月，アジア太平洋研究所資料13-02）．国際協力機構（JICA）「タイ国　日タイ・産業クラスターリンケージ（「お互い」プロジェクト）のための体制整備調査」アドバイザー（2013年度），及びJICA草の根技術協力事業「ベトナム国ドンナイ省におけるものづくり人材育成事業」専門家（2014年度）．

村嶋　美穂（むらしま　みほ）　［第4章担当］
コロンビア大学公共政策大学院　修士（MPA）
現在：早稲田大学大学院アジア太平洋研究科博士後期課程在学中，前・政策研究大学院大学専門職
主要業績：「各産業集積地における中小企業の現状と海外展開の取り組み」第4章『日本型ものづくりのアジア展開―中小企業の東南アジア進出と支援策』（2014年3月，アジア太平洋研究所資料14-02）．

関 智宏（せき　ともひろ）［第5章担当］
神戸商科大学（現兵庫県立大学）大学院博士後期課程単位取得退学　博士（経営学）
現在：同志社大学商学部准教授
主要業績：『タイビジネスと日本企業』（藤岡資正・チャイポン・ポンパニッチと共編著，同友館，2012年）。『現代中小企業の発展プロセス──サプライヤー関係・下請制・企業連携』（ミネルヴァ書房，2011年，一般財団法人商工総合研究所中小企業研究奨励賞準賞）。

森　純一（もり　じゅんいち）［第6章担当］
タフツ大学フレッチャー大学院　修士（貿易政策・開発経済）
現在：英国カーディフ大学社会科学部博士課程在学中，前・JICAハノイ工業大学技能育成支援プロジェクト専門家
主要業績："Development of Supporting Industries for Vietnam's Industrialization: Increasing Positive Vertical Externalities through Collaborative Training," Master Thesis. MA, USA: the Fletcher School, Tufts University, 2006.「ベトナム：FDI誘導型成長を支える工業人材育成を目指して」（大野健一・グエン・ティ・スアン・トゥイと共著）『産業スキルディベロプメント：グローバル化と途上国の人材育成』（岡田亜弥・山田肖子・吉田和浩編著，日本評論社，2008年）。「ベトナムにおける産学連携による人材育成：東南アジア先進国との比較および現状と課題」，『ベトナムにおける工学系学生の職業への移行と産学連携に関する調査研究』（労働政策研修・研究機構，資料シリーズNo.127，2013年）。

町工場からアジアのグローバル企業へ
――中小企業の海外進出戦略と支援策

2015年5月1日　第1版第1刷発行

編著者　大　野　　　泉
発行者　山　本　憲　央
発行所　㈱中央経済社

〒101-0051　東京都千代田区神田神保町1-31-2
電　話　03（3293）3371（編集部）
　　　　03（3293）3381（営業部）
http://www.chuokeizai.co.jp/
振替口座00100-8-8432
印刷／㈱堀内印刷所
製本／誠　製　本　㈱

© 2015
Printed in Japan

※頁の「欠落」や「順序違い」などがありましたらお取り替えいたしますので小社営業部までご送付ください。（送料小社負担）

ISBN978-4-502-13881-2　C3034

JCOPY〈出版者著作権管理機構委託出版物〉本書を無断で複写複製（コピー）することは、著作権法上の例外を除き、禁じられています。本書をコピーされる場合は事前に出版者著作権管理機構（JCOPY）の許諾を受けてください。
JCOPY〈http://www.jcopy.or.jp　eメール：info@jcopy.or.jp　電話：03-3513-6969〉